2016—2020

记录历史
开拓未来

《中国新闻传播教育年鉴》五周年纪实

主编　张　昆

副主编　刘义昆　甘世勇

武汉大学出版社

图书在版编目(CIP)数据

记录历史　开拓未来：《中国新闻传播教育年鉴》五周年纪实/张昆主编．—武汉：武汉大学出版社，2020.11
ISBN 978-7-307-21844-4

Ⅰ.记…　Ⅱ.张…　Ⅲ.新闻学—传播学—教育研究—年鉴—编辑工作—概况—中国　Ⅳ.G237.4

中国版本图书馆 CIP 数据核字(2020)第 194774 号

责任编辑：韩秋婷　　责任校对：汪欣怡　　版式设计：韩闻锦

出版发行：**武汉大学出版社**　（430072　武昌　珞珈山）
（电子邮箱：cbs22@whu.edu.cn　网址：www.wdp.com.cn）
印刷：武汉市金港彩印有限公司
开本：787×1092　1/16　印张：16.25　字数：327 千字　插页：2
版次：2020 年 11 月第 1 版　　2020 年 11 月第 1 次印刷
ISBN 978-7-307-21844-4　　定价：76.00 元

版权所有，不得翻印；凡购买我社的图书，如有质量问题，请与当地图书销售部门联系调换。

前　言

岁末年初，平常总是满满的节庆气氛。一年劳作下来，难得有一段休闲时光，趁此机会补满没有睡足的觉，或家人团聚、享受天伦之乐，或走亲访友，小饮几杯，畅叙友情。今年则不然，一场突如其来的新冠肺炎疫情，打乱了平常过年的节奏，全国上下，地无分南北，人无分老幼，全部隔离在某一固定地点，哀伤、痛苦、恐慌、无助的氛围笼罩着一切，时间也仿佛停止下来。

然而这正是春耕的时节。我们都知道，再大的灾情，再厉害的瘟疫，总会过去，而我们的生活还得继续。农民不能不春耕播种，学者自然不会停止自己的研究。所以，这种异常的时刻、异常的氛围，并没有影响我们《中国新闻传播教育年鉴（2020）》的编撰。编撰者同仁都清楚，年鉴编撰出版的节点就在那里，它不会因为疫情而顺延，正如时间不会真正停止。

自 2016 年 11 月 5 日在辽宁沈阳正式推出第一本《中国新闻传播教育年鉴（2016）》以来，每年一卷，洋洋洒洒 100 多万字，雷打不动。每年年鉴的首发式，俨然成为年末新闻教育界一道靓丽的景观。按照中国的文化传统，逢五逢十，总是需要总结庆祝一下的。今年将要推出的《中国新闻传播教育年鉴（2020）》正好是第五卷。所以新年刚过，我们编辑部陆续收到了学界同仁，还有一些德高望重的前辈学者的祝福和勉励。

中国人民大学荣誉一级教授、中国新闻史学会创会会长方汉奇先生称赞《中国新闻传播教育年鉴》[①]"集众智记录历史镜鉴教育，汇群伦探索规律功在国家"。原四川大学新闻学院院长邱沛篁教授称《年鉴》为"新闻教育的百科全书，传播人才的良师益友"。天津师范大学刘鹤文教授则以龙门联的形式，表达了充分的肯定："想五年矣，诸君集信息，披沙拣金成巨著，利在杏坛，功在社稷；期几代乎，后人循规律，含弘光大开来学，传承文脉，继承精神。"

---

① 后文统一简称为"《年鉴》"。

记录历史 开拓未来
《中国新闻传播教育年鉴》五周年纪实

原中国记协主席、人民日报社社长、北京大学新闻学院院长邵华泽教授期待《年鉴》"记录历史,开拓未来"。原武汉大学新闻与传播学院院长罗以澄教授肯定《年鉴》"记载中国新闻教育的历史与现实,传承华夏信息传播的文脉与灵魂"。原国务院学位委员会新闻传播学科评议组召集人童兵教授期许《年鉴》"汇集中国新闻教育百家信息,展示华夏传播研究全球流势"。

原中国传媒大学副校长、中国新闻史学会原会长赵玉明教授则鼓励《年鉴》编撰者同仁"不忘初心,再上一层楼;牢记使命,办出新水平"。李金铨教授也勉励道:"行远自迩,祝愿《中国新闻传播教育年鉴》第五卷成为迈向百年树人的里程碑。"

前辈学人的赞赏、鼓励、肯定和期许,既令我们感动,也让我们欣慰。当初我们提出编撰《年鉴》这一设想时,学术界不少同仁都认可这是一个绝好的创意,符合社会的重大需求,功德无量,但是由于太多条件的制约,恐怕很难实现。可是我们新闻传播教育史研究委员会的同仁们真是无知无畏,认准了这个死理,拼了命也要把它编出来。既然出版了第一卷,那么第二、第三、第四、第五卷,就没有理由出不来了。

第一次提出编撰《年鉴》是在 2014 年 11 月 14 日晚,在中国新闻史学会新闻传播教育史研究委员会常务理事会上,我被推选为第三任会长。在论及学会未来工作时,我提出以编撰《年鉴》作为学会转型的关键。年鉴是以年为时间单位,全面、系统、真实地记录上年度特定领域新发展、新变化、新成就、新问题,有文字,有图片,有表格,有文献目录,有统计数据,有名著解读,有人物研究,有事件解析,有个案解剖,有全局纵览,有政策分析,具有数据权威、及时反应、连续出版的特点,兼具工具性、学术性和政策性。对于人文社会科学而言,这可是学术研究的"基础设施"。新闻传播学术界现在不缺专著、教材、论文,所欠缺的正是这种基础装备。第二天,在华中科技大学举行的中国新闻史学会新闻传播教育史研究委员会 2014 年年会上,我正式论述了编撰《年鉴》的必要性、可能性以及关于年鉴框架的基本思路。

2015 年 6 月 27 日,中国新闻史学会新闻传播教育史研究委员会 2015 年学术年会在重庆工商大学举行,与会代表比较深入地讨论了编撰《年鉴》的相关议题,大家一致赞同,主张马上启动这一工作。尤其是参加会议的一些资深新闻学院老院长,如罗以澄、邱沛篁、吴廷俊、丁柏铨、陈培爱、董广安、李建伟、蒋晓丽、石长顺等,对这一倡议表示了强烈的支持。会议决定以学会常务理事会为基础成立《年鉴》编委会。会议结束后,我作为《年鉴》编委会主任,在吸收大家意见的基础上,拿出了《中国新闻传播教育年鉴(2016)》的编写大纲,准备提交给第一届《年鉴》编委会讨论落实。

2015 年 12 月 12 日,《年鉴》编委会第一次会议在中山大学召开。会议正式确定了《中国新闻传播教育年鉴(2016)》的编写大纲,几乎没有任何争议,没有任何疑虑。在分配编写任务时,我被深深地感动了,参会的每位编委都主动地申请任务,不到半个小时，全部编写任务都落实到人。据不完全统计，参与《中国新闻传播教育年鉴（2016）》编撰事务的作者编辑近200人。在此基础上，我们又以2016年11月5日正式发行为终点，确定倒计时诸节点：4月底编辑部截稿，6月底全部稿件提交出版社，10月底出版社完成编校程序并正式出版。实际执行过程表明，全过程每个节点都是无缝对接，没有丝毫的耽误，令人感叹不已。

2016年11月5日，中国新闻史学会新闻传播教育史研究委员会2016年学术年会暨马克思主义新闻理论研讨会在沈阳举行。原教育部新闻学科全国教学指导委员会主任何梓华，中国传媒大学原副校长、中国新闻史学会前会长赵玉明，国务院学位委员会第五届新闻传播学学科评议组召集人童兵，教育部社会科学委员会委员郑保卫，国务院学位委员会新闻传播学学科评议组成员、武汉大学新闻与传播学院前院长罗以澄，武汉大学新闻学院前院长吴高福，四川大学新闻学院前院长邱沛篁和清华大学新闻学院教授刘建明学界"八老"，还有来自全国30余家新闻学院的院长及70多家高校的专家学者130余人出席了会议。至今难忘的是《中国新闻传播教育年鉴（2016）》的首发式。新闻界"八老"与辽宁大学领导、中国新闻史学会会长和《年鉴》编委会负责人同台剪彩。随后，中国新闻史学会会长陈昌凤教授和我一起为与会嘉宾赠送样书。这一难忘的瞬间就保留在本书中。此次盛会受到广泛关注，人民网、中国高校人文社科信息网、网易、澎湃新闻、《中国社会科学报》《辽宁日报》、辽宁电视台、《出版发行研究》等媒体均给予报道。

人们常说，什么事情都是第一次难，没有前例可循，一切靠自己摸索。第一次突破了，后面的就顺理成章了。我们《年鉴》的编撰出版也证明了这个道理。不过，我们编撰者并不是简单地重复既往，而是本着与时俱进、日新又日新的精神，每一卷新的年鉴都会在克服前一卷不足的基础上有所改进。2017年8月，《中国新闻传播教育年鉴（2017）》在郑州举行首发式；2018年11月，《中国新闻传播教育年鉴（2018）》在山东大学举行首发式；2019年11月，《中国新闻传播教育年鉴（2019）》在兰州大学举行首发式；2020年11月，第五卷年鉴即《中国新闻传播教育年鉴（2020）》将在重庆西南政法大学举行首发式。每年一卷，每一卷都按照既定的节奏，有条不紊地推出，犹如四季花开，一切都在掌握之中。

现在回头看来，实现从无到有的飞跃，也就是第一卷年鉴的编撰应该是最难的，但是在我们全体编委会同仁高昂的热情和斗志面前，困难退缩了，《中国新闻传播教育年鉴（2016）》如期诞生。从2014年11月到今天，不过也就是六年时间。在宇宙自然演化史上，六年不过是短暂的一瞬；但是在社会发展、学科建设方面，六年时间可不短，充分地利用六年，可以"无中生有"，可以创造和实现自己的梦想！我们这群新闻教育工作者，虽然是普通的凡夫俗子，但是也有自己的情怀和梦想。我们的目标不高，要求也不高，就是凭着自己的执着和激情，踏踏实实地做一些力所能及的事情。

记录历史 开拓未来
《中国新闻传播教育年鉴》五周年纪实

这一切正好都寄托在《年鉴》上。

《年鉴》的编撰是一项集众智、汇群伦的重大基础性学术工程。到目前为止,在没有固定的资金来源,也没有官方组织支持的前提下,能够长期维持近200人的学术队伍致力于《年鉴》的编撰出版,在新闻学术界还难以找到第二个类似的组织,这不能不说是一种成功的尝试。我们之所以能够成功,主要取决于以下三个因素。其一是准确的定位。新闻传播教育史研究委员会以编撰《年鉴》为基本的业务活动,既契合学会的宗旨,又与学会成员的知识背景、学术方向和研究兴趣接近,所以对学会中心工作的调整,有利于充分地利用、发掘新闻传播教育史研究委员会的智力资源。其二是以年鉴编撰为核心,以新闻传播教育史研究委员会为平台,聚合了一流的学术团队。《年鉴》涉及的各部分不同内容,完全可以找到最好的专家撰写,编辑环节也考虑到了各个编辑的知识背景和学术特长,从而保证了《年鉴》的学术水准。其三是学界的认同支持。一部100多万字的巨著,年年出版,还要在规定的时间节点完成,不仅需要巨大的人力资源投入,也需要巨额资金投入。我们一个二级学会不能收费,没有正常的经费来源,全靠学界、教育界的支持。教育界同仁不仅捧人场,还捧钱场。每年近200人的作者、编辑都是无偿劳动,乐此不疲,靠的是学者的责任感和使命意识。一部年鉴的出版,包括出版费、稿费及赠书费,需要近30万,都是来自各新闻传播院系的赞助。没有学界的认同和支持,这个任务根本是不可能完成的。

现在我们即将迎来第五卷年鉴——《中国新闻传播教育年鉴(2020)》,为了给新的年鉴出版暖场,我们决定编撰一本《记录历史 开拓未来——〈中国新闻传播教育年鉴〉五周年纪实》,以记录这六年间我们所经历的一件件不平凡的事件、一幕幕动人心弦的场景、一个个令人感佩的人物。这些本身已经构成了历史的一部分,是我们以披沙拣金的态度,从浩如烟海的信息资源中精心筛选出来的。这些文字、照片、图表,展示了我们见证、参与的这段中国新闻传播教育史的变迁。它不仅保留了历史的记忆,也会传承我们的光荣。其历史与精神价值是不可忽视的。

《中国新闻传播教育年鉴(2020)》不是年鉴编撰的终点,而是新的起点,我们数数的时候,总是一五一十地数,第五卷已在眼前,第十卷自然在离我们不远处。我相信,新闻传播教育史研究委员会及《年鉴》编委会全体同仁,一定会尽全力把《年鉴》坚持编撰下去。我期待着,在第十卷年鉴出版时,大家还会看到另一本更加厚实、更加精美的纪念画册。但是从第五到第十,从十到百,不仅是数字的延展,更应是品质的提升。在学界、业界的鼎力支持下,有各位同仁的共同努力,我们的《年鉴》一定会与时俱进,臻于至善。

张昆

2020年3月5日

目 录

一、擘画蓝图 1
 夯实《年鉴》编撰的根基　抒发治史存史的情怀 2
 记录历史，引领未来 8
 精益求精，臻于至善 15

二、我与《年鉴》 27
 南山荟萃，那时花开 28
 聚沙成塔，鉴往开来 31
 参与《年鉴》编写这五年 35
 集腋成裘铸大观 38
 参与其中，书写并见证历史 41
 新闻传播教育大厦根基中的一粒小石子 44
 仰望与展望 47
 把有意义的事情做得有感召力 50
 今日之年鉴，明日之信史 53
 《年鉴》勾我忆往昔 57
 《年鉴》出版五年，弹指一挥间 61
 鉴往知来，求真求解 64
 鼓舞、鞭策与力量 67
 文章千古事　笔下有春秋 71
 《年鉴》是搭建学术共同体的桥梁 74
 记录的使命坚定前行的步伐 77
 《年鉴》的价值无可取代 80

记录历史 开拓未来
《中国新闻传播教育年鉴》五周年纪实

  我与《年鉴》的五年缘分 ……………………………………………………… 82
  《年鉴》，我们共同的志业 ……………………………………………………… 85
  祝我们的事业千秋万代 …………………………………………………………… 88
  躬逢其盛，与有荣焉 ……………………………………………………………… 91
  为新闻传播教育立传，为新闻传播教育立言 ………………………………… 94
  读者、编者与作者 ………………………………………………………………… 97
  《年鉴》同仁手书签名叠印 ……………………………………………………… 101

三、《年鉴》书评 ……………………………………………………………………… 111

  记录中国新闻传播教育历史与现实的著作
    ——评《中国新闻传播教育年鉴（2016）》……………………………… 112
  体系完备且具有史家精神的信史
    ——读《中国新闻传播教育年鉴》（2017）……………………………… 115
  实用性、场域呈现与历史书写
    ——评《中国新闻传播教育年鉴（2016）》价值的三个维度 ………… 118
  论史家笔法在专业年鉴的运用
    ——以《中国新闻传播教育年鉴（2018）》为例 ……………………… 122
  专业年鉴个性化的建构及其路径
    ——以《中国新闻传播教育年鉴》为例 ………………………………… 126
  谱写当代中国新闻教育的"春秋"：《中国新闻传播教育年鉴（2018）》的
    存史价值与编纂意蕴 …………………………………………………… 129
  仪式、话语与认同：论新闻传播教育集体记忆的建构
    ——兼评《中国新闻传播教育年鉴（2018）》…………………………… 135

新闻传播学脉延续与创新 ………………………………………… 138
《中国新闻传播教育年鉴》的时代价值
　　——兼论中国新闻传播学的发展方向 …………………………… 139

四、纲举目张 …………………………………………………… 143
《中国新闻传播教育年鉴（2016）》目录 ……………………… 144
《中国新闻传播教育年鉴（2017）》目录 ……………………… 148
《中国新闻传播教育年鉴（2018）》目录 ……………………… 152
《中国新闻传播教育年鉴（2019）》目录 ……………………… 157
《中国新闻传播教育年鉴（2020）》目录 ……………………… 162

五、难忘瞬间 …………………………………………………… 169

六、殷切期待 …………………………………………………… 235

后记 ……………………………………………………………… 249

一、擘画蓝图

《年鉴》的编撰是一项牵涉面极广、学界普遍参与的学术基础工程。每年一卷，每卷100多万字。虽然有中国新闻史学会新闻传播教育史研究委员会作为组织基础，但是相对于这一浩大工程的要求，《年鉴》编辑部能够支配、提供的人力物力资源十分有限。

《年鉴》的编撰如何启动？遭遇过怎样的困难？有哪些经验与教训？五卷之后，《年鉴》又将何去何从？且看当事人的回忆与思考。

夯实《年鉴》编撰的根基　抒发治史存史的情怀
——新闻传播教育史研究委员会2014年华中科技大学年会回忆

（骆正林　南京师范大学新闻与传播学院）

大部头的书是很多书房的镇"架"之宝，书的厚重感能够撑起主人的知识门面。我的书架上站着四卷《年鉴》，厚度有22厘米，算得上我的书架上不可多得的宝贝。第五卷年鉴已经走向印刷厂，未来还有第六、第七卷年鉴……对我来说，在可预见的将来，教育年鉴的收藏地位会稳步提高。木有本，水有源。2014年新闻传播教育史研究委员会华中科技大学年会，是《年鉴》最原始的起点。这次会议不仅实现了新闻传播教育史研究委员会的组织和管理转型，而且也为我国新闻传播教育史的书写奠定了坚实的基础。

学会改组：奠定新闻传播教育史的书写基础

新闻传播教育史研究委员会是中国新闻史学会下设的一个二级学会。2008年，中国新闻史学会遵照民政部有关规定和学会章程，成立了新闻传播教育史研究委员会和外国新闻传播史研究委员会，同时批准了网络传播史研究委员会的建会申请。可以说，新闻传播教育史研究委员会是中国新闻史学会最早下设的三个二级学会之一。2008年10月24日，新闻传播教育史研究委员会在北京成立，第一届理事会选举吴廷俊教授为首任会长，华中科技大学新闻与信息传播学院成为会长单位。2013年上半年学会换届产生第二届理事会，理事会推选华中科技大学石长顺教授为第二届会长。2014年石长顺教授申请不再担任会长职务，并推荐张昆教授接替其出任第二届会长。从2008年到2014年，学会在会长领导下，经过常务理事和理事们的共同努力，完成了新闻传播教育史研究委员会的组织建设，开展了有关新闻传播教育的系列学术活动，如收集整理新闻传播教育史料，开展新闻传播教育机构和教育家研究，关注外国新闻传播教育的发展等。

2014年11月14日至16日，新闻传播教育史研究委员会在华中科技大学召开常务理事会和学术年会。14日晚8点，常务理事会在华中科技大学东六楼三楼会议室举行。会议通过商议表决，对新闻传播教育史研究委员会进行大胆改组，继续明确和提高新闻传播教育史研究委员会的发展目标。与会代表表决通过张昆教授接替石长顺教授出任第二届会长；因原副会长陈昌凤教授荣任中国新闻史学会会长，与会代表表决通过张小琴教授接任第二届副会长；与会代表表决批准 5 家单位成为学会常务理事单位，它们是辽宁大学新闻与传播学院、湖南大学新闻传播与影视艺术学院、中山大学传播与设计学院、华南理工大学新闻与传播学院、石河子大学文学艺术学院。经过 14 日晚的常务理事会，新闻传播教育史研究委员会常务理事单位由 20 家增加到 25 家；学会团体单位扩容到 77 家，比上一年度新增 18 家；个人会员总数达到 140 人，比上一年度新增 39 人。

机构改组优化了学会的领导机制，明确了学会的奋斗目标和发展方向，并且制订出学会近期的主要任务。在 14 日晚常务理事会、15 日学会学术年会上，新任会长张昆教授系统提出了他的"施政报告"：一是继续加强组织建设，重点发展个人会员，充分发挥专业研究人员的积极性；二是强化对新闻教育理论与实践的研究，重点关注院系研究、教育家研究和外国新闻教育史研究；三是丰富学会的学术活动：从 2015 年起编撰《年鉴》，在每年年会之外不定期组织专题学术研讨，尝试举行以新闻传播教育为主题的全国性评奖等；四是争取社会资源，寻求来自院系、业界、社会的各种支持，让学会发展之路越走越宽。机构灵活，组织有效；招兵买马，人丁兴旺；活动丰富，重点突出……2014 年新闻传播教育史研究委员会年会，为学会后续发展夯实了坚实的根基，尤其为编撰《年鉴》准备了组织基础、队伍基础和资源基础。

治史理想： 记录新闻传播教育史的真挚情怀

年鉴是社会生活的年度记录，是劳动实践的系统知识，是社会发展的历史记忆。2014 年华中科技大学年会明确了教育史研究委员会的主要目标，其核心的目标则聚焦于一件事，即编撰《年鉴》。年鉴是一种大型综合性年刊，它集权威性、资料性、实用性于一体，为特定的读者提供重要的专业工具书。《年鉴》是对中国新闻传播教育发展成果的全面、真实和系统的记录，它不仅为新闻传播教育研究和实践提供实用、有效的信息服务和实践指导，而且通过对新闻传播教育成果的记录书写新闻传播教育史。在 2014 年华中科技大学年会上，张昆会长多角度阐释了学会"治史""存史"的理想。刚刚接任学会会长就有如此高明的规划，这不能不说是张昆会长的一种情怀，是他长期关注新闻传播教育、关注历史记忆书写的必然延伸，是长期深入思考之后的一种"有备而来""有条不紊"的规划落实。

在 2014 年 11 月 15 日上午举行的年会开幕式上，张昆会长的致辞突出了新闻与历史的不解之缘，他引用两位名家的名言来充分论证了这个观点。

记录历史 开拓未来
《中国新闻传播教育年鉴》五周年纪实

首先引用的是蔡元培为徐宝璜《新闻学》所写的序言中的一句话：

"余惟新闻者，史之流裔耳。古之人君，左史记言，右史记事，非犹今日新闻中记某某之谈话若行动呼？"

其次引述了英国历史哲学家卡尔·贝克尔在《人人都是自己的历史学家》中的一段话：

"每个普通人，同你我一样，记忆种种说过做过的事情，并且只要没有睡着也一定是这样做的。假定这位'普通先生'早晨醒来而记不起任何说过做过的事情，那他真要成为一个失去心灵的人了。……正常地说来，这位'普通先生'的记忆力，当他早晨醒来，便伸入过去的时间领域和遥远的空间领域，并且立刻重新创造他努力的小天地，仿佛把昨天说过做过的种种事情联系起来。没有这种历史知识，这种说过做过事情的记忆，他的今日便要漫无目的，他的明日也要失去意义。"

张昆会长从这两段话中引申出了三层意思：新闻与历史有不解之缘；新闻教育有自己的历史；不了解自己的历史，不知道自己所从来，就把握不了今天，也会失去未来。从这样的认识出发，张昆会长对新闻传播教育史研究委员会的性质做出了精辟的理解，即新闻传播教育史研究委员会是学界同仁的精神家园，新闻教育学界的学术共同体，中外新闻教育史研究的中心，教育界同行交流的平台。

治史需要情怀，治史需要毅力，治史也需要团结。《年鉴》体系庞大，编写任务繁重，需要团队合作，需要持之以恒。没有崇高理想，没有治史情怀，没有组织能力，很难提出并完成这么宏大的工程的。2014年底学会机构刚刚改组，学会就有如此"大动作"，这不能不说与张昆会长的理想主义情怀和治史存史的追求有直接关系。为了保证《年鉴》编撰能够长期坚持、流畅运行，年会提出保持新闻传播教育史研究委员会组织的开放性，不断吸纳更多对新闻传播教育研究感兴趣的学者入会；同时根据《年鉴》编写需要对提出申请成为常务理事单位的院系进行考察，在保证质量的基础上稳步扩大学会研究队伍的战斗力和影响力。学会还做出了郑重承诺：重点发展个人会员，增强会员的认同感、归宿感；将全国资深的卸任院长发展成荣誉会员；不对会员收取会费，经费由华中科技大学支持。

正是在这样的理想信念的基础上，张昆会长提前拟定了年鉴的提纲初稿，并通过秘书处发给各位常务理事征求意见。2014年学会最早的设想是出版《中国新闻传播教育蓝皮书（2015年版）》，但最终第一本出版的是《中国新闻传播教育年鉴（2016）》。这至少在两点上体现出编撰《年鉴》的难度：首先学会最初拟订方案时就考虑到编撰《年鉴》的难度，为了让学会的核心任务能够完成，所以打了个折扣，降低了难度，用"蓝皮书"取代"年鉴"；其次是最早期望能够在2015年就拿出"产品"，但实际的前期准备工作更加复杂，经过一年多的队伍组织、体例修改和编撰分工，最终在2016年实现了梦想。2014年最初拟定的编撰提纲包括以下内容：中国新闻传播教育简史、新闻教育界学术组织概况、知名院校巡礼、新闻传播教育家研究、专业建设、课程与教材建设、教学改革与教学成果奖获奖情况、研究生教育与博士后流动站介绍、新闻传播教育相关文件、相关统计资料、中国新闻传播教育大事记，等等。会议强调重点进行新闻教育家研究、新闻传播院系研究、国外新闻教育史研究。2015年，经过重庆工商大学学术年会、中山大学第一次编委会的艰苦研讨，《年鉴》的基本框架最终得以敲定。后来《年鉴》的框架不断完善，但基本结构还是2014年定下来的。

1918年，北京大学成立新闻学研究会，中国新闻传播教育开始起步。从这个"时间元点"出发，中国新闻传播教育走过了100多年。1949年前，我国主要引进美国密苏里职业新闻教育模式；1949年后，我们模仿苏联党报新闻教育模式；1978年改革开放后，我国新闻传播教育走上了美国模式和苏联模式混合发展的时期。然而进入21世纪后，中国新闻传播事业出现了巨大的发展，中国新闻传播教育不再停留在引进和模仿的层面，而是开始创新一种具有中国特色的新闻传播教育新模式。目前，中国新闻传播教育规模巨大，拥有世界上独一无二的教学和科研体系，因此，如何记录中国新闻传播教育的成就，书写中国新闻传播教育的历史，成为新闻传播学界的重要任务。正是从这个意义上看，新闻传播教育史研究委员会做了一件功德无量的事业，从这几年《年鉴》运作的效果来看，它正在成为中国新闻传播教育的"博物馆"，不仅实时记录我国新闻传播教育的最新改革和实践，而且以治史存史的精神和态度"还历史旧账"，有计划、分步骤地对中国新闻传播教育史进行系统梳理。

编撰《年鉴》：创新学会管理模式、推动新闻教育研究

因为我国对社会组织实行登记和监督的管理制度，所以在我国成立一级学术组织具有一定的门槛。经过方汉奇先生等新闻传播学前辈的不懈努力，1989年4月中国新闻史学会在北京成立。该学会经民政部批准，由教育部主管，是我国新闻传播学科唯一的全国性学术社团。随着新闻传播学科研和教学队伍的不断壮大，学者们需要更多、更专业的学术共同体，以便大家增进学术交流、开展科教合作，服务社会发展。自2008年以来，中国新闻史学会肩负起学科发展的重任，开始在中国新闻史一级学会下增设二级学会。截至2020年6月，中国新闻史学会已经拥有18个二级学会，而新闻传播教育史研究委员会是最早成立的3个二级学会之一。2014年华中科技大学学术年

会后,新闻传播教育史研究委员会的办会宗旨更加明确,学术活动更加有目标、有活力、有成果。可以说,新闻传播教育史研究委员会创新了二级学会的管理模式,为中国新闻传播学学术社团的管理和运行提供了一种宝贵的经验。

通常学术组织管理比较松散,成员之间往往仅限于学术联系。然而,张昆会长对学会有更深入的理解,他在2014年年会致辞中指出,学会成员是"具有相同或相近的价值取向、文化生活、内在精神和学术兴趣目标,并且遵循一定的行为规范而构成的一个群体"。2014年年会学会规划了一系列学术活动,如编撰教育年鉴,召开学术年会,举办专题学术研讨,组织新闻教育评奖,开展学术交流访问,提供学术咨询及决策参考,等等。通过后来的实际运作来看,编撰《年鉴》是其核心任务。学会是一种松散型社会组织,它没有行政、事业、企业单位的规范结构,也缺乏严格的制度和纪律约束,因此学会的凝聚力往往来源于它的学术吸引力和会员协同力。新闻传播教育史研究委员会有远大的治史理想,有张昆会长的人格魅力,有寓"研"于乐的学术会议,从而使会员之间交流深入而频繁,很多会员因此形成了深厚的友情和紧密的合作。学会每年有多个学术会议,但最重要的会议只有两个,一个是常务理事会(也是编委会),另一个是学术年会,两个会议各有分工,但会议都紧凑而实在。常务理事会的任务是商议《年鉴》的编写计划和写作提纲,然后按照提纲分解任务,确定相关内容的负责人。学术年会有两大任务,一是举行每年年鉴的首发式,二是围绕重点教育问题展开学术研讨。常务理事会低调务实,学术年会高端厚重,两个会都有"刚性任务",会员都有"任务约束""荣誉约束",学会的组织和管理因此走上良性发展的道路。2014年后学会进一步谋划队伍建设,如今会员已经散布在大江南北、长城内外,几乎全中国每个省(市)都有学会的重点会员。

除了重点编撰《年鉴》之外,新闻传播教育史研究委员会始终敏感关注最新的教育动态,积极推动新闻传播教育的研究和实践。正是新闻传播教育史研究委员会的努力,让一批从事新闻传播教育研究的学者找到了组织,也激发了更多的学者将新闻传播教育作为个人的研究取向。2014年在华中科技大学举行的年会就重点关注了"职业教育发展与中国新闻传播教育改革"这一议题。在11月15日年会主题演讲环节,华中科技大学石长顺教授、中国人民大学赵云泽教授、清华大学张小琴教授、武汉大学强月新教授、西藏民族学院周德仓教授相继登台,和大家分享了对于新闻传播教育发展的深入思考,及其所在院系新闻传播教育改革的新近探索尝试。在下午的分组讨论中,与会代表分成四个小组,围绕中国新闻职业教育发展的历史与现状、新媒体环境下新闻传播教育的变革、不同层次类型新闻教育机构的特色打造、卓越新闻传播人才培养的内涵与案例、新闻传播教育实践教学创新等主要议题,各抒己见,展开了广泛交流与深入探讨。这次学术年会为中国新闻传播教育研究增添了更多的优秀学术成果。

一、擘画蓝图

  2014年是新闻传播教育史研究委员会的一次华丽转身，从此这个二级学会队伍不断壮大、事业蒸蒸日上，五卷厚厚的《年鉴》就是它的见证。光阴似箭，日月如梭，当我们在10年甚至15年后，再回头看2014，我们对这次年会还会有更深刻的感悟。时间可以检验一切，时间会让金子更加发光。随着一卷卷《年鉴》如期出版，中国新闻传播教育终于有了它的精彩记忆，有了它的厚重历史。

记录历史，引领未来

张 昆

在人类社会发展史上，没有比今天信息时代更能说明传播重要性的历史阶段了。信息传播作为维系社会共同体的黏合剂，将分散的个体聚合成彼此相依、不可须臾分离的有机体。信息弥漫于人类生活的全部空间，渗透到社会系统的每个角落、各个层面。它就像空气，影响着人类的呼吸，丰富着人类的思想，引导着人类的行为。在社会系统的延续发展中，传播不仅在守望着社会、传承着文化、维系着社群，而且其本身就构成了人类生存的环境。作为人类环境的信息传播，不仅制约着人类的思维空间及其生存与发展的物理空间，而且决定了人类的精神境界。传播与社会同生共存，是历史进化的铁则。

一、新闻教育是新闻业的孵化器

正如无法想象一个没有传播的社会，我们同样也无法想象一个没有新闻传播教育的传播业。新闻传播从自发的社会活动演变成一项根系发达、枝繁叶茂的社会事业，除了社会需求的拉动、传播技术的支撑之外，还有一个十分重要的因素，那就是一批批具有专业技能和职业理想的传媒人的涌入。人自始至终都是传播的主体，是人类社会及其传播历史的主人。在传播本身进化的历史上，传媒人始终是决定性的因素。但是，传媒人不可能在真空中成长起来，传媒人的成长不仅需要空气、水分和阳光，更需要导师的教导与引领，就像医生、历史学家、天文学家一样。

信息传播作为一项社会职业，在西方社会，其早期历史上的行吟诗人，可以说是最早的传媒人和历史学家。在荷马史诗中，既有历史故事的陈述，也有最近新闻的报道。罗马帝国时期手抄新闻作者的新闻职业特征已经十分鲜明。在中国，新闻传播的早期历史最早则可以追溯到周朝，其宫廷中的史官就承担着记录新闻和历史的职责。蔡元培先生主张，新闻与历史同源，他在为徐宝璜《新闻学》所作的序言中说："余惟新闻者，史之流裔耳。古之人君，左史记言，右史记事，非犹今日新闻中记某某之

一、擘画蓝图

谈话若行动呼？"当然，他也深知新闻与史又有差异："两者虽记以往之事，史所记不嫌其旧，而新闻所记愈新愈善，其异一；作史者可穷年累月以成之，而新闻则成之于俄顷，其异二；史者纯粹著述之业，而新闻则有营业性质，其异三；是以我国虽有史学，而不足以包新闻学。"① 在专业史官之外，朝廷还有"采诗之官，王者所以观风俗，知得失，自考正也"（《汉书·艺文志》）。更有甚者，中国古制还规定："从十月尽正月止……男年六十，女年五十无子者，官衣食之，使民间求诗。""故王者不出户牖，尽知天下所苦。"（《春秋公羊传》）新闻传播由来已久，在东西方古代史上都可以得到印证。

万物皆有史，皆有其从来。英国历史学家卡尔·贝克尔在《人人都是自己的历史学家》一文中指出："每个普通人，同你我一样，记忆种种说过做过的事情，并且只要没有睡着也一定是这样做的。假定这位'普通先生'早晨醒来而记不起任何说过做过的事情，那他真要成为一个失去心灵的人了。……正常地说来，这位'普通先生'的记忆力，当他早晨醒来，便伸入过去的时间领域和遥远的空间领域，并且立刻重新创造他努力的小天地，仿佛把昨天说过做过的种种事情联系起来。没有这种历史知识，这种说过做过事情的记忆，他的今日便要漫无目的，他的明日也要失去意义。"② 新闻传播源远流长，新闻传播教育也不是无源之水、无根之木。

虽然我们还无法找到教育史上的资料来清晰说明古代社会如何培养职业新闻人。但是一个普通人，要成为能够记录与传播事实，胜任采访、写作、编撰的传播者，显然是需要一个复杂的学习或培训过程的。现有的证据表明，古代罗马第一批手书新闻采写者多是奴隶出身，作为奴隶主的会说话的工具，他们必须得到系统的技能训练才能进入职业角色；这种培训多以师傅带徒弟的方式进行，在工作中学习。而中国古代的史官，多具有家族传统，子承父业或者兄终弟及是职业技能培训的主要途径。春秋时期的襄公二十五年，齐国的崔杼杀了国君，"大史书曰：崔杼杀其君。崔氏杀之，其弟嗣书，而死者二人。其弟又书，乃舍之（《十三经注疏·春秋左传正义》）。另一个众所周知的事实是，太史令司马迁，就有家学渊源，他的父亲司马谈也担任过太史令。

关于古代新闻传播教育，因历史久远，资料湮没无闻，很难勾勒其全貌。可以肯定的是，古代社会有传播活动，有职业传播人，但是没有社会化的职业传播教育，这和其他行业十分相似。我们对古代传播的描述，更多的是根据片段材料的拼合，其间有很多想象的成分。虽然历史学家也需要想象力，但是绝不能过于依赖想象，更不能陷入想象的泥坑而无法自拔。应该说，对古代传播及传播技能的培养情况，我们确实所知有限。这一方面是历史本身的原因，时代的长河滚滚向前，大浪淘沙，能够沉淀

---

① 徐宝璜. 新闻学 [M]. 北京：中国人民大学出版社，1994：序言.
② [英] 卡尔·贝克尔. 人人都是自己的历史学家 [M]//张耕华. 历史哲学引论. 上海：复旦大学出版社，2004：153-154.

下来的，自然只是少数有分量的、重量级的存在物。另一方面则是人们历史意识的缺失，没有及时地记录或保存相关的文献，或者是记录了，但因为种种原因泯灭了，从而给今人认识新闻传播教育历史造成了困扰。

二、历史是新闻教育的起点

今天我们处在一个发达的信息社会，而支撑、维系这个社会的就是信息传播系统。这一系统直接源自于欧洲文艺复兴及随之而来的工业革命的需求。当信息传播与工业社会彼此互动，从而加速社会历史的进程时，近代的新闻传播教育便应运而生了。在20世纪初，从美洲大陆到欧洲大陆，在不同的国家相继出现了大学新闻教育，并且形成了不同的传媒人才培养模式，而这些模式又随着全球化的进程，为其他国家和地区所借鉴乃至吸收。中国的新闻传播教育正是在这个背景下发展起来的。

我们一般把1918年北京大学新闻学研究会的成立视为中国新闻教育的开端。从此，一系列标志性的事件，逐渐拉开了中国现代新闻教育的序幕。1922年，厦门大学成立了新闻学部（于1926年停办）。1924年，燕京大学新闻系成立，不久就因其先进的教学理念和高质量的人才培养，确立了在民国新闻教育中的地位，被视为民初中国大学新闻教育的"最优秀者"。1926年9月，复旦大学首次以新闻系名义正式招生。3年后，复旦大学正式成立新闻系，其首任系主任为留学日本早稻田大学的谢六逸教授。1936年，南京大学前身金陵大学创立"电影与播音专修科"，成为中国高等电影广播教育的源头。1946年，暨南大学新闻学系在上海成立。新中国成立后，中国人民大学于1955年成立新闻学系，由此新中国高等新闻教育事业开始发展起来。

截至2015年年底，全国681所大学开设新闻与传播类专业。而"985""211"工程大学中开设新闻与传播类专业的比例高达55.9%。这些学校拥有新闻与传播类专业教师6912人（其中硕士以上2943人），设有1244个本科专业点，其中新闻326个，广电234个，广告378个，传播学71个，编辑出版82个，网络与新媒体140个，数字出版13个。其本科生在校学生总规模达22 5691人。在此之外，还设有新闻与传播学一级学科博士点15个，一级学科硕士点75个，二级学科博士点3个，二级学科硕士点13个。① 真可谓洋洋洒洒，蔚为大观。中国新闻传播教育界不仅已然成为中国高等教育的重要组成部分，而且因为其大量的专业人才培养和定向输出，成为支撑当代新闻传播体系的重要支柱。

作为一名新闻传播教育者，面对着全球化、数字技术发展和社会转型带来的挑战，面对着无所不至的信息和无所不能的传播，面对着学校所能与社会所需的差距，不仅

---

① 本数据系中国教育部新闻传播学类教学指导委员会2015年年底的统计数据。

一、擘画蓝图

深感自己肩负的责任重大，而且逐渐地失去了方向感。如何才能胜任新闻传播教育的天职，怎样才能满足社会的期待？虽然我们可以从许多渠道获得不少的知识资源和理论资源，诸如传播学研究、新闻学研究、传播法学研究、传媒经济研究、新闻传播实务研究、新媒体研究、品牌传播研究等，来引领我们的思维，相关的研究成果也是汗牛充栋；但是对于传媒教育能够起到本质性资鉴作用的新闻传播教育历史资源的发掘和累积，基本上还是付之阙如。如果说过去没有这方面的研究，没有进行这方面的开发，是因为认识方面的原因，或者是新闻传播发展的程度还不够；那么，今天则完全不同。新闻传播与传媒教育的发展已经达到了这样的程度，以至于我们有足够的物质资源和工具条件，来做我们前人想做而没有做的工作。我们不能再任由这些历史资源随水漂流、湮没无闻。置身于新闻传播教育这个以培养历史记录者为天职的行业，我们在关注自然与社会变迁的同时，也应该关注、记录自身的历史，千万不能让我们的后人也重复我们今天的遗憾。

三、时代呼唤《年鉴》

亡羊补牢，犹未为晚。从现在开始，编撰一部中国新闻传播教育方面的年鉴，是解决新闻传播教育当前问题、满足社会的期待的可靠途径。所谓年鉴，是以年为时间单位，全面、系统、真实地记录上年度特定领域新发展、新变化、新成就、新问题，有文字，有图片，有表格，有文献目录，有统计数据，有名著解读，有人物研究，有事件解析，有个案解剖，有全局纵览，有政策分析，具有数据权威、及时反应、连续出版的特点，兼具工具性、学术性和政策性。年鉴这种出版物，最早出现于欧洲，英国科学家培根在其《大著作》中就引用了外国年鉴中有关天体运动的材料。事实表明，至少在13世纪中叶欧洲就已经有了类似年鉴的出版物。随着经济文化的发展，各类年鉴遍地开花。大到全球政治经济，小到一个地区、一个城市、一个单位；宏观者如综合年鉴，全面记录特定地域的政治经济文化的综合发展变化，微观者仅涉及一个个具体的领域，如军事、卫生、体育、传媒等。在当代中国，年鉴的编撰出版空前繁荣。仅在经济领域，就有经济贸易、人口普查、宏观经济、能源电力、金融保险、石油化工、钢铁冶金等年鉴。在新闻传播领域，除20世纪80年代开始出版的《中国新闻年鉴》外，中国社会科学院新闻与传播研究所在2016年又推出了《中国新闻传播学年鉴》。前者主要服务新闻传播业界，后者则重在新闻学术。这两部年鉴都与新闻传播教育有一定的联系，涉及新闻传播教育的某些内容，但不能完全涵盖新闻传播教育，也不能全面地满足新闻传播教育界的期待。于是编撰一部《年鉴》，全面、系统、客观、连续地记录中国新闻传播教育的新发展、新变化、新问题、新成就、新经验，记录中国新闻传播教育的当代历史，维护中国新闻传播教育的文脉，为后人研究今天的新闻传播教育留下宝贵的第一手文献，是时代的要求，也是业界的期待。但是，《年鉴》在内容建构方面，还必须与《中国新闻年鉴》《中国新闻传播学年鉴》有所区隔，以避免内容的重复和资源的浪费。

正是基于这一认知，中国新闻史学会新闻传播教育史研究委员会决定承担起这一历史的责任。在经过多次周密论证、反复讨论后，新闻传播教育史研究委员会组成了《年鉴》编委会，拿出了《中国新闻传播教育年鉴（2016）》编撰大纲和具体篇目。从2015年5月到2016年7月，编委会动员了100多人参与编写，经编辑部审定，最终完成的样稿近150万字。在编委会第三次全体会议上，又广泛听取委员们意见，在此基础上编辑部对文稿又进行了修改、精简，最终定稿。今天呈现在读者面前的《中国新闻传播教育年鉴（2016）》是中国新闻传播教育史研究委员会全体同仁共同努力的成果，也是中国第一部以新闻传播教育为主体的年鉴。

我们期待着《中国新闻传播教育年鉴（2016）》的出版，能够在服务中国新闻传播教育、促进新闻传播学术发展方面作出实实在在的贡献。其一，通过这部大型年鉴能够汇集、记录、保存大量与新闻传播教育有关的数据、文献，年复一年地坚持下去，一卷接着一卷地出版下来，积沙成塔。它就是一部中国新闻传播教育的历史资料长编，其保存历史之功，不言自明。对于后来者认识今天的历史，是莫大的帮助。其二，这部年鉴因为全面地呈现中国新闻传播教育的实况，各大学院、各种流派、各种风格、各种模式、各种理念，尽展所长，对于每位新闻传播教育者，每位新闻学院院长、新闻系主任，在其决定本院（系）的办学方针、发展战略、路径选择时，提供了重要的参照系，是一种不可替代的学习、借鉴资源。其三，我们今天正处于一个转型的时代，全球化进程、社会转型、媒介转型不仅影响到社会的运行，更是直接影响到新闻传播教育。时空的压缩，使得新闻传播教育的环境顷刻间发生了根本的改变，其服务的传播业界发生了变化、业界对传播专业人才的需求也发生了变化。可是，新闻传播教育界本身的办学格局一如旧制，培养模式、课程体系、人才规格、办学理念、研究方向等，与社会变化和行业需求完全脱节。如何解决当前面临的问题，需要从历史中，从同行的成功经验中获取智慧，而该年鉴正好可以满足这一需求。其四，该年鉴对于教育新政策、业界新动向、政治新变化的深入解读，对于新闻传播教育者、对于新闻院系领导人也会有一定的帮助。

四、《中国新闻传播教育年鉴（2016）》构思

为了满足新闻传播教育发展的客观需求，我们希望这部年鉴既要全方位覆盖中国新闻传播教育的全部要素，又要突出重点，聚焦当下学界、业界关注的问题；既要有全面的综述性归纳，又要有深入的个案分析；既要有扎扎实实的统计数据和量化分析，

一、擘画蓝图

又要有深刻的定性研究；既要立足国内新发展、新经验，又要兼顾国际和境外，注重新闻教育的他山之石；既要深入分析顶尖高校一流新闻院系的经验，又要关注一般院校面临的问题和苦恼；既要全面梳理新闻传播教育的完整人才链，又要突出本科和研究生的重要地位等。所有这些考虑，成了我们构思这部年鉴的出发点。

《中国新闻传播教育年鉴（2016）》由三个大的板块组成。第一板块总论篇，分两个部分。第一部分是中国新闻传播教育简史，这一部分简明扼要地勾勒了中国新闻传播教育的历史，从萌芽、生长、开花到结果，线索分明，脉络清晰。第二部分是不同类别的新闻传播教育发展综述，从九个方面分别综述了外语院校、民族院校、工科院校、体育院校、师范院校、农林院校、军事院校、兵团院校以及独立学院新闻传播教育发展演化的历史及现状。这一板块总的基调是回顾历史，解决过去的遗留问题，梳理不同类型的高校新闻传播教育从无到有、由昨到今的脉络。

第二板块是平台与人物篇。这一板块由五个部分的内容组成。第一部分是新闻传播教育界行业组织与专业学会介绍，分别就国务院学位委员会新闻传播学学科评议组、全国新闻与传播专业学位教育指导委员会、教育部高等学校新闻学学科教学指导委员会、中国新闻史学会、中国高等教育学会新闻学与传播学专业委员会、中国高等教育学会广告专业委员会、中国高等教育公共关系教育委员会、中国新闻文化促进会传播学分会、中国新闻史学会新闻传播教育史研究委员会的沿革、性质、职能及其活动做了全面的梳理和分析。第二部分是对国内最具影响力的15所新闻传播学院，包括中国人民大学、中国传媒大学、复旦大学、武汉大学、清华大学、华中科技大学等，就其历史沿革、办学理念、培养模式、课程体系、科学研究、社会服务等做了比较全面的梳理。第三部分是研究生教育和博士后流动站介绍。在这部分综述了全国新闻传播学博士点、硕士点设点情况、招生情况，介绍各一级学科博士点、二级学科博士点、跨学科博士点的办学情况及其特色；同时综述了全国现有的新闻传播学一级学科博士后流动站的运行情况，各主要站点的特色等。第四部分为教育家研究，这可以说是本年鉴的亮点。它不仅包括对7位已故新闻教育家，即陈望道、谢六逸、王中、安岗、顾执中、罗列、马星野，还对10位不在院长、主任岗位的老院长、主任做了口述史的研究。如此集中地对这些影响中国新闻传播史的教育家的教育理念及其办学实践进行探索，在国内学界还是第一次。第五部分是新闻传播学教授名录，《中国新闻传播教育年鉴（2016）》共收录了110多名教授，虽然每个教授只有数百字篇幅，但基本上勾勒了其学术轮廓和个性特征。

第三板块是成果与政策。这个板块也由五个部分组成。第一部分包括专业、课程、教材、实验室建设、教学成果奖和各级名师奖。第二部分是各类学生竞赛。第三部分是专业与学科评估，主要是本科专业评估、专业硕士评估和博士点评估，重点是由国家学位中心进行的一级学科评估。第四部分是科学研究与学术交流。这部分为与既有的《中国新闻传播学年鉴（2015）》相区隔，对各类项目课题只做了统计意义上的梳理，对于学术研究成果、学术会议的综述、介绍也仅限于新闻传播教育领域。第五部分是收录了与新闻传播教育紧密相关的重要文件和权威的专业统计数据。

《中国新闻传播教育年鉴（2016）》虽然凝聚了编者和作者的心血，虽然编委会做了大量的工作，群策群力，集思广益，但是毕竟是第一次尝试，没有陈规可循，没有经验借鉴，必然会留下不少的瑕疵和遗憾。譬如，因为参与者众，年鉴前后行文的风格难以完全统一；不同章节之间，同一主体的内容因为分属于不同的作者，而每位作者都力求小而全，难免会出现重复；有些章节的内容出自本单位的作者，有些作者是事主的学生，与对象的距离相对近了些，在中立性方面不一定能够做得令人满意；在体系结构方面，因为顶层设计不够完善，有些应该覆盖到的地方还没有覆盖到，例如港澳台地区，2016年卷就没有涉及；个别篇章行文不够规范，有的过于简练，有的又过于铺陈，以致部分章节缺乏必要铺垫，或显得较为冗长。虽然问题不少，但是作为中国教育史上第一部新闻传播教育方面的年鉴，其开拓建树之功，也是不容忽视的客观存在。

作为编者我们深信，《中国新闻传播教育年鉴（2016）》作为一本具有资料性、权威性、政策性、及时性的信息密集型工具书是应时而生的，它应该会在中国当代新闻传播教育史上发挥积极的建设性作用。但是我们深知，以我们现有的力量，在一个比较短的时间段内完成如此规模的工作量，还需做大量的整合工作，出现这样或那样的问题是免不了的。我们的能力有限，但是有自知之明。好在《年鉴》会继续出版下去，2016年卷存在的遗憾，应该会在2017年卷得到解决，随着2018年卷、2019年卷的相继推出，我们相信，《年鉴》一定会趋于成熟，臻于至善。

张昆

精益求精，臻于至善

张 昆

《中国新闻传播教育年鉴（2020）》顺利出版，即将在重庆举行首发式，这是中国新闻传播教育界的一件盛事。自《中国新闻传播教育年鉴（2016）》在辽宁沈阳公开问世以来，《中国新闻传播教育年鉴（2020）》是连续出版的第五卷。根据中国的传统文化，逢五逢十，总是一个值得庆贺的重要节点。《中国新闻传播教育年鉴（2020）》出版之前，得到了新闻学界、新闻教育界前辈学人的祝福和鼓励。中国人民大学荣誉一级教授方汉奇先生称赞《年鉴》"集众智记录历史镜鉴教育，汇群伦探索规律功在国家"。原中国记协主席、人民日报社社长、北京大学新闻学院院长邵华泽教授肯定《年鉴》"记录历史，开拓未来"。原四川大学新闻学院院长邱沛篁教授称《年鉴》为"新闻教育的百科全书，传播人才的良师益友"。原武汉大学新闻与传播学院院长罗以澄教授赞赏《年鉴》"记载中国新闻教育的历史与现实，传承华夏信息传播的文脉与灵魂"。原国务院学位委员会新闻传播学科评议组召集人童兵教授肯定《年鉴》"汇集中国新闻教育百家信息，展示华夏传播研究全球流势"。原中国传媒大学副校长、中国新闻史学会原会长赵玉明教授则鼓励《年鉴》"不忘初心，再上一层楼；牢记使命，办出新水平"。还有更多新闻学院院长、教授的祝贺与鼓励、建议和鞭策，一时令我们这些《年鉴》编撰者们心潮激动，难以平静。

一、《年鉴》编撰的成功经验

《年鉴》是由中国新闻史学会新闻传播教育史研究委员会和《年鉴》编委会组织编撰的，是中国新闻传播学界集体智慧的结晶。《年鉴》编撰是一次"为时代画像、为时代立传、为时代明德"的学术实践，体现出中国新闻传播学界"秉持史家精神打造新闻传播教育信史"的学术追求。在策划《年鉴》编撰计划时，新闻传播教育史研究委员会和《年鉴》编委会同仁有一种强烈的使命意识和责任感。大家都意识到："编撰一本《年鉴》，全面、系统、客观、连续地记录中国新闻传播教育的新发展、新变化、新问题、新成就、新经验，记录中国新闻传播教育的当代历史，保持中国新闻

记录历史 开拓未来
《中国新闻传播教育年鉴》五周年纪实

传播教育的文脉,为后人研究今天的新闻传播教育留下宝贵的第一手文献,是时代的要求,也是业界的期待。"同仁们都相信,《年鉴》的编撰出版,"能够在服务中国新闻传播教育、促进新闻传播学术发展方面做出实实在在的贡献。"①自 2016 年 11 月《中国新闻传播教育年鉴(2016)》在辽宁大学正式发行,迄今已有五卷《年鉴》公开出版,每卷篇幅都在 120 万字左右。《年鉴》一经问世,便得到了学界、业界的好评。尚恒志教授认为:"年鉴是中国新闻传播教育发展史上的一座划时代的里程碑,是新闻传播教育自身正规化、制度化建设的重要步骤,也是中国新闻传播教育趋向成熟的基本标志。"② 范军教授则认为,《年鉴》"对于新闻传播教育领域的管理者、研究者、从业者、学生乃至对该领域感兴趣的读者而言,具有重要的实用价值,同时,在全方位呈现中国新闻传播教育场域、客观书写中国新闻传播教育历史方面也扮演着关键角色"。他进而肯定地说:"《年鉴》编纂作为中国新闻传播教育中的一项开创性工作,对我国新闻传播教育事业整体发展意义重大。《年鉴》的价值主要体现在实用性、场域呈现和历史书写三个方面。它以时间为经,以人、事、物为纬,较为精确地定位了中国新闻传播教育领域的每一刻度,将历史、现实与未来有机结合,有助于存史鉴今,启迪后人,推进新闻教育事业的持续健康发展。"③胡正强教授则盛赞《年鉴》个性化建构,肯定"《年鉴》的编纂,是精准定位读者、填补社会阅读空白的应时、顺势之举"④。朱秀凌教授高度评价了《年鉴》编撰的史家笔法:"这样一部年鉴构成的多维、全息的新闻传播教育信史,承载着中国新闻教育的历史记忆和集体记忆,明确了中国新闻教育的历史方位,提高了未来中国新闻教育的起点,薪火相传,功在社稷,利在学林。"⑤ 还有学者总结了《年鉴》的三大特点是"存史:记录历史、启迪后人""立言:珍贵口述、继往开来""立人:指导学科、培养人才",肯定其"填补了我国没有新闻传播教育年鉴的空白,绘制了我国新闻传播教育事业发展历史与现实的画卷,堪称中国新闻传播教育的学术家谱"⑥这些评价,可能有些过誉,但是作为对一种新生事物的鼓励,对于《年鉴》今后的编撰工作还是有正面的指导意义的。

---

① 张昆. 新闻传播教育年鉴编纂的必要性论析[J]. 现代传播(中国传媒大学学报),2016,38(11):141-144.

② 尚恒志,乔俊杰. 在守正中创新在继往中开来——《中国新闻传播教育年鉴(2018)》品鉴[J]. 新闻爱好者,2019(8):97-98.

③ 欧阳敏,范军. 实用性、场域呈现与历史书写——评《中国新闻传播教育年鉴(2016)》价值的三个维度[J]. 出版发行研究,2018(1):94-97.

④ 胡正强. 专业年鉴个性化的建构及其路径——以《中国新闻传播教育年鉴》为例[J]. 青年记者,2019(18):45-47.

⑤ 朱秀凌. 论史家笔法在专业年鉴的运用——以《中国新闻传播教育年鉴(2018)》为例[J]. 新闻知识,2019(9):7-10.

⑥ 陈强. 记录中国新闻传播教育历史与现实的著作——评《中国新闻传播教育年鉴(2016)》[J]. 新闻与写作,2017(7):89-91.

现在回过头来看五年《年鉴》的编撰出版过程，真是感慨万千。作为《年鉴》的主编者、组织者，不仅有一种得偿所愿的成就感，而且还油然而生出一种神圣的使命感、自豪感。我们能够在社会转型、传媒蝶变、教育革新的时代环境下，汇集学界的有生力量，来完成这一件学术功德，绝对不是我们学会或编委会几个负责人自己的功劳，而是中国新闻传播教育界集体智慧的结晶。如果要探究《年鉴》成功出版的经验，以下几点是不能忽略的。

第一，学界支持是前提。《年鉴》的编撰出版不仅仅是编撰团队的使命，而且是整个新闻传播教育界集体的责任；不仅是中国大陆新闻传播教育界同仁的事情，而且包括中国台湾、香港、澳门在内的新闻教育工作者，甚至海外的华人学者都有不同程度的参与。新闻传播教育界的支持主要表现在四个方面。首先是包括中国大陆、台湾、香港等地的新闻院系在基本数据采集方面的支持。《年鉴》作为工具书，最重要的特点是年度关键数据的汇集和解读，这就需要一个庞大的信息网络支撑，这个网络能够将其神经末梢延伸到国内所有设置新闻传播类专业的高校新闻院系。在基本数据之外，《年鉴》的"院系巡礼""教育家研究""口述史""院长论衡"等栏目也是仰仗各院系学者的支持。其次是学者撰稿。《年鉴》得到学界充分的肯定，一个重要的原因，就是越来越多的知名学者成为《年鉴》的撰稿人。如赵玉明教授、李良荣教授、邱沛篁教授、刘家林教授、陈昌凤教授、段京肃教授、李希光教授、喻国民教授、米博华教授、胡百精教授等知名学者，他们的作品为《年鉴》增色不少。其三是资金支持。《年鉴》的编辑出版不仅要耗费巨大的精力，也需要不菲的财力支撑。编辑部的运行、年鉴的编印发行、作者的稿酬，还有编委会的召开等，都离不开资金。按市场行情，一卷年鉴至少需要30万元人民币。《年鉴》编辑部、编委会没有经费来源，全赖教育界资助。五年来，为《年鉴》编撰出版提供资助的单位有华中科技大学、武汉体育学院、中南民族大学、河北大学、广西大学、山东大学、青海师范大学、暨南大学、广东外语外贸大学、南京大学、南京师范大学、深圳大学等。其四是平台维持。《年鉴》编撰出版依托于新闻传播教育史研究委员会这个学术平台。平台的维系也有赖于新闻传播教育界同仁的支持。为了《年鉴》的编撰出版，新闻传播教育史研究委员会每年至少要召开两次大中型学术会议，一次是《年鉴》编委会（50~80人），另一次是全国性学术年会（150人左右）。承办这些会议，耗时费力，但是六年间连续的11次会议，先后得到了石河子大学、重庆工商大学、中山大学、辽宁大学、郑州大学、山东大学、兰州大学、宁波大学、海南师范大学、天津师范大学、西南政法大学等高校新闻学院的全力支持。正是在这个意义上，《年鉴》"堪称一部由全国新闻教育界凝心聚力献给当下这个奋进时代的用心之作"①。

---

① 齐辉，赵冉.《谱写当代中国新闻教育的"春秋"：《中国新闻传播教育年鉴（2018）》的存史价值与编纂意蕴［J］.新闻春秋，2019（5）：70-75.

记录历史 开拓未来
《中国新闻传播教育年鉴》五周年纪实

第二，团队协作是关键。《年鉴》是一本超大型的集资料性、权威性、政策性、学术性、及时性于一体的工具书，每年 120 多万字，连续五年，耗费在其中的工作量是巨大的。要保证在规定的时间节点，确保所述数据、事实的准确性，做到内容体系的自恰，每年还要较前一年有所进步、臻于完善，不是靠少数几个人能够完成的。《年鉴》武汉编辑部工作人员、《年鉴》编委会和新闻传播教育史研究委员会的常务理事会组成了以编委会主任、主编为核心的《年鉴》编撰团队。通过这个团队，再联系、汇集新闻传播教育界的前辈和同仁广泛参与。据不完全统计，每年参与年鉴编撰的作者约 200 多人。这些作者、组稿人在编辑部周围形成了一个紧密的、有机的组织网络，高效地运作。可以毫不夸张地说，到目前为止，这是新闻传播教育界规模最大、最有效率且具有高度稳定性的单一项目学术团队。没有这个强大的团队，没有团队高效的运行机制，《年鉴》的连续出版是不可想象的。

第三，借鉴与创新并重。编撰中国新闻传播教育年鉴，就新闻传播教育研究而言，是在填补学术研究的空白，做前人没有做过的事情。所以编撰团队本着强烈的使命感、责任感，以开拓创新的精神，细心策划，认真设计，精益求精。同时，编撰团队还清醒地认识到，在出版领域，尤其是年鉴出版方面，其实是有相当的知识与经验积累的。不用说国外，仅就国内年鉴编撰而言，已有不少成功的经验。不仅有大量的综合性年鉴、专业性、地区性的年鉴，而且还有与新闻传播教育有关的年鉴，如《中国新闻年鉴》《中国广播电视年鉴》《中国出版年鉴》等①，这些年鉴从 20 世纪 80 年代开始出版，有一套成熟的编撰模式和比较完善的内容体系。就其内容而言，与新闻传播教育还存在着一定的关联。最近，中国社会科学院新闻与传播研究所又编撰出版了《中国新闻传播学年鉴》。这就告诉我们，编撰《年鉴》，不是完全意义上的白手起家，至少我们还是有参照系的，还是有同类年鉴可以借鉴的。在设计《年鉴》框架体系时，编辑部和编委会一方面诚恳地学习、借鉴其他年鉴的成功经验，另一方面我们又在《年鉴》的定位方面，体现出与同类年鉴错位的差异化特色，从而实现了借鉴基础上的创新。

第四，依托《年鉴》编撰，激活新闻传播教育研究。《年鉴》编撰是中国新闻史学会新闻传播教育史研究委员会基本的学术业务。一方面，新闻传播教育史研究委员会是《年鉴》编撰赖以展开的学术平台，没有这个平台，再好的创意都难以成为现实；另一方面，《年鉴》的编撰又是一个声势浩大、牵涉面广的学术系统工程，以此为核心，可以在相当程度上调动、激活学界的研究力量，让学界同仁关注或投身于新闻传播教育、新闻传播教育史的研究。正是因为有了这项重要的学术工程，新闻传播

---

① 《中国新闻年鉴》由中国社会科学院新闻与传播研究所主办，创刊于 1982 年。《中国出版年鉴》由中国出版工作者协会和中国出版科学研究所合编，创刊于 1987 年。《中国广播电视年鉴》由广播电影电视部《中国广播电视年鉴》编辑委员会主编，创刊于 1986 年。

教育史研究委员会的人气越来越高，会员越来越多，其学术成就也得到学界的普遍认可。最近几年，新闻传播教育研究成为新闻传播学界的大热门，研究成果在数量与质量上均有很大的提升。中国新闻史学会每年都会评审优秀的二级学会，新闻传播教育史研究委员会连续多年高票当选，其重要原因即在于此。

二、《年鉴》编撰工作存在的问题

《年鉴》以记录当代历史、反映教育实态、服务发展需求为使命。既有宏观扫描，勾画全国、地区、省市的新闻传播教育发展图景，也有微观深掘，剖析新闻传播教育面临的问题、矛盾和需求。《年鉴》具有很强的问题意识，在记录全国、省（市、区）及学校新闻传播教育发展状况的同时，直面各个方面、各个层次的问题；在推介一些著名院校改革探索、解剖新闻传播教育的他山之石时，为全国新闻传播教育改革提供了全方位、多层次的启示和参照。在这个意义上，《年鉴》编撰具有重要的理论价值。《年鉴》还具有突出的史料价值。其记录涉及中国新闻传播教育的方方面面、各个层次、各个环节。"覆盖了中国新闻传播教育的全部要素，记录了中国新闻传播教育的当代历史，为后人研究今天的新闻传播教育留下了宝贵的第一手文献。"① 作为中国新闻传播教育领域第一也是唯一的年鉴，对于当下及后人认识新闻传播教育的历史，具有重要的参考价值。《年鉴》追昔抚今，不仅为中国新闻传播教育明确历史方位提供了重要的历史和现实依据，而且对于当下新闻传播教育的改革和发展，具有重要的借鉴意义。

同时，《年鉴》的出版发行，还有重要的实践意义和应用价值。《年鉴》直面中国新闻传播教育向何处去的时代命题，将这种紧迫重大的问题意识，贯穿于内容设计、材料搜寻与梳理点评之中，力求将对这一问题的探讨推向深入。《年鉴》记录的有关当代新闻传播教育的一手数据、文献，其抢救、发掘的历史资料，为当下的新闻传播教育的研讨奠定了现实基础。《年鉴》对全国重要的代表性新闻院系的办学理念、办学模式及成功经验的推介和分析，对我国港澳台地区及国外著名高校新闻传播教育改革新举措的展示与剖析，可为内地新闻传播院系提供参照和镜鉴。

但是，《年鉴》本身也存在一些不足，还有一些需要加强、改进、完善的地方。

其一是学界参与有待于进一步加强。前述《年鉴》成功的原因之一就是学界的支持和参与，每期《年鉴》的各类撰稿人、编辑约200人。这种广泛的参与是一般的学术研究、学术工程难以相比的。但是，相对于新闻传播教育系统本身的复杂性，相对于新闻传播教育改革与发展的需求，相对于《年鉴》内容自我完善的学术追求，学界

---

① 邓绍根，李兴博.百年回眸：中国新闻传播教育史研究回顾与前瞻［J］.兰州大学学报（社会科学版），2018，46（4）：210-218.

同仁的参与还有待于进一步加强。在此之前,《年鉴》关注的主要是研究生、本科生教育,基本上没有注意到专科层次,事实上,专科层次的新闻传播教育也是一个重要的存在。截至2019年,全国高职院校新闻传播类专业有两大类23种,其中新闻传播类8种,广播影视类15种。全国251所高职院校共设专科新闻传播类专业点538个。这一重要的存在显然应该纳入《年鉴》覆盖的范围,要做到这一点,高职高专院校的教授自然也有参与《年鉴》编撰的必要。过去,参与《年鉴》编撰工作的主要是在职的教授和院系负责人,离退休的教授比较少,事实上这些教授可是新闻传播教育历史的活字典;过去,参与《年鉴》编撰工作的多是各新闻院系的负责人,这当然很重要,但是一线的教职工,对于新闻传播教育存在的问题可能有更深切的认识;过去,《年鉴》的信息网络只是铺设到新闻院系,而从院系到专业、教研室、教师与课程的"最后一公里",还付之阙如。所有这一切,都需要从顶层设计的高度,加以重新思考,在更加广泛的意义上,发动新闻传播教育相关者参与到《年鉴》的编撰工作中来。

其二是《年鉴》的结构体系有待进一步完善。从第一卷年鉴到现在的第五卷,虽然栏目设置不断地调整,但是在总体上维持了三个板块的总体结构。第一板块是总论篇,下设三个栏目。一是"本年度中国新闻传播教育综述",二是"各省、自治区、直辖市新闻传播教育发展综述",三是"中国新闻传播教育地图"。第二板块是平台与人物篇,下设九个栏目"院系巡礼""行业动态""教育家研究""口述史""名师风采""教授名录""院长论衡""教育史钩沉"及"他山之石"。其中"院系巡礼"栏目,每年根据教育部官方对一级学科的综合排名选择10个左右的著名新闻院系,就其办学理念、培养模式、课程体系、科学研究、社会服务等进行全面的梳理。"院长论衡"栏目邀请当年年内新任知名新闻学院院长发表其办学理念。"他山之石"栏目则对高等教育发达国家知名新闻学院的个案进行剖析。第三板块是成果与政策篇,包括九个栏目:"学科与专业建设""本科人才培养""新闻教育改革前沿""研究生教育""博士后流动站""研究获奖""学生竞赛""科学研究"及"新闻教育研讨"。在三大板块之后,还有附录。正文之前,还有24~32页的彩色图片专版"精彩瞬间",选登本年度重大事件、重要活动、重要人物的新闻图片。经过几年的试运行,现在看来,这个结构体系还有进一步完善的空间。愚意以为,现有的三板块结构看上去比较清楚,但是对内容的归类不够精准,而且对教育过程、教育主体的呈现也不甚完整。可在彰显教育主体的前提下,适当地合并同类项,整部《年鉴》由如下八个栏目组成:"总览""教育组织"(官方机构、院系、学会)、"教育者"(教育家、院长、师资、团队、学术研究、教育探讨)、"学生事务"(专科、本科、研究生、博士后)"人才培养"(教育模式、课程体系、教材建设、实验实践)、"评估与竞赛"(学科与专业评估、学生竞赛、教学奖)、"他山之石""新闻教育研究",最后是附录与年表。这样的结构调整，其内容体系可能更加合理、完善。

其三是对材料的深加工还有提升的空间。《年鉴》本身就是汇集年度资料、数据的大型工具书。大量地收集、甄别、整理第一手的权威资料、数据，是《年鉴》编撰的职责所在。应该说，五年来，《年鉴》在收集、整理新闻传播教育相关资料、数据方面，做了卓有成效的工作，发掘了大量的第一手资料，为新闻教育保存了当代的历史。同时我们在资料甄别、数据解读方面也做了不少事情。如解读第四轮全国新闻传播学一级学科评估结果、发布新闻传播学科 A 类期刊论文排行榜、解读国家社科基金新闻传播类年度项目统计数据等，受到新闻传播教育界的普遍好评。但是，作为《年鉴》的主编者，我越来越清晰地认识到，《年鉴》对材料的深加工、对数据的解读还有进一步提升的空间。尤其是社会人才需求与学生就业数据的分析、在线课程的评价、学生创新创业的评估、教育教学改革等内容，有的还没有一手数据，有的汇集了初步的数据但缺少深入的解读，这是以后完善《年鉴》编撰工作的着力点。

其四是《年鉴》的编校质量也有待提高。《年鉴》每卷 120 多万字，集数据、文字、图表于一体。每年一卷，必须在规定的时间节点完成全书编校任务，不然就会误期而不能按时出版，这就需要相当大的人力资源投入。可是编辑部人手严重不足，而且所有编辑都是教授兼职，都是义务劳动。要按时保质完成编校任务，实在是一件非常困难的事情。而《年鉴》的性质和学界的期待，又要求它叙事真实、数据准确、评价公允、表达严谨，这样才能保证权威性和公信力。客观地讲，已经出版的四卷《年鉴》，在编校质量上还存在一定的问题，需要及时加以改进。除了一般意义上的文字订正以外，编辑部还要特别注意以下几点：一是数据的订正，因为年鉴的相关数据在若干年后会成为研究者的元数据，所以年鉴在基本数据方面绝对不能出错；二是基本事实、过程的核实，《年鉴》的表述与客观实在要保持最大程度的契合；三是评价的把关，对人物、事件、院系、政策等的评价不能过头，要中正公允；四是对于上年度的《年鉴》要及时补上勘误表，以弥补前卷的错讹。

以上四个问题，是制约《年鉴》水准提升的重要瓶颈，《年鉴》编委会、编辑部同仁已有深切的认识，如何解决这些问题，将是各位同仁今后着力的主要方向。

三、改进与完善《年鉴》编撰的路径

《年鉴》的编撰是一项新闻传播教育界全国规模集体协同的大制作，"是新闻传播教育入史的基础工程，也是中国新闻传播教育趋向成熟的基本标志。因为这本年鉴的持续出版，中国新闻传播教育史研究才有可能在全面翔实的史实基础上成为信史"①。

---

① 张昆. 秉史家笔法，记录中国新闻传播教育的当代史［J］. 出版发行研究，2018（10）：94-100.

围绕《年鉴》的编撰，激活了中国新闻传播教育研究，集结了空前规模的学术共同体。因为《年鉴》的出版，今日中国新闻传播教育的改革不仅有了参照系，而且有了清晰的路径可寻①。学界、业界对《年鉴》期待甚高，而且希望它能够越办越好。但是正如前文所述，由于种种原因，《年鉴》还存在不少问题，还有亟待完善、提升的空间。作为《年鉴》的主编者，愚意以为，要满足学界、业界的期待，使《年鉴》编撰能够与时俱进，更上层楼，臻入化境，我们还需要进一步凝聚众智，从如下几个方面深入思考，提出并且落实具体的整改措施。

第一，进一步强化编委会、编辑部的功能。编委会是《年鉴》编撰的思想库，是中枢神经，是大脑，而编辑部则是执行大脑指令的行动机构。五年来《年鉴》的编撰实践告诉我们，不怕做不到，只有想不到。只要能够在思维的层面解决问题，实践上的难题就会迎刃而解。《年鉴》编撰要臻于至善，首先需要强化编撰组织的中枢神经、强化大脑的功能，解放思想，集思广益，在策划设计方面，在体系建构方面，精益求精。在此基础上，加强编辑部的职能。目前《年鉴》编辑部人力资源明显不足，在增加人手的同时，加强编辑部对新闻传播教育史研究委员会相关学术力量的协调、整合，调动作者的积极性、创造性；同时，进一步延伸信息采集网络，使《年鉴》编辑部的神经末梢布满每个有研究生教育的新闻院系，每所有新闻传播类专业的大学，每个与新闻传播有关的学会、协会，每个与新闻传播教育相关的官方、半官方组织。这样才能将年内整个新闻传播教育界发生的各种事件一网打尽，无所遗漏。在此基础上，编辑部人员还要依据相关政策法规，加强内容的把关，切实提高编校质量，将《年鉴》的质量水准提升到一个新的层次。

第二，推陈出新，不断地开发新的知识产品。一部有价值的《年鉴》不能仅满足于资料的汇集、数据的考订。类似中药铺的事实陈列，固然能帮助我们认识、了解当年发生了什么事情，但这显然是不够的。我们还应该在事实解读、数据挖掘方面下功夫，充分利用原材料，努力创造、开发一些新的知识产品。最近三卷《年鉴》，我们尝试着开发了一些新的知识产品，受到了学界的好评。如《年鉴》独家发表的研究报告《国内新闻传播学四大名刊学术论文统计分析》《新闻传播类国家社科基金项目立项课题的统计分析（1991—2017）》②，这些基于原始数据的深加工独家知识产品，就很受欢迎，并且也能作为固定栏目的核心内容。《中国新闻传播教育年鉴（2020）》

---

① 张昆. 新闻传播教育年鉴编纂的必要性论析［J］. 现代传播（中国传媒大学学报），2016，38（11）：141-144.

② 《国内新闻传播学四大名刊学术论文统计分析》报告，自《中国新闻传播教育年鉴（2018）》开始刊登，该报告由湖北大学廖声武教授领衔的学术团队完成；《新闻传播类国家社科基金项目立项课题的统计分析（1991—2017）》报告，自《中国新闻传播教育年鉴（2018）》开始刊登，由陶喜红教授领衔的学术团队完成。这两份报告已成为《年鉴》的固定栏目。

一、擘画蓝图

还将推出一个新的研究报告《新闻传播学科QS排名榜分析报告》。为了满足学界业界的需求，编辑部还将组织学术力量，就新闻传播教育界的人才流动问题，新闻传播类专业的招生、就业问题，专业课程尤其是在线课程的使用与评价问题，核心课程教材的使用与评价问题等，基于客观数据，进行深入的解读，作为专题研究报告发布。这样的专题报告越多，《年鉴》的学术含量就越大，其对于新闻传播教育实践的指导性就越强。这是《年鉴》编委会、编辑部下一步努力的重要方向。

第三，注重对新闻传播教育全局、教育改革前沿的把握，发挥《年鉴》的引领作用。如今我们处在一个全面转型的时代，信息技术革命带来的传播转型，促成了整个社会的结构变迁。在社会大系统中，不仅传媒的地位与角色发生了重大的改变，传播自身，包括传播过程、媒介功能、传播理念以及传媒人才的知识与能力规格也随之发生了颠覆性的变化。这种变化必然倒逼新闻传播教育系统，对教育系统各元素乃至全过程诸环节进行全面的改革。因此《年鉴》编撰必须掌握社会转型与新闻传播教育改革的全局，对新闻传播发展的总趋势及对新闻传播人才的要求，做出必要的回应。同时，《年鉴》编委会、编辑部还要对新闻传播教育，尤其是对新闻传播教育改革的前沿予以关注。前沿引领着一般，前沿的今天，意味着一般的明天；前沿的现实，即为一般的未来。当整个新闻传播教育界都面临着机遇与挑战，都在革新图强时，谁的步伐最大、思路最新、方法最好、成效最显著，自然会引起同行的关注，自然会在业界、学界产生示范效应。《年鉴》编委会、编辑部对新闻传播教育界改革发展的前沿地带、对于引领前沿的样板，应该倾注心力，组织专家学者进行深入的个案研究，从而为一般院系提供参照和借鉴。

第四，重视他山之石的镜鉴作用。《年鉴》创刊伊始，即设立了"他山之石"专栏，为的是给国内新闻传播教育界同行提供一个参照系，因为新闻学、传播学、新闻传播教育本来就是舶来品，而且欧美国家一直要领先于国内。这是国内新闻传播学界的共识。几年来，"他山之石"栏目发表了一系列文章，介绍了一些国际知名新闻院系的办学理念和教育模式，受到了教育界同行的欢迎。考虑到目前全球化、国际化的现实以及中国作为负责任的全球大国崛起的态势，在新闻传播教育改革方面，国内高校更需要国外的经验启示。我特别感受到"他山之石"栏目还需要进一步加强，至少应该从如下几个方面着力：一是对新闻传播学科QS排行榜进行深入的解读，让国内新闻传播教育界同行了解国际标准，促进新闻传播教育与国际接轨；二是对全球范围内的知名新闻院系，做好做深个案研究，总结其办学经验与教训，为我国国内新闻院系树立标杆；三是从全球视角归纳新闻传播教育发展的总趋势，解读国际新闻教育界在网络信息时代及全球化背景下面临的共同困难和特殊问题，帮助国内新闻院系及教育工作者明确自己的历史方位；四是介绍国际知名新闻院系流行的经典教材，从比较的视野分析这些教材的特点、长处，便于国内新闻院系采用与借鉴。《年鉴》还应对

记录历史 开拓未来
《中国新闻传播教育年鉴》五周年纪实

世界范围内新闻传播学的各流派，逐一梳理点评，拓展教师与学生的学科视野。通过这些努力，延伸新闻院系师生的思维空间，以增强他们的全球意识和开放的胸襟。

总之，《年鉴》编撰是个牵涉面极广、学界普遍参与的学术基础工程。每年一卷，每卷百余万字，图文并茂，纪史存珍，功德无量。它是新闻传播教育入史、新闻传播教育成熟的重要标志。五年时间，不过是历史短暂的一瞬；但是这凝聚着数百学人智慧的五卷《年鉴》，约600万字的新闻教育纪实却要长存人间，成为人们解读今日历史、认识新闻传播教育的第一手文献。《年鉴》定位如斯，《年鉴》编撰自然应该高屋建瓴，厚积薄发，精益求精。五年来，编撰团队精诚团结，尽心尽力，但是作为一项系统的学术实践，无论是顶层设计、目标定位、信息采集，还是协调组稿、编校出版诸环节，都存在着一些短板或盲点，还需要进一步改进与完善。本着强烈的使命意识和责任感，在检讨、反思的基础上，《年鉴》编委会、编辑部完善了编辑方针和工作思路，相信未来的《年鉴》将会更加成熟，臻于至善。

张昆

一、擘画蓝图

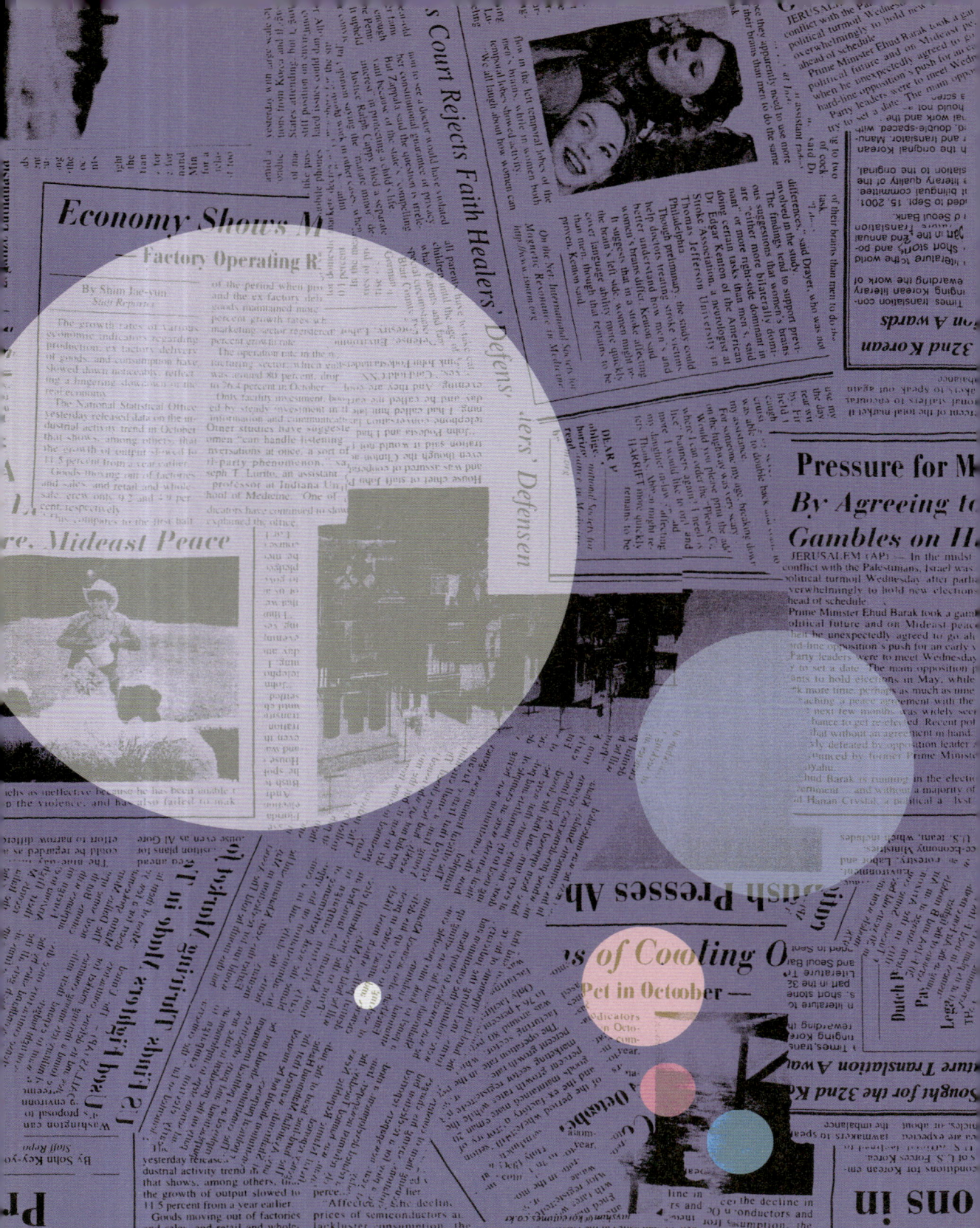

二、我与《年鉴》

　　五卷《年鉴》得以正常出版，学界支持是前提，团队协作是关键。据不完全统计，每年参与《年鉴》编撰工作的作者约200人。这些作者、组稿人在编辑部周围形成了一个绵密的、有机的组织网络，高效地运作。没有这个强大的团队，没有团队高效的运行机制，《年鉴》的连续出版是不可想象的。团队为何如此高效，成员为何如此热情？在"我与《年鉴》"的回忆文章中，我们或许可以找到答案。

南山荟萃,那时花开

蔡 敏

重庆工商大学文学与新闻学院

2014年10月的一天,时任四川外国语大学新闻传播学院院长的严功军教授打电话给我说:"老蔡,有一个承办全国性学术会议的机会,你有没有兴趣?"我马上回应:"当然感兴趣,非常希望有这样的机会。"他告诉我,张昆院长希望在重庆举办新闻传播教育史研究委员会2015年学术年会暨新闻教育高峰论坛。张昆教授时任华中科技大学新闻与信息传播学院院长,还是中国新闻教育研究会会长、国务院学位委员会新闻传播学科评议组成员,身兼多职,是我国新闻传播学界知名学者和教育家。严功军教授让我马上和张昆院长电话联系,如果被列入考察对象,张昆院长将到重庆实地考察办会条件并讨论相关事宜。我敢迅速表态,是有一个基本判断的,当时我校开放

二、我与《年鉴》

办学、校企合作、政校合作以及校校合作搞得火热,举办全国性学术会议肯定会得到学校支持,而且学校各方面的条件也在完善,发展在上台阶。

很快,我通过电话和张昆院长取得了联系,大致了解了办会条件、办会时间、办会规模等要求。张昆院长同意尽快来渝进行现场考察。虽然我和张昆院长此前没有直接交往,但仅一次电话,他爽朗的性格、直率务实的行事风格给我留下了深刻印象。

张昆院长如约来到重庆。关于办会,我印象最深的是,他特别强调了三点。第一,关于邀请参会人员,他说既然是新闻传播教育史研究委员会,肯定要以具有教育管理经验的专家为主,他们很多是院长或副院长。第二,新闻教育高峰论坛一定要办成标杆,以后的会,要按这个标准,只能办得更好。第三,会议要特别邀请10位新闻传播教育界的老教育家。他说老教育家是我们的财富,他们的贡献、他们的经验对我国新闻传播教育事业的促进功不可没,要继续请他们传帮带。

张昆院长要求高,我们也得思忖自身的条件。重庆工商大学新闻传播教育肇始于1982年,这一年,原渝州大学中文系汉语言文学专业设置新闻方向,当年开始招生。办学初期师资不足,于是中文系请了不少业界骨干和精英授课,对人才培养起到了很好的作用,很大程度上借鉴了四川大学邱沛篁教授的"请进来,走出去"办学模式。当时重庆的很多新闻报道中,署名渝大实习生的新闻作品频频见诸报端,首届毕业生很多进入重庆新闻单位,迅速成为行业骨干。通过多年的人才培养,我校在重庆新闻行业的人才产生了聚集效应,不仅表现好,而且不少人成为领导和骨干。现任西南政法大学新闻传播学院院长,一级学科博士点负责人,学科带头人李珮教授就是我校首届新闻方向毕业生。新闻教育有这样的历史积淀,同时,我校南山书院掩映香樟林深处,鸟鸣花水涧,作为论坛举办地,环境优美雅致。完成张昆院长交办的任务,达到办会标准,实现会议目的,我有信心。

从张昆院长的整体设想和策划中,看得出他对学会的发展,对如何办会是深谋远虑的,站位很高,包括他当时提出要编撰新闻传播教育年鉴,通过年鉴记录中国新闻教育历史,促进新闻教育发展。今天看来,其价值和意义,无论评价多高都不过分。

张昆院长考察了学校办学条件,敲定了办会的内容,最终确定,新闻传播教育史研究委员会2015学术年会暨新闻教育高峰论坛在我校举办。我们商议了有关办会的重要问题,取得了共识,也算是阶段性成果。我向他表态,将认真办会,严格按组委会要求执行。趁张昆院长考察期间,我们还请他给我校新闻传播学研究生做了关于国家形象传播的学术报告,分享了他的学术大餐。考察闲暇之余,我们吃火锅,品重庆江湖菜,把酒言欢,推杯换盏,谈天说地,张昆院长人品和性格之好,"暴露"无遗,用重庆话来说,就是"不摆了"。

经过半年多的准备,2015年6月27日上午9时,新闻传播教育史研究委员会

2015 学术年会暨新闻教育高峰论坛在我校厚德楼隆重召开，下午在南山书院继续进行主题学术研讨。来自全国高校的 100 多位新闻传播教育专家、老中青三代新闻传播教育践行者汇聚南山，共襄学术盛宴。这次年会的常务理事会上，大家一致支持编撰《年鉴》，在新闻传播教育的历史上落下了重重的一笔。

聚沙成塔，鉴往开来

陈建云

复旦大学新闻学院

世间万事皆有因缘。我与《年鉴》的结缘，始于加入中国新闻史学会新闻传播教育史研究委员会这一学术共同体组织。2014 年 11 月，新闻传播教育史研究委员会2014 年年会在华中科技大学举行，这次会议同时也是研究会的换届会议。复旦大学新闻学院作为团体会员，本来由黄瑚教授代表学院参加研究会并担任副会长。可是黄瑚教授有"淡出"之意，更有托举后学之良苦用心，就极力推荐我前往武汉参会。换届结果，时任华中科技大学新闻与信息传播学院院长的张昆教授接任新闻传播教育史研究委员会会长，我则接替黄瑚教授担任副会长。

新闻传播学界同行都称呼张昆教授为"昆哥"，其感召力、亲和力由此可见一斑。在新一届常务理事会上，张昆会长提出编撰一部《年鉴》，"全面、系统、客观、连续

记录历史 开拓未来
《中国新闻传播教育年鉴》五周年纪实

地记录中国新闻传播教育的新发展、新变化、新问题、新成就、新经验,记录中国新闻传播教育的当代历史,维护中国新闻传播教育的文脉,为后人研究今天的新闻传播教育留下宝贵的第一手文献。"他的倡议当即得到与会者的普遍赞同,真是登高一呼,应者云集。编撰《年鉴》的确是高明之举,不但可以以此为抓手提升研究会的凝聚力,而且能够切实嘉惠我国新闻传播学界和业界。不过,我当时心里是犯嘀咕的:编撰年鉴不同于一般的著书立说,需要大量的文献、材料、数据、图片等,非单枪匹马或少数几个人可为;年鉴要年复一年不间断地按时出版,如果半途而废,则前功尽弃。然而事实证明这种担心是多余的,昆哥就是昆哥,在他的号召、组织和亲力亲为下,在同仁们的通力合作下,《中国新闻传播教育年鉴(2016)》于 2016 年 11 月 5 日在沈阳年会上一揭开"红盖头",便赢得满堂彩。以后各卷体例不断完备,编排日益规范,内容愈加充实,"新任院长施政方略""大区域教育地图""他山之石""新闻传播教育史钩沉"等新栏目相继推出,可谓踵事增华,精益求精,真正成为兼具工具性、学术性和政策性的皇皇年鉴。

复旦大学新闻学院是我国历史最悠久的新闻传播教育机构,积淀深厚,与时创新,自然是《年鉴》的供稿"大户",例如 2016 年卷"新闻教育家研究"栏目,计划研究 7 位已故著名新闻教育家的教育理念,复旦新闻学院就有谢六逸、陈望道、王中 3 位前贤入选。每年我从编委会领回写作任务,要么亲自动手认真撰写,要么安排合适人选写出初稿,自己再仔细修改,确保如期高质量地向编辑部汇缴稿件。我相信,《年鉴》的每位参与者和我一样,都是抱着高度负责、虔诚的态度对待这份"名山事业"的。

编撰《年鉴》的过程,其实也是一个自我学习、接受教育的过程。2016 年秋天的一个下午,我带着我的硕士研究生茹玫瑄同学去我们的老院长赵凯教授家里做口述实录。赵凯教授 1959 年进入复旦大学工农预科(复旦附中前身)读书,1962 年考入复旦大学新闻系,1967 年大学毕业,因"文化大革命"爆发,推迟一年才分配工作。1968 年,他和 6 位同学乘着一趟"西去的列车"奔向祖国的大西北,在青海日报社工作了 20 多年,1991 年调回上海,先后在多家新闻媒体机构担任领导,2004 年 6 月至 2008 年 12 月担任复旦大学新闻学院院长。赵凯教授的人生经历,是他们那一代新闻人的一个缩影。秋阳入户,心语化人。整整一个下午,老院长向我们回忆了"西出阳关无故人",在青海过黄河"冰桥",沿着唐蕃古道采访公路道班,做《青海日报》夜班编辑"老裁缝"时的经历和感受,讲述了回到上海后的媒介经营创新举措和新闻传播教育理念。长期远离家乡,工作生活于大西北,一般人恐怕难以忍受,他却淡然地说:"在那遥远的地方,为了祖国的富强,人民的幸福,有太多太多的平平常常的人,不计名利、默默无闻地工作着,他们是中国的脊梁!"赵凯教授是 2004 年 6 月 22 日应复旦大学聘请回到母校担任新闻学院院长的。提到这一天,他深情地说:"我对新闻学院感激涕零。我当新闻学院院长那天，戴上红校徽，我说了句：滴水之恩，当涌泉相报，因为是复旦培养了我，没有复旦，没有新闻学院，也没有现在的我。"这次访谈，我和茹玟瑄同学等于受到了一次生动的人生观、价值观教育。访谈记录后来整理成文，以《赵凯：复旦培养了我，我当涌泉相报》为题，编入《中国新闻传播教育年鉴（2017）》"口述史研究"一栏。

张昆会长在为《中国新闻传播教育年鉴（2017）》所作的前言中说，《年鉴》作为以记录现实为主旨的权威性工具书，其作用当然体现在当下，对于当今的新闻传播教育界能够起到参照、资鉴的作用；但是《年鉴》的主要价值"还不在今天，而在于将来"，"设想几十年后，几十本年鉴并列排放在一起，一部完整的中国新闻传播教育的历史就展现在我们的面前。在这个意义上，可以说，今日年鉴，即为明日信史。"今日年鉴成为明日信史的一个重要前提，就是相关材料、事件和论断真实准确可靠，年鉴的权威性也体现于此。《中国新闻传播教育年鉴（2019）》"教育家研究系列"栏目有一篇关于复旦大学新闻系主任丁树奇教授的研究文章，是我安排博士研究生贺才钊同学撰写初稿，最后由我修改定稿的。贺才钊同学在整理材料时发现，关于丁树奇教授调入复旦大学、出任新闻系主任的时间，在已经公开发表的论著中就有四种不同的说法，他离开复旦前往解放日报社工作的时间也存在不同的说法。到底哪种说法符合事实？经过仔细比对、研判相关材料，并征询知情人的意见，最后终于厘清了时间节点：1957年10月，中共中央直属高级党校新闻班停办，丁树奇教授被调往复旦大学新闻系工作，先是代理新闻系主任、主持系务，1958年3月开始正式担任系主任；1958年10月调往解放日报社工作，担任《解放日报》副总编辑，同时兼任复旦大学新闻系主任，直到1960年7月才正式卸任。我和贺才钊同学对这一问题的考证求实，也算是为《年鉴》成为"信史"作出了一个小贡献。

几年下来，《年鉴》编撰工作形成了这样的惯例：新闻传播教育史研究委员会常务理事会暨《年鉴》编委会在年中举行一次会议，总结上一卷《年鉴》编撰工作，讨论、确定下一卷的体例并分配撰稿任务；在年末举行研究会年会，同时发布本年度《年鉴》。现在各种名目的会议多之又多，不胜其烦，但是《年鉴》编撰会议我都尽可能地参加，因为这是我们研究会自己的事情，是为我国新闻传播教育事业的发展做实实在在的工作。2016年6月，新闻传播教育史研究委员会常务理事会暨《年鉴》编委会在石河子大学举行。开会之余，大家参观、考察了石河子军垦博物馆和吐鲁番交河故城，睹西域之风光，发思古之幽情，我写了两首小诗，作为此次新疆之行的纪念。其一《王震将军经略新疆》："十万将士屯天山，铸剑为犁开井田。头上明月眼前雪，教人不思入玉关。"其二《交河故城》："万里荒漠起土城，金瓯无缺镇西庭。依旧如丸汉时月，不闻征人弄笛声。"时过境迁后翻出来再读一读，也可以回想自己参加《年鉴》编撰工作的历程。

记录历史 开拓未来
《中国新闻传播教育年鉴》五周年纪实

梁启超在《中国历史研究法》中有言:"夫史者何?记述人类社会赓续活动之本相,校其总成绩,求得其因果关系,以为现代一般人活动之资鉴者也。"《年鉴》一年一卷地连续出版下去,积沙成塔,本身也将成为历史典籍。《年鉴》今年将出满五卷,应张昆会长之请,我写了"鉴往开来"书法条幅以示祝贺,寄望它不但可以资鉴当下,更能够开创中国新闻传播教育事业的未来!

陈建云

参与《年鉴》编写这五年

陈志强
浙江万里学院文化与传播学院

自中国新闻史学会新闻传播教育史研究委员会成立以来，除非特殊原因，我一直积极参加学会组织的各种活动。之所以很愿意参与学会的活动，是因为不仅可以见到很多尊敬的师友，而且每一次参加，总感觉对中国新闻传播教育的现状有了新的了解，对自己所从事的教学研究和管理工作又有了新的感悟。

学会是由同一学科或相近学科、有共同研究兴趣或旨趣的研究者组成的学术团体，大多以召开学术会议、开展专业研讨和交流为主要活动形式。由于学会"领导"和"工作人员"大多是兼职，本职工作已很忙碌，因此每年确定一些合适的话题召开一两次学术会议，让同行们有切磋交流的机会，就成为多数学会的主要使命。

正是因为有了这样的认识，所以 2015 年听说张昆会长着手准备编写《年鉴》时，

记录历史 开拓未来
《中国新闻传播教育年鉴》五周年纪实

喜忧参半。喜，当然是觉得《年鉴》编写很有价值、很有必要。全面、系统、准确地呈现上一年度新闻传播教育的状况和景象，为有兴趣了解中国新闻传播教育现状的"行外人士"提供了一站式服务，也为同行的"科学决策"提供了参考。更重要的是，今天广泛搜罗的新闻传播教育实践和经验，将来就可能成了颇有价值的研究史料。忧的是，多数年鉴是有"专班"来编写的，会长们能忙得过来吗？

《年鉴》编撰工作的启动和进展，却是比较顺利的。每年一卷《年鉴》，一般是上半年四五月份确定各自任务，次年年后交稿，十月十一月面世。但我也知道，说起来容易，做起来肯定不容易，光是百余万字统稿、编校，《年鉴》编辑部就得搭进去无数个周末。

我主要参与的是浙江省新闻传播教育综述的编写，以及浙江省新闻传播学教授的介绍。新闻传播学教授的介绍相对简单，只要尽可能多地选择并请同仁推荐即可。联系的教授，大多在知道了事情原委之后都会积极配合。

编写一省新闻传播教育之综述，工作量就大很多。在编写时，我们会做到以下三点：

一是尽可能全、尽可能准地搜集资料。很感谢每年提供资料的兄弟院系，他们把能够编入《年鉴》的资料，毫无保留地"全盘托出"。没有师友的鼎力支持，撰写综述几乎是不可能完成的任务。浙江省与河南、湖南和辽宁等省的情况不太一样，没有设立省级新闻传播学教学指导委员会之类的半官方组织，所以搜集资料主要通过网络查找和私下联络。但是在具体操作过程中，有时也会遇到一些困难。比如，每年各高校新闻传播学类专业调整的情况及其录取人数，应该是综述的基础性材料。由于有的学校按照新闻传播学大类招生（大学一年级结束前通过分流再确定专业），有的学校按专业招生；有的学校广告学专业在新闻传播学院，有的在其他学院……要想把数字统计准确，还得颇费周折。后来，通过省考试院，才从根本上解决了这一问题。

二是尽量客观呈现。一般认为，鉴、志、史同出一辙，源于史学，都属于"孕天地之变化、呈人间之更替"的史家典籍。作为参考性工具书，《年鉴》在内容上的特点是汇集一年之内的新闻、事件、数据和统计资料，在体例上按类编排，因此又与志和史有明显的区别。在编写时，我们明确了为志史编修尽可能提供资料的定位，尽可能地客观呈现，尽可能地少评论。

三是尽量凸显亮点。近年，传媒技术的突飞猛进、传媒业的整体转型和新媒体的快速发展，使得新闻教育面临着巨大的压力。在压力面前，各高校根据自身的传统优势和对愿景的不同期盼，各尽其能，各展所长。记录各个高校新闻教育改革和发展中的创见和创举，自然成了综述的重点。与此同时，对于新闻传播教育取得的靓丽成绩，也会浓墨重彩地记录。比如，2019年浙江省新闻院系教师的国家哲学社科基金项目立项数较往年有大幅度提升，因此在当年年鉴中予以单独呈现。

二、我与《年鉴》

  每年推出一本百余万字的大部头，《年鉴》编委会尤其是《年鉴》编辑部的老师付出了很多努力。近五年，新闻传播教育史研究委员会常务理事会的议题，主要是总结上一年《年鉴》编写工作、提出下一年《年鉴》的改进建议和确定编写任务。印象深刻的是，每次确定编写任务时，都是张昆会长按照事先拟定好的体例和顺序，逐一落实。绝大多数编写任务，总有人迫不及待地领走。一些难啃的硬骨头，张会长也总有办法，以"最有利于任务的完成"为原则，找到合适的编写者。

  参与《年鉴》编写最大的收获，是在编写《年鉴》、阅读《年鉴》的过程中，可以全方位地获取新闻传播教育的最新发展，可以近距离地感悟前辈们的实践逻辑和智慧。各省的发展综述、主要新闻院系的巡礼和境外新闻传播教育的介绍，概述了新闻传播人才培养中的最新探索与实践。这些探索和实践，有利于拓展新闻传播教育工作者尤其是管理工作者的思路。而"教育家研究""（新闻教育家）口述史""新任校（院）长施政方略""卸任院长为政"等栏目，系统地介绍新闻传播教育名家的新闻教育生涯、办学思路和办学心得，供后来者学习和借鉴。"教学相长"说的是"教"与"学"相辅相成，参与编辑《年鉴》又何尝不是一段"相长"的经历？

集腋成裘铸大观

程丽红

辽宁大学新闻与传播学院

今年,《年鉴》就要迎来它的五岁生日了,作为见证其成长的当事人,我特别荣幸能有机会说说我和它的渊源。"初识"《年鉴》,是它还在酝酿之际。记得2014年秋季,张昆老师接掌中国新闻史学会的二级分会新闻传播教育史研究委员会,在武汉召开第一次学术年会会议期间,踌躇满志地提起要依托学会组织编写《年鉴》。我当时颇觉讶异,一方面感叹他激昂的热情,尤其是敏锐的学术洞察力。在中国新闻传播史研究领域,新闻教育史研究一向极为薄弱,而其中当代新闻教育史研究又堪称弱中之弱,其个中政治的、社会的因素暂且不论,研究资料之繁杂、零散,不易搜集,恐怕是一个重要原因,而造成这种局面的关键在于缺少相关史料的系统整理与存藏。《年鉴》的编辑,不仅为后人了解当今中国新闻教育提供真实的记录,也可以为当代新闻

二、我与《年鉴》

教育史研究提供宝贵的一手资料。因此纂辑信史无疑是利在千秋的大业。但另一方面，我不免疑虑它的可行性。即便不考虑《年鉴》编撰远非个人或几个人所能承担，耗时、费力，没有非凡的毅力和组织能力很难完成，单是在学术功利主义环境下，学术考核完全依凭权威期刊论文、高水平学术专著，《年鉴》编写根本算不上科研成果，缺少现实利益，有多少学者肯于投入精力，就不容乐观。

本以为这只是张昆老师感怀于学会振兴的灵光一闪，却没有料到，几个月后，《年鉴》的编撰就进入议事议程。从此，《年鉴》开始融入我的工作和生活之中。2015年，学会召开特别会议，讨论编写大纲，部署撰写任务，并计划于次年的学术年会上举行首发仪式，也因此使我与《年鉴》能够更深地结缘。感谢张昆会长和学会同仁的信任与厚爱，把2016年学会学术年会的举办权交给辽宁大学新闻与传播学院，具有里程碑意义的《年鉴》首发式由此落在了我们学院，这对于刚刚成立两年的新学院来说，其特殊意义不言自明。辽宁大学新闻学专业始设于1983年，是全国较早开设此专业的高校之一，但成立独立的新闻学院并不早，2014年4月，借助中宣部、教育部"部校共建新闻学院"的重要举措，辽宁省委宣传部与辽宁大学共建新闻与传播学院，学院才得以独立。2016年11月，中国新闻史学会新闻传播教育史研究委员会2016年学术年会暨马克思主义新闻理论研讨会在沈阳如期举行，盛况空前，原教育部新闻学科全国教学指导委员会主任何梓华、中国传媒大学原副校长赵玉明、国务院学位委员会第五届新闻传播学学科评议组召集人童兵、国务院学位委员会新闻传播学学科评议组成员罗以澄等学界"八老"，来自全国30余家新闻学院的院长及70多家高校的专家学者130余人出席了会议。中共辽宁省委宣传部副部长徐少达、辽宁大学党委书记周浩波出席开幕式并发表讲话，校长潘一山在会议期间同与会专家进行了深入交流。开幕式期间举行了中国首部新闻传播教育年鉴——《中国新闻传播教育年鉴（2016）》的首发式。至今记忆犹新的是，首发式上，新闻传播学界前辈何梓华、赵玉明、邱沛篁、吴高福、童兵、罗以澄、郑保卫、赵建明"八老"同台，为《中国新闻传播教育年鉴（2016）》剪彩，留下了难忘的瞬间。此次盛会受到广泛关注，人民网、中国高校人文社科信息网、网易、澎湃新闻、《中国社会科学报》、《辽宁日报》、辽宁电视台、《出版发行研究》杂志等媒体均给予了报道。

《年鉴》出版至今已有四卷，从第一年的开拓摸索、尚不成熟，到内容愈趋深化、形式逐步完备，回想起来不禁令人感慨万千。在编写《年鉴》的过程中，学会与编撰队伍不断壮大，形成了一个团结友爱的大家庭。《年鉴》充分凝聚了集体智慧，每年一度的编撰研讨会，气氛都格外热烈，既是学术的碰撞，也是老友相聚，其乐融融。

100多年前，时人曾用"数千年未有之变局"来描述晚清社会，今天我们同样身处于一个不平凡的时代，媒介技术的狂飙突进带来新闻教育前所未有的变革；社会对于传播的依赖使得新闻传播学、新闻传播教育的地位空前提升。张昆老师以他史学学者的敏感，捕捉到新时代来临的气息，以非凡的勇气推动《年鉴》大业，抒写中国新闻传播教育史上的精彩画卷。20世纪一二十年代，中国新闻传播教育史曾迎来第一次发展时期，高校新闻传播教育萌发，著作纷呈，一批新闻教育家问世，但由于缺少系统的史料记载，致使相关研究尚不系统，处于零打碎敲、局部片面的状态，以往的历史淹没在浩如烟海的文献之中，它因何呈现，又缘何若此，怎样启发了未来，大多无从还原。我们只能从历史材料的纸缝中一窥那个时代新闻传播教育的浮光掠影。

西方史学自兰克起，将自然科学方法引入史学研究，尊重史料的客观性渐成为史学研究的基本准则。中国史学梳理、考证史料的传统源远流长，近代以降受西学影响，史料于史学研究之地位更趋被尊崇。综观中西，史料始终被视为研究的根基所在，即使强调历史研究主观性的史家也无不重视史料。《年鉴》逐年全面梳理、如实辑录中国新闻传播教育实况，保留了丰富多彩的新闻传播教育活动印迹，见证了新闻传播教育改革，为新闻传播教育史保存、传播其文献史料与学术建设成果，提供科学、扎实的史料依据，其丰功伟业终会得到历史的验证。

程丽红

参与其中，书写并见证历史

邓绍根

中国人民大学新闻学院

《年鉴》横空出世，茁壮成长，一晃五年；自己也由于历史的机缘，参与其中，见证并书写历史，莫感荣光。

2015 年 10 月 30 日，我收到中国新闻史学会新闻传播教育史研究委员会秘书处周婷婷老师发来的邮件通知："学会第二届第三次常务理事会议定于 2015 年 12 月 12 日下午、晚上在广州中山大学召开。此次会议的主要议题是商议《中国新闻传播教育年鉴》的编撰工作，讨论年鉴的编写凡例与分工合作方案。这是中国新闻传播教育领域的第一本年鉴，也是学会第一次向外发布的大型集体研究成果，意义重大。"我立即回复我一定参加。当时我还只是作为暨南大学新闻与传播学代表——中国新闻史学会新闻传播教育史研究委员会常务理事觉得有责任参加，并承担了编撰中国新闻史学会介绍和暨南大学新闻与传播学院介绍,以及暨南大学吴文虎教授访谈三个任务。

但是,后来自己研究中的亲身经历对我的触动特别大,使我加强了对编撰《年鉴》的责任意识。我参与撰写马工程重点教材《中国新闻传播史》的过程中,教育部马工程办和高等教育出版社一再强调我们在教材的注释中,尽量要求引用年鉴的资料和数据,以保证资料和数据的权威性;我负责撰写改革开放初期的中国新闻传播史,很难找到权威可靠的年鉴数据。当时与新闻传播学相关的年鉴仅有《中国新闻年鉴》《中国广播电视年鉴》,其中也很少有这方面的内容。权威数据的缺失,让我"捉襟见肘",有些数据只能将就使用。这使我认识到《中国新闻传播教育年鉴》价值所在,觉得自己作为新闻传播教育工作者和研究者更应该有一种历史的责任感,这也是这些年自己积极主动投入到《年鉴》编撰工作的动因之一。

每年三月,我主要精力都投入到《年鉴》的编撰工作之中。由于张昆会长和学会同仁的信任,我承担的任务也越来越多,担子越来越重,责任也就越来越大了。除自己相关单位和中国新闻史学会的内容外,我还负责撰写整个研究生教育和博士后流动站部分。每年3月初,我就通过邮件和微信的方式给学会所有理事发送《中国新闻传播教育年鉴》编撰求助信:

> 尊敬的各位理事和老师:
>
> 您好!我是暨南大学新闻与传播学院邓绍根老师。我受中国新闻史学会新闻传播教育史研究委员会张昆会长和《中国新闻传播教育年鉴》编委会委托,承担了五项编写任务,目前已完成了四项,其中第四项任务"研究生教育",需要你们的大力支持,提供硕士和博士招生培养的数据和资料,主要包括以下三方面内容:
>
> 1. 最新博士点、硕士点统计:各个博士点、硕士点招生与毕业学生人数。
>
> 2. 博士毕业生及学位论文篇目:列表表述,涉及内容含学校、作者姓名、年级与专业、文章名、毕业分配取向。
>
> 3. 博士后流动站:各流动站在站人数、新进站人数、出站人数。各流动站新批准博士后基金项目。
>
> 请您积极帮忙,将您所在新闻院校的硕博招生培养情况作为宝贵历史资料留存在《中国新闻传播教育年鉴》,以免遗漏和错误。请支持为盼!祝您工作顺利、生活顺意!

每次编撰求助信发出后,张昆会长和周婷婷老师都通过邮件和微信积极呼吁中国新闻史学会新闻传播教育史研究委员会的理事和会员们将各自单位的数据传给我,理事和会员们也积极配合提供数据,为我收集数据提供了极大的方便,大大提高了编撰

二、我与《年鉴》

的效率和质量,按时保质地完成了编撰任务。五年来,我能顺利完成《年鉴》编撰工作,感谢中国新闻史学会新闻传播教育史研究委员会的理事和会员们的大力支持,感谢全国新闻传播院校和科研机构的大力支持。众人划桨开大船,众人拾柴火焰高!

通过参加《年鉴》编撰工作,我自己更获得了成长,取得了进步,推动了自己的中国新闻传播教育史研究,书写了新闻传播教育的历史。我出版了自己的第一本新闻传播教育史著作《中国新闻学的筚路蓝缕:北京大学新闻学研究会》。拙著深入系统地研究了中国新闻教育和学科建设的起点——北京大学新闻学研究会创办发展过程,全面分析了该会导师和会员情况,细致研究了该会会刊《新闻周刊》和师生教学相长的研究成果《新闻学》内容,恰如其分地评价了北京大学新闻学研究会的历史地位、历史作用及其社会影响,将北京大学新闻学研究会研究推向了一个更高的学术水平。承蒙学界的厚爱,拙著获得了"第七届吴玉章人文社会科学青年奖";我也陆续撰写和发表了《百年回眸:中国新闻传播教育史研究回顾与前瞻》《百年奠基:论徐宝璜新闻传播教育的历史贡献和遗产》《敬业育人:蒋荫恩的新闻教育及其教学研究》《开山创业:上海时期暨南大学新闻教育研究》《百年回望:论中国新闻传播教育发展历程及其特点》新闻传播教育史系列论文,深化了中国新闻传播教育史的研究。其中,论文《百年回眸:中国新闻传播教育史研究回顾与前瞻》《百年回望:论中国新闻传播教育发展历程及其特点》5000字的缩写版也收录进了《年鉴》之中。

参与《年鉴》编撰,置身书写历史其中,结交志同道合的同道人,前行之路有信心,艰辛奋斗有成果,快乐之后有收获,青史流传有芳香。

新闻传播教育大厦根基中的一粒小石子

段京肃

南京大学新闻传播学院

过了花甲之年的人容易得健忘症,这是从前辈那儿知道的。以前并不以为然,但等自己到了这个年龄后才知道这是祖祖辈辈的经验之谈。几十年前的事儿历历在目,可是近些年来的事情却忘得差不多了。经常有同辈的师友们在一起调侃说自己得了阿茨海默症,其实这不完全是玩笑话。所以在看到老朋友、《年鉴》总编张昆教授通过微信给我的命题作文题目"我与《年鉴》"时,我竟有些恍惚,写什么呢?记忆是那么模糊。

我对年鉴这种出版物并不陌生,以前接触过许多类型的年鉴,但印象中与本专业直接相关的是《中国新闻年鉴》和《中国广播电视年鉴》,我在多年的教学和研究过程中曾经经常使用它们,它们是很好的工具书。特别是《中国新闻年鉴》曾经收录过

二、我与《年鉴》

我写的东西，便更感亲切。但并没有想到自己终生为之的这个职业本身有一天也会有一部专门的年鉴，所以当我第一次知道张昆教授率领他的团队要做这一开创性的工作时竟有一些小小的激动。那应该是2015年秋天的某一天吧，突然接到张昆教授的电话，互相问候之后，他向我谈起了关于《年鉴》的编撰，谈到了总体安排、栏目设计，等等。作为《年鉴》的第一卷，《中国新闻传播教育年鉴（2016）》中安排了关于中国新闻传播教育总体状况的内容，并分为不同的专题进行介绍。其中有中国独立学院和民办学院新闻传播教育的一个专题，张昆教授说："这一部分内容的写作非老兄莫属呀。"于是我和他都哈哈大笑了。因为2014年4月南京大学新闻传播学院领导班子换届，我因"年事已高"卸任副院长，随即被组织安排到南京大学的全资独立学院金陵学院任传媒学院院长兼党总支书记，算是"发挥余温"吧。好在从事了30多年的新闻传播教育工作，业务并不陌生，当然我也在努力熟悉独立学院和民办学院的教育教学特点与规律，我在这个特殊的阵地上应该还是一个新兵。所以让我对全国独立学院和民办学院的新闻传播教育情况进行梳理和介绍，也是一个新的题目。但我想通过这个过程正好可以让我对以前并不熟悉的这一支脉有一个全面的了解，于是便愉快地接受了这一委托。

我用了近半年的时间通过各种渠道收集关于独立学院和民办学院新闻传播教育的数据、材料，特别是各学院的教学计划、教学大纲等。经过一番梳理，在我对独立学院和民办学院的基本情况有所了解以后还是有一些震动的，因为没有想到它们的新闻传播教育会有那么大的规模，有的学院竟然有上万名学生在校，少的也有1000多人，大大多于公办院校新闻传播学院的规模，以前不甚了了的新闻传播专业在校生有20多万的传闻得到了证实。当然我也因此对本学科的整体教学教育水平有了些许的担忧，不过这可能是杞人忧天了。巧的是我老伴退休以后也被安排在独立学院担任图书馆馆长，我女儿本来就在独立学院工作，于是在写这篇东西的时候几乎是全家上阵，找材料、对数据、查案例，大家忙得不亦乐乎。最后总算在规定的时间内交出了文章。

我以为，我能为《年鉴》所做的也就这点事儿了。可是没想到在参加《中国新闻传播教育年鉴（2016）》首发仪式的那天，我和张昆教授在会议休息室里的一番交谈却又使我得到了新的任务。张昆教授说《年鉴》要每年出版，同时要增加一些新的栏目，其中便有"新闻传播教育史钩沉"这个栏目。我们都认为这是一个很有意义的栏目，将那些在新闻传播教育过程中有意思的事情、人物等用口述史、讲故事等方式呈现出来，突出细节的准确性，留给后来人。这样能使我们对新闻传播教育史的记录更加鲜活、更加生动，同时也免得以后要再去考证当年的历史。事实证明这是对的，因为在这几次的写作过程中我已经发现即使是当事人的回忆，也已经有了许多不准确的东西，甚至有的学院连首任系主任是谁都模糊了，这才过去30多年呀！如果能有曾经参与中国新闻传播教育的当事人如实地将有关历史事实记载下来，将为未来总结新闻传播教育的规律、寻找发展过程中的教训留下相对可靠的材料。达成以上共识后,我便又接受了继续为《年鉴》写点东西的任务,这就有了后面几卷《年鉴》中我的几篇小文。说是小文,也不是什么研究论文,但真要写出来却也颇费心思。许多时过境迁的事情需要一点点地回忆,寻找可靠的材料以求尽可能地还原事情的本来面目。尽管如此,有些事实的细节还是忘却了。例如写中国大陆新闻学教授代表团访问台湾的那一篇,大家都记得当时我们去了12人,可是就只找到11个人的大名,第12个人是谁,问了好几位当事人大家却都想不起来了。类似的细节还有很多,留待以后慢慢想吧。

  第一篇文章写出后得到了总编张昆教授的肯定,也有同行朋友给予支持,自己因此从中得到了一些快乐,觉得这种写作不费太大的脑力,还能通过回忆寻找到当年的快乐,便成为我连续写作的动力。几篇下来不断得到《年鉴》编辑部各位老师的支持和鼓励。2019年11月在兰州召开的《中国新闻传播教育年鉴(2019)》首发式上编委会授予我年鉴工作突出贡献奖,着实令我意外和感动,这是我退休以来获得的第一个奖项,也是对我尚有"余温"的一种肯定,我为此小小开心了一下。我在想,100多年来有数量庞大的一支队伍在共同打造中国新闻传播教育的大厦,《年鉴》是这座大厦的一根重要的支柱。而我们众多的教学研究人员,包括为《年鉴》撰稿、编辑付出劳动的老师们,则是这根支柱下一粒粒的小石子。看似平常的、不起眼的工作,在未来历史的长河中将会不断地泛起美丽的浪花。我愿意成为其中的一粒小石子。

仰望与展望

韩立新
河北大学新闻传播学院

2020年6月5日，夏日的阳光照进窗户，照在书桌上，想到葱茏的草木，一种向上的情怀萦绕在心田！捧起《中国新闻传播教育年鉴（2017）》，轻轻打开第499页，看着"凝聚学术特色，建设区域智库，培养新型人才"这个题目，思维飞到了5年前的那个6月。

一

那是2016年的6月25日，中国新闻史学会新闻传播教育史研究委员会第二届第四次常务理事会议暨《中国新闻传播教育年鉴》编委会第二次会议在石河子大学举行，我应张昆会长邀请参加了这次会议。那时，我接任河北大学新闻传播学院院长这个担子不久，正是觉得趔趔趄趄、没有方向感的时候。

去程的飞机上，看着苍茫的云海，心里空落落的，如何挑好肩上的担子和在空中的不踏实感浑为一体，白云拂过机翼，我目光眺望着看不见地平线的远方。

大约是北京时间24时左右，新疆的夜色才姗姗降临。旅途的疲倦让我睡意浓浓，正在我似睡非睡之际，房间里的电话骤然响起。

是张昆会长的电话："立新，休息了吗？如有时间到我房间聊一会儿！"

睡意顿时云飞。

张昆会长笑容可掬地给我命了题目："你在院长任期内计划如何建设学院？希望你写一篇文章，谈谈新院长的施政方略。"他希望我写一篇文章理理思路。

张昆会长和我谈起了眼界问题，他说，作为一位院长，看得远，才得走得对；立得高，才能行得远；谋划高远，才能领好路！

从张昆会长的房间里走出来，我特地来到宾馆的院子里，仰望着夜空的星斗，北斗星在哪里？新闻传播学科的远方在哪里？

二

2016年8月的一天，北方酷暑如火，我再次接到张昆会长的电话。他说，立新啊，思考得怎么样了？11月5日，中国新闻史学会新闻传播教育史研究委员会2016年学术年会暨马克思主义新闻理论研讨会，首部中国新闻传播教育年鉴即《中国新闻传播教育年鉴（2016）》首发式将在辽宁大学举行，你在会上发个言，谈谈对学科建设和人才培养的思路，如何？

我感动地接受了这个任务，我知道这是张昆会长在督促我思考和谋划，虽然心里很忐忑，但能借此良机，抛砖引玉，求教于大方，也是一次难得的学习机会啊！

2016年11月5日，我在这次会议上作了题为《新闻+：新闻学专业知识体系的对象性建构》的主题报告，阐述了"关于新闻学专业知识体系建构的几点思考"，主要是建设跨界融合型、跨域融合型、跨代融合型新闻学专业知识体系的构想。

这次会议上，有何梓华、赵玉明、童兵、郑保卫、吴高福、罗以澄等老一辈新闻教育家与会，有时任中国新闻史学会会长的陈昌凤教授等许多重要学者与会，能够在这样重要的会议上汇报自己的办学思想，是一种莫大的鞭策！

当时，在会议上作主题报告的有赵玉明教授、张涛甫教授、程丽红教授和我。轮到我时，还出现了一个小花絮，会议要求每位代表发言8分钟，有一位学生在那儿举牌计时。当我刚刚讲到3分钟时，这位学生突然举起牌子，示意我还有2分钟，我便加快了演讲的进度。事后，觉得言未尽意。这位学生后来找到我说，对不起，我有些紧张，拿错了牌子，应该拿那个还有5分钟的牌子，并一再向我表示歉意。我说，没关系的，每个人都想尽责做好自己的工作，尽责的人是不应该受到批评的。后来，每

二、我与《年鉴》

每想起这位学生，觉得我们自己不也是这样么，有时越是重视和尽责，越会出现些意外的小插曲。我们不应该在意这些小插曲，只要努力尽责地去做事，我们就应该互相鼓励，相视一笑。

会后，张昆会长见到我说：你思考得很深入。

他是会议的主角，百忙中，还这样用心地引领我做一个合格的院长，令人动容。

会议结束后，在沈阳高铁站取票处，我碰见了何梓华教授、罗以澄教授，两位学界前辈席地而坐，展望新闻传播学科发展的方向，谆谆的教诲时常回响在耳边，我为做一个新闻传播学界的学人感到快慰骄傲！

三

在这之后，我进一步思索了跨界、跨域、跨代的学院建设思路，并和全院师生一起践行和探索了"三跨思维"。跨界是指与相关学科交叉融合，跨域是指关注不同地域之间的传播问题，跨代是指关注不同时代之间的传承问题。

循着这一思想指引的方向，我们发现了河北大学新闻传播学院办学可资利用的三大优势资源，一是作为国家战略的京津冀协同发展和雄安新区建设资源，我们提出了培育发展传播学学术特色的建设思路；二是太行山区的中国共产党新闻史资源，我们提出了培育马克思主义新闻观史论融合研究特色的建设思路；三是燕赵文化传播资源和唐宋元文化传播研究的积累和资源，我们提出了培育燕赵传播思想史和唐宋元民族文化融合学术特色的建设思路。学院的老师们诙谐地说：我们的特色是太行山、京津边、古燕赵、唐宋元！

弹指间，五年过去了，学院在跨界、跨域方向上建成了省级智库——河北省城市传播研究院，为发展传播学的研究奠定了坚实的基础，为通过发展传播学的研究，实现知识领域的跨界、空间向度的跨域研究初步建设了队伍。在跨代方向上建成了两个省部级智库，一个是跨文化传播研究中心，是外交部备案智库；另一个是河北省文化创意产业中心，是河北省新型智库。还初步建成了燕赵传播思想史研究团队，并获得了每年100万元的经费资助。田建平教授的专著《宋代出版史》还获得了教育部人文社科成果奖二等奖。

翻阅着《中国新闻传播教育年鉴（2017）》，凝视着这一卷上刊载的我的《凝聚学术特色，建设区域智库，培养新型人才》一文，回想起张昆会长语重心长的"施政方略"的叮嘱，我深为感怀！当肩负重任、谋划未来时，我们需要展望；当我们奋力向前一段时间后，再展望时，就会发现目标永远在前方！因为，奋斗者是没有终结目标的！

奋斗者更需要仰望，世界既有前方、远方，也有上方，在奋斗的路上，有那么多崇高的人和事值得记取！更重要的是，这是人间的阳光。

把有意义的事情做得有感召力

何志武

华中科技大学新闻与信息传播学院

转眼间，今年已是《年鉴》出版的第 5 个年头了。从最初的设想、实施发展到现在，《年鉴》的固定作者已遍及全国所有省市的高校，还有一些主动为《年鉴》撰稿的资深教育专家，《年鉴》的审稿团队也由最初的 6 人扩展为 10 人，主创队伍日益壮大。回想从第一卷到第五卷的编撰历程，与其说我们在做一套书，不如说我们在做口碑和影响力。当我们把有意义的事情做得有品质，就能吸引越来越多的人加入到《年鉴》的编撰和出版队伍中来。每年的《年鉴》出版和首发，就成为新闻传播教育界共同关注的仪式。

编撰《年鉴》的创意，是在 2014 年年底提出的。2014 年 11 月，时任中国新闻史学会新闻传播教育史研究委员会第二届会长石长顺教授提出申请，不再担任会长职务，举荐张昆教授担任会长，并得到第二届常务理事会一致通过。随后，新任会长张昆教授在这次常务理事会上就提出了编撰《年鉴》的倡议，并就初拟的《年鉴》编写大纲征求常务理事们的意见。这个倡议得到了常务理事们的一致赞同。2015年6月在重庆工商大学举办的学会年会期间，与会的部分专家以"神仙会"的方式对年鉴大纲提出意见和建议。当年12月在中山大学举行会议，进一步讨论和完善了大纲，并当场"分配"了撰写任务。

万事开头难。虽然任务都分配下去了，但能否高质量地收回稿件，我们心里都没有底。当时编辑部只有6位老师负责审稿，分别是华中科技大学张昆教授，何志武教授，周婷婷副教授，武汉大学刘建明教授，武汉体育学院张德胜教授，中南民族大学陶喜红教授。为了确保这项"从无到有"的工程第一炮能够打响，我们6人对编审任务进行了再分工：由周婷婷老师负责催稿，其余5人每人负责一部分书稿的质量规范。由于种种原因，有的稿件迟迟不能交稿，我们就反复与作者沟通和协商；有些稿件事实不够明确或准确，我们就自己查证和修改。2016年7月，经过认真核检的130万字书稿终于交给了武汉大学出版社胡国民编辑。为了确保《年鉴》的出版质量，张昆主编一方面提醒胡国民编辑要加强审校工作，另一方面提出编辑审过的书稿我们自己必须再校一遍，这样以华中科技大学教师为核心的三位老师又分别审校了40多万字的内容。经过近一年的努力，《中国新闻传播教育年鉴（2016）》于2016年11月出版，在辽宁大学举行了隆重的首发式，引起了强烈的反响。各类媒体对《年鉴》出版及首发式盛况进行了充分的报道，许多新闻教育家发来贺信，对《年鉴》的编撰和出版给予了高度评价。

良好的口碑，使我们有了进一步提高品质的动力和信心。提高品质，一方面靠完善内容结构，让《年鉴》真正发挥其作为中国新闻传播教育史料的功能，另一方面靠稿件的编撰质量。为了持续完善《年鉴》的内容结构，中国新闻史学会新闻传播教育史研究委员会在下一卷年鉴编撰任务分配之前专门召集一次《年鉴》编委会会议，讨论《年鉴》的内容结构和编撰体例。每次编委会开会之前，张昆教授、周婷婷副教授和我都会开几次碰头会，对上一卷年鉴的大纲提出修改意见，再制订一个新的大纲作为编委会专家们讨论的"靶子"。从石河子会议、宁波会议、海口会议、咸阳会议到天津会议，每一次专题会议都会碰撞出思想的火花。本着提升《年鉴》品质的目的，专家们毫无保留地奉献着各自的智慧，妙论迭出，许多精彩的内容如"中国新闻传播教育版图""新院长施政方略""老院长为政回眸""新闻传播教育史钩沉""他山之石"等栏目，都是在历次专题会上碰撞出的火花。

为了进一步提高《年鉴》的编辑质量，编辑部的队伍从第二年开始逐年扩容。除原有的成员外，增补了武汉大学周茂君教授（替换刘建明教授）、湖北大学廖声武教授、华中师范大学张继木副教授、中国地质大学刘义昆副教授和华中科技大学王一鸣老师。编辑部力量的加强，一方面减少了每位编辑的审稿任务，提高了编辑工作的精细程度，另一方面也促进了编辑信息的交流，增强了稿件的规范性，减少了随意性，确保了稿件的质量。

年鉴品质的提高，最为核心的基础还是一批高水平的作者队伍。如果说最初的撰写任务带有"分配"性质，自《中国新闻传播教育年鉴（2017）》开始，基于其在新闻传播教育界的良好口碑，撰写任务便进入主动"认领"的良性循环。《年鉴》的编委队伍是与新闻教育史研究委员会常务理事会建设紧密联系、同频推进的。经过几年的发展，编委会队伍已遍及全国所有省市自治区，主要的新闻院校都选派精兵强将作为学会常务理事进入编委会，成为年鉴编撰的骨干成员。每当下一卷年鉴大纲确定之后，编撰任务的认领就很活跃，许多常务理事为自己能为《年鉴》编撰出一份力而自豪。当《年鉴》出版引起强烈的社会反响时，每一位参与编撰和出版的人都由衷地感受到它是"我们"的作品。

《年鉴》的品质决定了它的影响力。我们负责《年鉴》的品质，整个新闻传播教育界有影响的人都聚拢来做这件有意义的事。与其他兄弟学会不同的是，新闻传播教育史研究委员会突破了专业、研究方向的边界，往大里说，所有从事新闻传播教育工作的人，都是这个学会在编或非在编的会员。所以，当《年鉴》陆续出版并赢得良好的口碑之后，那些德高望重的老专家、新上任的院长、刚卸任的院长、兄弟学会的会长纷纷接受约请，为《年鉴》撰稿。有些老专家还主动向《年鉴》提供那些中国新闻传播史上值得记录的特殊事件，书写"史海钩沉"中的珍贵记忆。

今日年鉴，明日信史。《年鉴》的编撰是一项重要的学术工程，对于中国新闻传播学科、中国新闻传播教育的重要性自不待言。对于编撰者而言，我们唯有秉持史家精神，对记录历史心存敬畏，才能确保其品质。

唯有确保品质，把有意义的事情做得有感召力，才能进一步聚合更多的有识之士，共同铸就精品。

今日之年鉴,明日之信史

胡国民
武汉大学出版社

长期研究某个领域的学者,一般希望能为所从事研究的领域留下些什么,如出一本专著或者教材,或者建构一套体系,或者解决某个长时间悬而未决的难题。他们的目的不仅是为了提高自己的学术水平与威望,还有重要的一点就是推动该领域的发展。久而久之,许多大师就这样出现了。在新闻传播教育领域,就有着许多的大师以及正在努力踏上大师之路的学者们。于是,编写一部新闻传播教育年鉴就成了这些学者们的选择之一。

年鉴,我们不陌生。一般认为,年鉴是以全面、系统、准确地记述上年度事物概貌、发展状况并提供相关数据,引导该领域发展的资料性工具书。具体到新闻传播教育年鉴,张昆教授认为,它必须"全面、系统、客观、连续地记录中国新闻传播教育

记录历史 开拓未来
《中国新闻传播教育年鉴》五周年纪实

的新发展、新变化、新问题、新成就、新经验",诚然,不如此不能称为新闻传播教育年鉴。

那么,我们很自然地会追问,为什么要编写《年鉴》?《年鉴》能够为中国新闻传播教育领域带来什么?或者说,它应该如何呈现在中国新闻传播教育领域?我们能以此管中窥豹,窥中国新闻传播教育之一斑么?

对于这些追问,《年鉴》编撰者们在一开始就胸中有丘壑,张昆先生与同业们在编撰之初就为《年鉴》奠定了"记录历史,引领未来"的基调,强调新闻教育是新闻业的孵化器,而新闻史则是新闻教育的起点。那么《年鉴》就成了能及时、全面、权威、系统反映当代新闻传播教育的孵化器之一。由此,《年鉴》的编撰自然而然地成为新闻传播教育的时代呼声。

作为《年鉴》的编辑部成员之一,有幸参与该书的构思、编撰与付梓,使我认识到了许许多多的新闻教育从业者,从他们那里,我看到了他们对新闻教育的拳拳之心,以及殷切希望。作为一名编辑,真正全程参与了图书的策划与编写,并有幸结识了诸多全国知名学者与后进,这是编辑不可多得的机会。它使我们看到了中国新闻传播教育当下的状况,以及学者们是如何在为学科的发展付出全部的心血。

结识《年鉴》的编撰者们,已经有10多年了。武汉大学、华中科技大学、华中师范大学等高校的新闻传播教育在湖北地区乃至华中地区具有举足轻重的地位。武汉大学出版社与这些学校的新闻传播院系有着紧密的接触,一大批学者将他们的代表作、最新成果、课堂教材均放在武汉大学出版社出版,取得了丰硕的学术成果,赢得了诸多的国家级荣誉,这些为武汉大学出版社的新闻传播类图书在全国打响知名度作出了重要的贡献。除武汉大学外,华中科技大学新闻与信息传播学院的学者们,更是将其从事新闻传播教育的呕心沥血之作交与武汉大学出版社,而出版社也投桃报李,尽心尽力地完成这些著作的出版。所以在一个很平常又偶然的机会下,张昆先生与我谈起出版一部新闻传播教育年鉴如何。张先生早年在武汉大学毕业、任教,直至担任新闻学院的院长。那时我还未毕业,对其在学界的地位与影响早已有所耳闻,却未曾想几年后能亲眼一睹张先生的风采。

张先生讲话谦和而又直接,他关心的不是能不能出版的问题,而是出版这样一部年鉴,出版行业会有什么样的建议,有没有先例可循,会对新闻传播教育有什么样的影响?我当即回复,出版社愿意出版这样一部年鉴。并提出两点建议:第一,必须具有全面性,能反映当下新闻传播教育的全貌;第二,必须具有权威性,它不仅仅是一部工具书,而是必须为行业发声,提供专业的数据,并能阐发深刻的理论,对新闻传播教育有一定的引领作用。它不同于一般的年鉴,不仅具有史料价值,而更在于其学术价值。张先生笑言这正是他们在做的事。其实,回复张先生之前我并未征询出版社领导的意见,事后去汇报的时候,没想到他们均为此选题叫好,认为这为出版社创立

二、我与《年鉴》

了一个好的学术品牌,应该大力支持。这样我们开始了《年鉴》的编撰之路。

第一卷《年鉴》出版于2016年,早在2015年,中国新闻史学会新闻传播教育史研究委员会就召开了两次正式的大型会议以及一些小型会议,就《年鉴》的编撰进行了反复讨论。当时并无相关的新闻传播教育年鉴可资借鉴,《年鉴》的体例、内容、结构均需建构,而当时还有两本新闻年鉴——《中国新闻年鉴》《中国新闻传播学年鉴》。如何做到有自己的特色,中国新闻史学会新闻传播教育史研究委员会以《年鉴》的编撰为抓手,做出了辛苦的努力,数易其稿,终于在2016年11月于沈阳隆重推出。

这样,《年鉴》的平台搭建起来了,结构也清晰了。《年鉴》推出后,受到了学界的热烈欢迎,认为其取得了令人欢欣鼓舞的成果,反映了当下新闻传播教育的热点、节点问题,并展现了当下中国新闻传播教育的基本成就及发展特色。这时,《年鉴》编撰者们持续一年悬着的心终于落了地,付出的心血有了可喜的回报。这也说明,从出版单位角度而言,我们做了一个好选题。

平台有了,反响也有了,我们还需完善。于是在2017年、2018年,《中国新闻传播教育年鉴》的体例在保留原有框架的基础上,推陈出新,大胆推出了一些新的栏目,例如,增加了"新闻传播类专业教育发展的回眸""新闻传播教育地图""口述史研究""史海钩沉"等栏目,进一步在结构上完善了《年鉴》的体例与框架,使得原有的体系更为丰满、内容更为全面。这两卷年鉴不负众望,依然获得了行业内的好评。作为出版单位,我们也由此受益颇多,中国新闻史学会新闻传播教育史研究委员会、《年鉴》编辑部多次邀请出版社参加学术年会、编写例会以及新书发布会等,在参加历次会议后,作为编辑,我们感受到了新闻传播学人的赤子之心,编写一部年鉴,并不能带来多少实际上的好处,他们完全是出于一种时代的使命感,他们想在这样一个学术昌明的时代留下他们的智识,为中国新闻传播教育的发展贡献绵薄之力。在各次会议上,频频有专家学者对出版社的工作给予肯定。有专家笑言,出版社做了一件大实事、一件大好事,能出版这样一部年鉴,当然也能出版其他新闻传播类书籍。就这样,出版社与诸多单位又达成了出版协议,由《年鉴》衍生了一大批具有分量的学术著作及专业教材。平心而论,这也为出版社征得了大量的优质资源,取得了双效益的丰收。我们作为出版单位成员,是怀着极大的感恩之情来看待《年鉴》的编撰者们的。

在历经了前三卷后,在编写《年鉴》2019年卷之前,编辑部的成员们这时有了更高的要求。前三卷在体例上、内容上都有了创新,第四卷应该显得更加完善并确立主体框架,以便于《年鉴》的稳定性。因此,编撰者们反复商议《年鉴》如何完善的问题。而我们作为出版者,紧密配合各位编撰者,在审稿把控、装帧设计、印刷质量等方面都有了大的提高,在不改变《年鉴》的主体外观的前提下,《年鉴》的编审、印刷工艺、纸张都有了大的提升。看到每位老师拿着《年鉴》时的喜悦，我们的心里也有了底气。

如今，《年鉴》即将编写第五卷，我们编辑依然会同各位学人一道，努力将它编下去，努力使之更加完善、更加精美。正如《年鉴》主编张昆先生所说，今日之年鉴，乃明日之信史。《年鉴》的目的就是开拓新闻传播教育的思维空间，推动新闻传播教育的发展。无论前路是否布满荆棘，我们相信，这些可爱亦可敬的编撰者们依然会一往无前。

《年鉴》勾我忆往昔

李建新

上海大学新闻传播学院

《年鉴》作为新闻传播教育界的一种大型文献、史料、工具、学术等高度综合的出版物，2016 年完成首卷出版，此后每年一卷，2020 年将出第五卷，完成第一个五年计划，值得庆贺。

"今日年鉴，明日信史"是《年鉴》编撰的理想和信念。《年鉴》从编辑构思的提出，到编撰原则的拟定，再到撰写要求的确立等，恪守了秉持史家精神打造新闻传播教育"信史"的要求，并在已经出版的 4 卷《年鉴》和即将出版的第五卷《年鉴》中有充分的体现。

编撰《年鉴》勾起了我对过往的一些回忆，其中回忆的主线是我在中国新闻传播教育史学会的亲力亲为和一些感受。

记录历史 开拓未来
《中国新闻传播教育年鉴》五周年纪实

一、"前导"《年鉴》：中国新闻传播教育应有的历史备份

中国新闻传播教育史学会[根据国家对社团、学会管理的规定，后更名为中国新闻史学会新闻传播教育史研究委员会（国家二级学会），本文中简称"学会"，下同]成立是一个标志性的实件和社会对中国新闻传播教育认可的证明。

2008年10月24—25日，中国新闻史学会新闻传播教育史研究委员会在北京成立。这个学会的主要任务就是研究中国的新闻传播教育，在历史和中外新闻传播教育的坐标体系中寻找当今中国新闻传播教育的准确定位和理想的发展路径。华中科技大学吴廷俊教授当选为学会首任会长，另有7位教授当选为副会长，我是其中之一。

学会成立以来，基本上是沿着研究、析理、攻关、探路这条路走来。从纵的方面看，经历了100余年发展历程的中国新闻传播教育值得关注；从横的方面看，世界新闻传播事业和世界新闻传播教育带给中国新闻传播教育一些有益的启发和启示，也需要借鉴；从广的角度看，以新闻传播教育为母体的许多方面的内容和历史流变，需要"钩沉"。

学会成立之后，基本上是每年召开一次全国性学术会议的步调，每次会议都有一个明确而实际的主题，许多新闻传播教育的同仁，包括许多学界大咖、不少新闻传播教育单位的领导都登上过学会组织的学术会议的讲台。

学会成立以后主要进行的学术研究基本可以概括为以下四类：第一，加强新闻传播教育史资料收集、整理工作；第二，加强对新闻传播教育机构及著名新闻传播教育家的个案研究；第三，广泛开展外国新闻传播教育史的研究；第四，密切关注考察中国新闻传播教育的现状。

我基本全程"参与"了这些活动。

"一切为了中国的新闻传播教育"比较好地表达了学会及同仁们参与学会工作的想法和心愿。

每年固定召开一次以新闻传播教育为主题的会议，辅以其他形式的学术会议和交流，学会的主要工作很有对上年度、本年度新闻传播教育的"研究、梳理、总结"的味道，进行了比较长时间的实践积累，形成了比较固定的学术团队，有相应的研究成果问世。

二、设计《年鉴》：学术价值、应用价值、史料价值的多维考量

许多研究中国新闻传播教育的专家，经常查阅的资料有《中国新闻年鉴》《中国

二、我与《年鉴》

新闻传播学年鉴》《中国出版年鉴》《中国教育年鉴》等,深感一部信息量大、涵盖面广、权威性强的年鉴类工具书的学术价值、应用价值、史料价值之巨大。

有鉴于此,以张昆教授为会长的学会第三届理事会决定编撰出版《年鉴》,并以此进一步巩固学会的凝聚力,提升学会的"服务水平",满足学界对新闻传播教育诸多信息的需求。

2015年12月12日,学会在中山大学组织召开了《年鉴》编委会第一次会议,由此启动了《年鉴》的编撰工作。

参加会议的专家们高度认可和赞同编撰《年鉴》,在起步阶段,应该在以下几个方面多花笔墨:

第一,摸清"家底",进行文献和资料的收集整理。

第二,展开新闻传播教育史的个案研究,包括新闻传播教育院校的个案和新闻传播教育家的个案。

第三,新闻传播教育的成果政策以及学术交流与各种学生活动的研究。

第四,进行新闻传播教育的现状研究,紧握当代新闻传播教育的主脉,为新时期的新闻传播教育提供智力支持。

学会中设有新闻传播学一级学科博士点的院系和部分设有新闻学、传播学二级学科博士点的院系的代表和设有硕士点的代表在会上共议了《年鉴》的编撰与出版。

5年以来,《年鉴》的编撰邀约全国的专家队伍,秉持了文献资料整理、实证研究、访谈与口述历史、影像与图片、作品与实物呈现的原则与方针,以客观的历史存在为研究的重点和论述的对象,客观书写中国新闻传播教育的历史,注重新媒体时代新闻传播教育转型及变化规律的研究和国际先进教育模式的借鉴。

披览已经出版的4卷《年鉴》,发现几乎每一个板块、每一个章节、每一篇文章、每一幅图片等,都是亮点和闪光点。比如对上一年中国新闻传播教育综述、新闻传播类专业教育回眸、中国新闻传播教育地图、新闻院系巡礼、新闻传播教育界行业组织动态、新闻传播教育家研究系列、教授名录、中国新闻传播教育史钩沉、成果与政策、部校共建新闻学院、本科人才培养、课程建设、教学改革成果、研究生教育、博士后流动站、获奖情况、学生竞赛、科学研究、新闻传播教育相关文件等,都准确把握了新闻传播教育中的肯綮和核心要点,既是本学科极宜交流共享的内容,也是社会广泛关注的焦点,更是标树新闻传播教育学科形象的有效方法与举措。

三、撰写《年鉴》:饱含情感的倾情"出演"

《中国新闻传播教育年鉴(2016)》是开山之篇,在某种程度上讲也是试水篇。在"记录历史,引领未来"的总体框架与目标之下,分解出了许多具体具象的内容,由全国各地的专家分别负责。

2016年《年鉴》的编撰，我承担了"中国新闻传播教育简史""上海大学上海电影学院""博士后流动站""顾执中与民治新闻专科学校"四个方面的撰写任务。

从2017年卷《年鉴》编撰开始，我负责上一年度新闻传播教育综述部分的撰写，属篇首曲，责任重大，不能有些许懈怠与差错，因此，需要倾情"出演"。

对2017年的新闻传播教育，我重点关注了互联网重塑新闻传播教育的问题，重点理析了媒体行业、传媒业界发展速度日新月异，媒体融合在不断推进行业革新时，新闻传播教育如何因应的问题；对2017年的新闻传播教育，从人才培养、教育改革、科学研究、学术交流、社会服务、师资队伍和国际化办学七个方面进行解读。对2017年我国新闻传播教育部校共建持续升温并且取得了阶段性成果、以马克思主义新闻观为指导性的新闻教育教学成果形式深度融合、新媒体推进新闻教育与新闻实践资源整合等做了阐释，同时也对新闻传播教育所出现的问题进行了反思，并提出了可参考、可汲取、可操作的建议。

2018年是中国新闻传播教育的百年华诞。在《年鉴》综述的撰写中，我重点关注了"方汉奇基金"的设立、第4轮"学科评估"、中国新闻史学会历史上第一个"千人大会"、人才培养的新变、新闻传播教育改革的核心举动、以国际视野审读国际化办学等。

2019年我关注的核心问题是：中共中央全面布局全媒体时代的媒体融合发展，给新闻传播教育指明了前进的方向；国家六部门联合发文，为新闻传播教育加注了文化和科技元素；中国记协为新闻传播教育新树了职业道德标准；新闻传播教育思想和认知出现了新变化；5G已来，须正面应对；传统教育要向智能教育转变；高度重视"四力"培养；南开大学组建新闻传播学院；两大联盟诞生；国际交流与合作纵深推进等。

六经兼史。能够以一支秃笔记录中国新闻传播教育正在发生的"历史"，很荣幸，也很享受，这是我继续做好这份"兼职"的永恒动力。

李建新

《年鉴》出版五年，弹指一挥间

廖声武

湖北大学新闻传播学院

《年鉴》已出版五周年，这是中国新闻传播教育界一件值得庆贺的事。

五年时间，可谓弹指一挥间。其间，《年鉴》编辑部同仁付出了许多心血，本人有幸参与其中，也收获了许多快乐。

每年的《年鉴》编辑分工会议，实际上是一次新闻传播教育的学术研讨会。每到这个时候，各位承担《年鉴》写作任务的老师们从全国各地汇集到一起，就年鉴的内容、体例、结构等进行研讨、磋商，出谋划策。大家知无不言言无不尽，都有一个共同的愿望，希望《年鉴》一年比一年完善，为中国新闻传播教育留下一个靓丽的侧影；一年比一年质量提高，成为中国新闻教育界足可珍贵的信史。对这个例会，我是舍不得落下，尽量参加，既因为它的学术研讨性质，也因为它是新老朋友们的见面会。

《中国新闻传播教育年鉴》五周年纪实

本人在编撰中负责"教授介绍"板块的校对工作,这是一个人物小传栏目,按照编例,每位教授必须在600字以内将自己的各种信息介绍清楚,包括职称、职务、学术经历、教学状况、研究领域、学术成果、主持项目、获得的荣誉,等等。这个板块看似简单,实际上编校起来不容易:有的教授写得较多,多到1000字甚至1500字,这得删减至600字以内。由于时间关系,来不及退回传主本人修改,只好由我为之代劳,既要删减,又不能将教授们的"卓著功绩"遮蔽,有时为删除哪些或留下哪些内容颇费周章;有的教授比较惜墨,对自己的介绍,仅仅100字左右,面对这种情况只好联系编辑部负责联络的老师,退回让传主重写;还有的教授在小传中,不吝将许多华丽的"桂冠"送给自己,这时我又不得不夺人之美,将这些词语尽行删除,使之成为一篇立场中庸的传记。

这个板块,由于它是本学科国内顶尖级的人才及其高端成果的展示,内容丰富多元,所以,编校过程也是向全国的教授们学习的过程。在这个板块里,我邂逅了许多熟悉的前辈先进、老朋友,也结识了许多陌生的新朋友,有的甚至从纸面的铅字成为现实生活中的熟人好友。我和云南的张名章教授就是这样熟悉的。起初从"教授介绍"中知道他,后来我到云南出差和他相识,承蒙他的关照,我们在云南办事一切顺利,还承蒙他亲自驾车带我们游览云南著名的旅游胜地抚仙湖,一起在风景秀丽的滇池边品尝美食,参观在中国高等教育史上具有历史意义的西南联大旧址,我们成为了推心置腹的朋友。这份友谊是拜《年鉴》所赐。

《年鉴》同时也是培育孵化研究项目的基地。2016年在全国高校开展的学科评估中,学术期刊A类期刊受到关注,《年鉴》编辑会议提出要对各高校A刊发稿情况进行统计。正好我们学院的曹鹏老师在攻读博士期间做过相关研究,熟稔情报信息理论和统计方法,我们便承接了这项工作。2017年在海南师范大学召开《年鉴》编辑会议的时候,我们推出了2016年各高校研究机构在A刊发表论文的排行榜,该排行榜选取新闻传播学4种A类国内期刊(《新闻与传播研究》《国际新闻界》《现代传播》和《新闻大学》)作为数据来源,对新闻传播学核心研究机构、核心研究队伍、高产作者、主要研究内容、高被引论文、热点论文等进行分析统计,排行榜立刻受到各高校老师们的广泛关注,当天晚上点击量达到3000,不久就突破7000,这表明学界非常重视这个研究。接下来,我们又分别在山东大学(2018年)、兰州大学(2019年)召开的会议上发布了类似的排行榜,同样受到高度关注。实际上,许多学者在我们刚刚完成分析后就打听当年的排行情况,说明这项工作受到同行的欢迎,这个排行榜已成为《年鉴》的一个品牌项目。当然,这和学会张昆会长敏锐的学术眼光是分不开的。在这个排行榜之后,《年鉴》又推出了由陶喜红教授主创的各高校获得国家社科基金项目的排行榜,也成了备受关注的研究报告。

他山之石,可以攻玉。《年鉴》开辟有介绍国外高校传播教育情况的板块。我承担过为该板块撰稿、组稿的任务,将自己访学英国,以及同事留学法国高校所了解的情况与《年鉴》读者分享,这个过程其实也是非常愉快的。

为保证《年鉴》编辑出版顺利,在武汉设立了编辑部。这是一个名副其实的同仁团体,成员是来自武汉地区的武汉大学、华中科技大学、华中师范大学、中南民族大学、中国地质大学、湖北大学、武汉体育学院的新闻传播学院的老师,在中国的定期出版物中应该是独树一帜的组织。它是一个不计名利、没有办公地点、没有实体形态的组织,同时,它又是一个精干、和谐、团结、高效率的组织。在这里,成员各司其职,大家都是自愿、义务地为《年鉴》工作。新冠肺炎疫情爆发前,临近农历新年,编辑部成员在武汉体育学院开了一次会,新学期开始后,到4月疫情得到基本控制,大家仍处于隔离状态,张昆会长召集各位成员在网上开会,讨论《年鉴》编辑事务。可以说,《年鉴》里的每一篇文稿,都经过了编辑部成员的精心编辑。每年按期出版的精美的《年鉴》,凝聚了编辑成员们的心血和智慧。2020年初,教育部高等学校科学研究优秀成果奖名单公布,《中国新闻传播教育年鉴(2016)》名列其中。作为编辑部成员,为《年鉴》出了一份力,我们也都感到十分荣幸。

鉴往知来,求真求解

刘英华

中国传媒大学广告学院

《中国新闻传播教育年鉴(2020)》是《年鉴》创编以来的第五卷。"五一"长假过后,本人就接到了张昆会长的任务,要交一篇纪念文章。说实话,刚接到任务时,还是有些诚惶诚恐,一是由于接触新闻传播教育史分会和《年鉴》还仅仅是在五年前,在我院现任丁俊杰院长的力荐和张昆会长的海纳之下,才和一众新闻传播教育的同仁熟稔起来;二来因为本人长期从事的是广告教育,总觉得在编撰新闻传播教育年鉴方面还属才疏学浅,不知从何写起。正在无从下笔之时,微信中推送的一篇公众号文章引起了我的注意和深思……

在这篇题为《四个美国中学生挖出一段震撼世界的历史》的文章中提到,1999年美国堪萨斯州一所乡村学校的4名中学生,在搜集资料参加学校的历史主题活动时,

二、我与《年鉴》

有一个意外发现,在一份报纸《其他辛德勒》的简短报道中,提到了一个名字:艾琳娜·森德勒。其中有一句简短的介绍:在"二战"时,她从犹太封锁区救出2500多名儿童。开始,4名学生觉得不太可能,以为是将250错印成2500,大名鼎鼎的辛德勒才救了1100个犹太人,如果她救了2500多个,为什么历史中从没人提及她的名字?4名学生向老师求助后,老师鼓励他们主动去探寻事情的真相。四个孩子随后上网搜索,但是发现相关信息不多。于是接下来几个月的时间里,他们利用放学、周末、假期的时间,不断往返于档案馆、图书馆查找各种"二战"资料和年鉴。最终在一本犹太正义基金会的年鉴中意外地发现这位老人依然健在,于是一段震撼世界并感动人类后世的伟大历史揭开了不为人知的面纱……

由此可见,说一本年鉴改变了人类对"二战"历史的认知也许不为过吧?作为一名新闻传播教育工作者来说,在有幸参编我们自己的专业年鉴的五年里,我们聚焦于年度新闻传播教育史料的选择、辨别、判断、概括和说明,这不啻是一个考验我们记忆力、思维力、整合力等综合智能的淬炼过程。在整理分给我的编撰任务的写作材料时,本人有时也在扪心自问:记录历史究竟有何用?看了上面这篇推送,似乎真真切切地告诉我们:现实是历史的发展,历史是现实的过去,历史是行业、社会乃至国家民族的记忆。年鉴,正所谓鉴往知来,正是通过对专业领域内流年往事的鉴别、筛选、提炼、概括,聚沙成塔,集腋成裘,日积月累就可以抽象成规律性的认识,像一块晴雨表,也像一个温度计,它不仅给专业人士以历史的启示,更可以深刻地理解现实、规划未来。

由专业贴近性的近水楼台使然,从参编第一卷《年鉴》开始,五年间我认领了多数与广告教育相关的年度材料汇编。比如汇总了中国高等教育学会广告教育专业委员会近五年的工作情况,以及近五届全国大学生广告艺术大赛赛事组织工作。同时,在"大众创业、万众创新"背景下,教育部与日本电通公司于2015年开始举办"电通·创新人才训练营",近五年训练营每年举办一届,正好和我们的《年鉴》有了一个完美的交集,本人有幸在每年的《年鉴》中梳理了"电通·创新人才训练营"的开展情况。在相关专栏内容中,通过对每年训练营中广告创意领域的前沿理论与实际案例的集中梳理,拓展了广告专业师生的专业视野,提升了他们的专业技能,激发了他们的创新意识,全景展示了我国广告教育领域创新人才培养的国际化视野,为提高我国高校广告传媒专业的创新能力和人才培养质量作出了应有的贡献。

作为新闻传播教育史研究委员会中为数不多的来自中国传媒大学的代表,本人也有责任和义务全景展示自身所在单位——中国传媒大学及其前身北京广播学院的新闻传播教育的历史钩沉。从接手《年鉴》编撰任务伊始至今,在每年的编撰中我不定期地提供了包括我本人的博士生导师赵玉明教授在内的我校资深新闻传播教育工作者以及本校新闻传播教育院系的历史资料,这些编撰工作不仅客观真实地还原了我校在全

记录历史 开拓未来
《中国新闻传播教育年鉴》五周年纪实

国新闻传播教育版图中应有的历史地位,而且作为一名新闻传播教育工作者,其对教学与科研的底蕴也是一个难得一遇的机缘。

在编撰的过程中我有时会为一个史实细节甚至一个数据翻箱倒柜,有时也会为不一致的史料比对而苦思冥想。现在回忆总结五年的编撰经历,我愈发理解,站在面向未来历史的大江大河的交叉点,年鉴编撰的对象其实就是史实,它要求我们一丝不苟地直接从史料出发,用史实进行思考,它要求的是可靠而不虚妄、清楚而不含混的记录。这些记录可能是过去时代的遗留,并不能充分反映当时人情和事态的全貌,甚至也会有许多遗漏和讹误,我们要本着求真务实的编撰态度,努力修复前人遗留的历史碎片,恢复它本来的历史面目。

此外,年鉴的编撰要"求真",也要"求解",不仅要告诉读者是什么,还要尽可能告诉读者为什么,这也就是年鉴编撰的教育功能,也是让编读双方都能增长智慧之所在。为此,我们既要承继传统的治史经验,也要吸收新的研究方法,同时讲求一定的规范和程式,编撰的过程可能是枯燥的,但是参编内容的多样性和复杂性,一样可以让我们举重若轻、深入浅出地编撰出有声有色的内容。

媒体融合时代正在改变着传播方式,我们身在新闻传播教育的学术圈子里,向内我们要虚心躬耕田亩,向前辈取经请教;向外我们的头要伸出圈子,随着史学研究的平民化和社会化,我们的《年鉴》编撰也要从行业通鉴走向为更广的民众和社会服务,突破专业的藩篱和壁垒,能上能下、各取所需,使读者乐于接受我们的编撰成果,为此我和全体编撰同仁一样充满信心。

回首往事,虽然我和新闻传播教育史研究委员会仅仅结缘于五年之前,但这也正是《年鉴》成长起步的五年,我感到无比的幸福和幸运,我愿意和全体志同道合的编委会同仁一起见证它的下一个五年、十年……

鼓舞、鞭策与力量

邱沛篁
四川大学文学与新闻学院

《年鉴》编辑出版五周年了，可喜可贺！

我最早知道要编辑出版《年鉴》这部学术宝典，是在 2015 年 6 月 27 日重庆工商大学主办的中国新闻史学会新闻传播教育史研究委员会的年会上。这次年会讨论的主题是"中国新闻教育的历史与未来"，在上午蔡敏院长主持的"主题报告"中，罗以澄、吴廷俊、丁柏铨、李建新等教授作了精彩发言，我也以《发扬团结协作敬业创新精神、共创我国新闻教育新辉煌》为题发了言，蒋晓丽教授做了点评。在下午的"分组讨论"中，我参加了"新老院长对话会"，老中青三代新闻教育工作者进行了亲切、深入的交流。张昆会长在这次年会上，明确提出了编辑出版《年鉴》的设想和计划，受到与会者的热烈响应与支持。

记录历史 开拓未来
《中国新闻传播教育年鉴》五周年纪实

2015年12月22日，我们学院副院长吴建教授作为《年鉴》编委会委员，刚从广州开完编委会会议回校，就来到我家说，经张昆主编及大家研究决定，《年鉴》的第一卷，也就是2016年卷，要专访全国十余位老院长，包括何梓华、赵玉明、曹璐、刘树田、吴文虎、吴高福、童兵、李良荣、罗以澄和我等，以"院长自述或口述研究"为题组成专栏发表，每人10000字左右，2016年2月前交稿。我认为这是一件极有意义的事情，不仅是对自己新闻教育实践的回顾与总结，也是对四川大学新闻教育兴起与发展的鼓励和肯定，便立即着手进行口述实录的准备工作。

2016年1月2日，我约请学院新闻学专业硕士生骆世查来到家中，开始进行专访。骆世查同学的指导老师是蔡尚伟教授，之前他曾经参加过我们学院和学校老干部处共同主编的《濯锦录——名宿与旧事中的百年川大》一书的采访工作，对我进行过专访。这次，我们商定以《邱沛篁与四川大学新闻教育》为主题，展开口述实录，并商议了一个采写大纲。之后，他又多次到我家里来，认真进行采访，每次都是三四个小时，既做笔记又录音记载，并根据这些采访记录和原有的资料先写出了一个初稿。骆世查同学住的研究生宿舍离我家很近，可以说我们是邻居。经过我们认真讨论和反复几次修改，最后形成包括"参与筹建四川大学新闻专业""首批新闻专业学生进四川大学""担任四川大学新闻系副主任、主任""任四川大学新闻学院首任院长""招收并指导文化与传媒方向博士生""新闻教育永无止境""新闻传播教育发展'五要素'"共7个部分、13000多字的《邱沛篁与四川大学新闻教育》专访稿。

2016年1月18日，我将骆世查同学执笔写的初稿交给吴建编委，请他提出意见。1月21日，吴建作了几处修正并交给我再阅后，发给了张昆主编。骆世查同学通过参加这次采写活动，也觉得对自己颇有帮助与提高，2016年他考入复旦大学新闻学院传播学专业读博士，导师是黄旦教授，今年即将毕业，将成为高校新闻传播专业师资队伍的新生力量。

张昆会长收到专访稿后，非常高兴，并来电话让我再提供一些自己保存的有关全国新闻教育会议及活动的照片。我很快将珍藏的《1984年中国新闻教育学会成立大会合影》《2004年教育部新闻学科教学指导委员会会议合影》《2009年中国高等教育学会新闻与传播学专业委员会呼和浩特年会上何梓华、刘树田、吴文虎、吴高福和我的合影》等几张照片发给了他，后来这些照片和专访稿均刊登在《中国新闻传播教育年鉴（2006）》上了。

2016年11月4日至5日，由中国新闻史学会新闻传播教育史研究委员会与辽宁大学新闻与传播学院等共同主办的2016年学术年会暨马克思主义新闻理论研讨会在沈阳举行，我应邀出席了这次会议。在11月5日的开幕式上《中国新闻传播教育年鉴（2016）》举行了首发仪式。张昆主编盛情邀请我和何梓华、赵玉明、吴高福、刘建明、童兵、罗以澄、郑保卫八位教授为《中国新闻传播教育年鉴（2016）》首发剪

二、我与《年鉴》

彩。这是我第一次来到东北重镇沈阳市,在辽宁大学新校区看到了这所高校的蓬勃发展和学校领导对新闻传播教育的高度重视,也看到了与会100多位新闻教育工作者对《年鉴》出版的兴奋喜悦之情,感到无比高兴和鼓舞。

2018年3月15日至16日,张昆会长应邀到成都出席我们学院和中国新闻史学会共同主办的"改革开放40年与新闻教育发展研讨会暨《邱沛篁新闻传播教育论集》首发式",并在会上发表了热情洋溢的讲话。会议休息期间他又向我约稿,希望我写一篇回忆当年参加中宣部和教育部联合召开的首次新闻教育工作座谈会和中国新闻教育学会成立大会情况的文章,并说就在年内即将出版的《中国新闻传播教育年鉴(2018)》上刊用。2018年3月30日,我将写好的初稿电传给张昆主编;4月1日他回电,并提出了修改建议。4月9日,我将修改稿再发给了张主编,由原来的3000字增至4500字,名为《二进中南海——忆两次永远难忘的新闻教育工作会议》,2018年10月正式出版时发表了,刊登于"新闻传播教育史钩沉"专栏的首篇。

2020年春季全国抗击新冠肺炎疫情期间,张昆主编住在北京,仍时刻不忘《年鉴》编辑工作。他多次和我通电话,除相互问候外,谈得最多的还是有关《年鉴》的事。在3月5日的电话中,他希望我将1994年在呼和浩特参加由中宣部和教育部联合召开的第二次新闻教育工作座谈会的情况写一篇文章,拟刊登在《中国新闻传播教育年鉴(2020)》"新闻传播教育史钩沉"专栏上。我立即动手查阅相关资料和采访日记,于3月11日完成初稿,3月12日电传给他,按时完成了任务。

"知识就是力量"。对于《年鉴》来讲,我不仅是它的一名积极的作者,也是一员忠实的读者。每一年,当我拿到刚出版的新一卷《年鉴》时,都有一种无比兴奋和喜悦的感觉,真正是喜若至宝、爱不释手。而当我每次粗略阅读完一遍后,又总是受到极大的教育、鼓舞和感染,汲取到许多有益的知识。像《年鉴》中的"中国新闻传播教育综述""海外新闻传播教育扫描",使自己眼界大开,了解到当前国内外新闻传播教育的基本情况;而《年鉴》中介绍的各省、市、自治区和各高校新闻传播教育发展的情况和教学、科研、师资培养、实验室等工作的宝贵经验,又给了我们很多有益的启迪和实践指南。我深切地感受到,《中国新闻传播教育年鉴》的确是新闻传播领域的一部百科全书,是广大新闻及新闻教育工作者的良师益友。我在日常与博士生的交流中,在川渝高校新闻院系的讲学中,以及在参加四川省新闻教育学会的会议时,都时常宣传《年鉴》,并建议大家像对待《中国新闻年鉴》和《中国新闻传播学年鉴》一样,经常使用它、研究它、学习它,从而推动我们自己的新闻教学和研究工作。

"榜样的力量是无穷的"。《年鉴》的极其可贵之处,还在于它不仅记事,而且写人,做到了见人见事、人事结合、人事相融,有理论、有实践、有思想、有故事,像《年鉴》中的"教育家研究系列""名师风采""教授名录""院长论衡和自述"等栏目,都闪耀着一个个忠诚于党的教育事业的新闻教育战士的赤子之心,展示出老中青

记录历史 开拓未来
《中国新闻传播教育年鉴》五周年纪实

一代代新闻教育工作者的智慧和力量，体现出当今新闻教师队伍可贵的坚守、拼搏、创新和奉献精神。所有这些，都会给读者以巨大的感动和深远的影响。同时，这种"榜样"的影响力，也包括《年鉴》编辑出版工作背后的编委会、编辑部的全体老师，以及各新闻院系为《年鉴》提供素材的许多无名英雄所付出的无数辛劳和表现出来的敬业精神，有了这种团结协作精神和艰苦卓绝的辛勤劳动，才使得我们的《年鉴》编辑出版工作不断进步。我们深信，在编者、作者、读者的共同努力下，《年鉴》会越办越好！我国的新闻传播教育事业的明天会更加辉煌！

邱沛篁

文章千古事　笔下有春秋

孙瑞祥

天津师范大学新闻传播学院

今年正值中国新闻传播教育开启 102 周年。100 多年前的 1918 年 10 月，以"灌输新闻智识，培养新闻人才"为宗旨的北京大学新闻学研究会成立，这是中国第一个新闻学研究团体，中国的新闻传播教育也由此拉开序幕。作为世界最大规模的新闻传播教育体系，值此百年之际，《年鉴》的问世，恰逢其时。如今，《年鉴》出版已满五周岁，更是可喜可贺。

我与《年鉴》结缘颇深。《年鉴》的编撰者是中国新闻史学会新闻传播教育史研究委员会（以下简称"研究会"）。我与研究会的缘分始于 2011 年，距今已有九个年头。2011 年 10 月，天津师范大学新闻传播学院承办研究会年会。作为承办方一员，我全程参与了会务工作，结识了一大批新闻史学朋友。2014 年 11 月，研究会年会在华中科技大学举行，这是一次换届大会，我有幸接替我单位荣休的马艺教授成为研究会常务理事。2018年11月，在山东大学承办的研究会年会上，我又荣任研究会第三届理事会副会长、《年鉴》编委会副主任委员。五年间为《年鉴》组稿、撰文，成为我的一项重要的日常工作，我也乐此不疲。五年间我亲历了《年鉴》从无到有、从有到好的全过程，感慨良多。

2015年新一届研究会成立伊始，会长张昆教授开宗明义，提出研究会要集中力量办成一件大事——编撰《年鉴》。这一开创之谋得到学界各方鼎力支持，从决策论证到编目体例，从组织稿源到编辑出版，全国新闻传播院系100多位教师参与其中，不到一年时间成书126万字。2016年11月5日，第一部梳理和记录中国新闻传播教育近百年历史与现实画卷的力作——《中国新闻传播教育年鉴（2016）》在辽宁大学成功举行了首发仪式，现场盛况记忆犹新。首卷问世，好评如潮，令人大喜过望，我作为《年鉴》编委会成员，与有荣焉。我以为，《年鉴》出版五年，内容不断充实，史料不断丰富，编目不断优化，形式不断创新，起到了回溯既往、记录当下、启迪未来的作用。

我本人既是《年鉴》的编者，也是《年鉴》的作者。我要衷心感谢《年鉴》给我提供这一高端平台，得以把我学界半生的亲历亲见亲闻亲为记录其中。1978年我作为应届高中毕业生考入复旦大学新闻学系，1982年毕业分配到天津师范大学，开始从事新闻传播教育。4年新闻学子，38年新闻"先生"，40余年没有离开新闻传播教育，经历和感悟自然颇多。五年来，在完成《年鉴》日常编务的同时，我应张昆会长和编辑部邀约，为《年鉴》撰写了多篇文章，借此机会做一简要记述。

在《年鉴》"新闻传播教育史钩沉"栏目中，我先后发表了三篇文章：《我与传播学大师面对面——纪念威尔伯·施拉姆访华35周年》（2017年卷）、《学生是教师的最大财富——纪念因公殉职的天津师大许椿老师》（2018年卷）、《难忘记忆：黄山幸遇邓小平——献礼复旦大学新闻学院90华诞》（2020年卷）。2018年年底我卸任天津师范大学新闻传播学院院长职务，在《中国新闻传播教育年鉴（2019）》"院长论衡·老院长为政回眸"栏目里，我撰写了《思路决定出路 格局决定结局》一文。在《中国新闻传播教育年鉴（2020）》"各省、自治区、直辖市新闻传播教育发展综述"栏目里，我首次梳理了天津新闻传播教育60年发展历程，提出了四个历史分期：初创期（20世纪50年代末—70年代末）、中兴期（20世纪80年代初—21世纪初）、提速期（2003—2017）、创新期（2018— ）。

特别令我难忘的一件事，是2018年我们登门拜访中国新闻史学界泰斗方汉奇先生。2018年10月14日是北京大学新闻学研究会成立100周年纪念日，学界同仁从全国各地相聚北京参加盛会。此前一天，我们在中国人民大学参加"中外新闻传播学院院长会议·2018中国传播学论坛"。会议结束时，张昆教授约我前去拜见住在校园里的方汉奇先生。当天下午5时许，我们在校园花店买了一束鲜花，在中国人民大学新闻学院副院长赵云泽教授陪同下前往方老府上。93岁高寿的方先生亲自打开房门欢迎我们的来访。他精神矍铄，谈笑风生，记忆力惊人。我们向方先生汇报了研究会工作和《年鉴》的编辑出版情况，方先生听后非常高兴，对《年鉴》的出版给予充分肯定。我们恳请方先生能够出席一个月后在山东大学举办的研究会年会暨《中国新闻传播教育年鉴（2018）》首发仪式，方先生欣然应允。他从沙发上起身走到办公桌前，在记事本上一笔一画地写下了开会日期备忘，我们还商量了接送办法。虽然方先生因故未能出席这次会议，但他对研究会和《年鉴》的关心鼓励令人感动。过后不久，方先生看到了样书，给予了很高的评价。那天登门拜访，我还借机向方先生汇报了天津师范大学新闻传播学院的发展情况，得到了先生的热情勉励。

研究会规定每年至少组织两次活动，一次是在上半年召开常务理事会暨《年鉴》编委会，主要研究下一年度《年鉴》编辑事宜，另一次是在下半年召开研究会年会暨《年鉴》首发仪式。随着研究会和《年鉴》声誉日隆，"争办两会"成为每次常务理事会上的一大亮点。由于争办单位众多，难以取舍，需要各方充分陈述承办会议的理由以便定夺。2019年4月27日，研究会第三届第一次常务理事会暨《年鉴》编委会第六次会议在天津师范大学举行，就是我们"据理力争"的结果。我当时给出了三个办会理由，一是2019年是天津新闻传播教育60周年，我们学校又刚刚获批新闻传播学一级学科博士学位授予权，值得纪念庆贺；二是学校领导非常支持，一定能够高质量办会；三是我本人即将卸任院长职务，愿意为学会和《年鉴》出版再作贡献。承蒙研究会同仁厚爱，终遂我愿。

梁启超先生有云：史者何？资鉴者也。《年鉴》的出版，应时而生，顺势而为。文章千古事，笔下有春秋。我愿为《年鉴》大业再尽绵薄之力。

《年鉴》是搭建学术共同体的桥梁

陶喜红

中南民族大学文学与新闻传播学院

2015年11月26日,我收到中国新闻史学会新闻传播教育史研究委员会的来信,邀请我去中山大学开会,主要议题是讨论编辑《年鉴》的相关事宜。这是自己第一次与《年鉴》编写工作联系在一起,心里不免有些激动,也有些忐忑,不知道具体要做些什么。

这是中国新闻传播教育方面的第一本年鉴,也是中国新闻史学会新闻传播教育史研究委员会第一次向外发布的大型集体研究成果,意义重大。与会的很多专家学者都是以前在课本和著作中才能见到的"学术大咖",我觉得这是一次难得的学习机会。初期的《年鉴》编辑工作中,我主要负责新闻传播教育的专著与论文的梳理,这让我对新闻传播教育前沿研究有了深入的了解。后来,《年鉴》成立了武汉编辑部,我有

二、我与《年鉴》

幸成为编辑部成员，帮助编辑、校对稿件，对《年鉴》的编写有了更深入的了解。

编写《年鉴》需要严谨求实的态度。在《年鉴》的编写过程中，我印象深刻的是撰写并发布《新闻传播类国家社科基金项目立项课题的统计分析（1991—2017）》。《年鉴》编辑部于2018年准备推出两项"新产品"，一项是《我国新闻传播学四大名刊学术论文统计分析》，另一项是《新闻传播类国家社科基金项目立项课题的统计分析（1991—2017）》，前者的撰写任务由湖北大学新闻传播学院院长廖声武教授承担，后者由我来承担撰写任务。接到任务之后，我感到有些压力，这项报告的撰写需要一定历史与理论高度，涉及面广，工作量大。我首先将1991年到2017年之间新闻传播类国家社科基金项目进行归类，建立了项目数据库。合计整理了1500多个项目，对于项目的主题、内容、关键词、项目的主持人、主持单位等都做了分析。每一项内容都精心整理、细致分析。报告发布之后，引起了广泛关注。有好几位学界同仁专门给我打电话、发信息，要参考我们的报告和数据，以便了解国家社科基金资助的方向，为申报国家社科基金项目提供参考。后来有不少报告、论文和新闻引用该分析报告。这既给我们增添了信心，也让我们有了更重的责任感。《年鉴》还有一项"副产品"——通过微信公众号发布《新闻院校获得项目数量排序》，不过，在统计中出现了一些细节上的问题。例如，有一所高校的名称发生了变化，但是，在项目排序的时候，误将其作为两所高校来分析，导致排名出现错误。还有一位教授的项目属于国家社科基金委托项目，但是国家社科基金项目数据库没有列入该项目。另外有一位教授主持的重大攻关项目属于跨学科项目，没有统计进来。作为报告的统计与撰写团队的成员，我收到各方反馈之后，由衷地感到我的工作做得还不够仔细。尽管各位老师都非常理解我们，也非常宽容，但是对待数据与学术，的确应该有更加严谨的态度。尤其是《年鉴》的编写，这些数据和资料要载入史册，出现问题就会误导以后的研究者。于是，我们吸取大家的意见，对数据做了调整，好在《年鉴》编辑部很快在微信公众号里做了更正，消除了我的顾虑。

《年鉴》是教学工作好帮手。我的办公室摆放了多本《年鉴》，在教学之余，经常会查阅《年鉴》。哪些学校参与了"部校共建"？新闻传播类国家级教学成果奖获奖团队是如何开展教学创新的？新闻传播学专业优秀的创新创业团队是如何做项目的？遇到诸如此类的问题，我就会翻阅《年鉴》，很快就能够找到"样板"和"钥匙"。有一次，几位同学找我请教报考研究生的事情，他们不太了解哪些学校招收研究生，也不了解全国硕士点的分布情况。我顺手拿出《中国新闻传播教育年鉴（2019）》，里面有一份《新闻传播一级学科博士点、硕士点，新闻与传播、出版专业硕士点汇总表》，详细梳理了全国有新闻传播类一级学科博士点、硕士点、专硕点的学校，并标明了哪些学校属于新增硕士点，同学们顿时如获至宝，眉开眼笑。

《年鉴》是搭建学术共同体的桥梁。《年鉴》的编写过程，也是新闻传播教育领域

记录历史 开拓未来
《中国新闻传播教育年鉴》五周年纪实

专家、学者互动与对话的过程。围绕《年鉴》的编写，每年要开几次规模不等的会议，每一次会议都会集中讨论新闻传播教育面临的一些重大问题，大家各抒己见，毫不保留。从一定程度上讲，《年鉴》的编写推动了新闻传播教育学术共同体的建设。大家因《年鉴》结缘，共话人才培养改革，共谋新闻传播教育创新。五年来，这种深层次的交流与互动从未间断，大家有共同的信念、相似的学术旨趣，逐渐形成了一个稳定的学术共同体。《年鉴》编辑部组织的每次活动和会议，我都积极参加，在与各位学界同仁的交往中，我进一步了解了全国新闻传播院系的办学情况、学术前沿的研究动态等。同时，也有更多的机会向各位专家学者请教，在这个温暖的大家庭中汲取营养，受益匪浅。

《年鉴》的编写是一项系统的工程，需要全国各地新闻传播院系的共同参与、积极配合才能够完成。最近几年，《年鉴》的编写质量不断提升，这与各位专家学者的积极参与密不可分。当然，今后还有一些需要注意的地方：一是《年鉴》的编写要认真严谨，不能有丝毫疏忽大意，要经得起历史检验；二是在编写的过程中要多接受有建设性的意见和建议，秉持精益求精的态度。三是要建立《年鉴》的更正制度，避免以讹传讹；今年是《年鉴》编辑出版的第五个年头，《年鉴》的体例和栏目逐渐稳定下来，《中国新闻传播教育年鉴（2016）》还获得了第八届高等学校科学研究优秀成果奖（人文社会科学）三等奖。相信有各位专家的精诚团结、不懈努力，我们一定能够为大家奉献更加完善、更有实用价值和历史价值的《年鉴》。

陶喜红

记录的使命坚定前行的步伐

田茫茫

吉林大学新闻与传播学院

2020年即将迎来《年鉴》出版五周年。对"我与《年鉴》"这个题目,我有点惶恐,不知道能够写点什么。由于自身的局限,没有能力全景描绘中国新闻传播教育的宏图画卷,也不能站位于学术前沿展示新闻传播教育最新的研究成果。作为普通的新闻教育工作者,无论是对新闻传播教育的学术研究还是编委会的具体工作,都少有贡献。名家宿儒的宏文大作珠玉在前,自己与《年鉴》的思绪碎片更是微不足道。

《年鉴》以记录当代历史、反映新闻传播教育实态为使命,构成了全面呈现中国新闻传播教育改革与发展的集体记忆。虽然我与之相关的零散记忆片段,以及个人化的体验、感悟最多只能算作是多元化的记忆主体在集体记忆拼图中的微末枝节,但《年鉴》于我而言则是非同寻常的重要,是《年鉴》赋予了我大事件参与者的身份,给自己的教学、研究打上了深刻的印记。

非常有幸我有机会见证了《中国新闻传播教育年鉴（2016）》首发的高光时刻。如果从1918年10月14日北京大学开设新闻学讲座算起，中国的新闻传播教育在2016年走到了第99个年头。这一年的11月5日，在辽宁大学举办了《中国新闻传播教育年鉴（2016）》的首发式。第一部梳理和记录中国新闻传播教育近百年历史与现实画卷的力作——《中国新闻传播教育年鉴（2016）》出版。新开河畔嘉宾云集，专家学者济济一堂，共襄盛举。当中国新闻史学会会长陈昌凤、新闻传播教育史研究委员会会长张昆和新闻教育界的"八老"（何梓华、赵玉明、童兵、罗以澄、吴高福、邱沛篁、郑保卫、刘建明）徐徐拉开书上的"红盖头"时，全场200多位与会者掌声雷动，气氛达到了高潮。我沉浸在这样氛围中，也依稀忆起30年前几位先生在中国人民大学校园里执鞭教诲的情景。再翻开这部120多万字的皇皇巨著，"开卷即引人入胜"，扑面而来的信息洪流立即让我感受到《年鉴》背后新闻传播教育史研究委员会的研究力量、学会的团队力量、学术平台的凝聚力量。这就是我们一直向往的精神家园和学术共同体啊！经向院领导请示同意，会后我向新闻传播教育史研究委员会和《年鉴》编委会表达了我们入会的强烈愿望。张昆会长向我们学院赠送了刚刚问世的《中国新闻传播教育年鉴（2016）》，而且和其他专家一起对我院的学科建设进行了指导，在肯定成绩的同时，提出了切中肯綮的建议：形成专业合力，突出特色研究。在此后几年中，学院切实强化了特色研究，加强了东北地域历史文化，特别是其中的伪满洲国媒介传播研究，以长春（伪满洲国首都新京）历史为研究资源，形成了独具特色的成果，初步建立了吉林大学新闻传播学的研究品牌。

非常有幸我在2017年成为《年鉴》编写队伍的一员，负责编写吉林省的新闻传播教育发展综述。作为国内最早开设新闻学专业的教学机构之一，1959年，吉林大学中文系首次招收新闻学专业本科生，这也是新闻学在吉林省高校教育中的第一次亮相，随后历经停招、复招、建系、建院，却从未有人认真回溯整理本校新闻教育的发展历程、办学理念、人才培养和教学实践，更不用说从全省层面梳理吉林省的新闻教育历史与发展脉络、总体概况、主要特征、各校特色，等等。在《年鉴》编委会的统一部署下，我和其他省份的老师一样，各自承担了本省的新闻教育发展综述的撰写任务。张昆会长说："历史是新闻教育的起点。"我们这个工作是从头开始对本省新闻教育历史资源的开发和累积，从头开始关注、记录自身的历史，编写过程中自豪感和成就感始终相伴相随。

《中国新闻传播教育年鉴（2017）》首度以学术地图的形式，白描各省以及大区（包括以各省、直辖市、自治区为基本单位组成的大区域，如华北、华中等区等）新闻传播教育的总体概况。几年下来，《年鉴》"还历史欠账"后，还记录了各省、大区新闻传播教育的当下发展。一是在保持框架结构相对稳定的前提下，每年都有新思想、

二、我与《年鉴》

新变化。通过不断调整、不断改进、不断完善，使框架更显科学性、合理性，更具时代感。二是增强年度特色和区位特色。2018年是改革开放40周年，这一年新闻传播教育领域取得的新成果、新变化，国际新闻传播教育交流，新闻教育的开拓创新协同发展明显增强。各省新闻传播教育特色鲜明，京沪粤、华北、华中地区的新闻教育领域也硕果累累。三是内容更充实丰富。在注重鲜明的主题表达的同时，还注重资料的全面性，加强典型资料的记述。编写《年鉴》综述的过程也是我学习、研究、提高的过程。

非常有幸因《年鉴》而结识了众多师友。渭水河畔，海河与黄河之滨，编委会坚守编制《年鉴》的初心愿景，凝心聚力打造这个献给新闻传播大时代的用心之作。所见师友彼此信任，坦诚交流，编写互动，有学术探究的深度，更有情感交流的温度。

感谢《年鉴》，温暖的记忆化作前行的力量，记录的使命坚定前行的步伐。唯愿《年鉴》永远风华正茂，永远砥砺奋进！

《年鉴》的价值无可取代

薛 可

上海交通大学媒体与传播学院

《中国新闻传播教育年鉴（2020）》出版发行了，这是中国新闻传播教育界的一件大事，可喜可贺。

新闻传播教育史研究委员会（以下简称"研究会"）五年来在张昆会长的领导下，在各位同仁的共同努力下，取得了辉煌的成绩，成为学界同仁们的"娘家"。大家共享信息、共聚友情、探讨学术、合作科研、启迪思维、开阔眼界。每年的年会，成为学界同仁们期盼和丰收的"精神大餐"，成为业内的"学术节日"。

研究会与《年鉴》有三方面无可取代的价值。

一、记录历史轨迹

中国新闻传播教育从无到有，由弱变强，是世界新闻传播教育的重要组成部分，从学习引进，到创新发展。近年来，已为世界新闻传播教育的发展贡献了富有标本意义的"中国模式"。《年鉴》的出版，将这一轨迹清晰、精准地描述出来、记录下来，既是对以往工作的总结，更是为未来的进一步发展提供了素材与基础。只有具有历史感的学科，才具有历史上的价值。人类社会是在记载、总结中长大、成熟的。这便是《年鉴》的价值所在。

二、促成学术共享

研究会把不同学校、不同背景的同仁整合在一起进行交流、分享与碰撞，产生了大量的思维火花，这符合当今社会广泛分享、协同科研的大趋势，在研究会各届年会中，我们听到了最新的理论、奇特的思路、广泛的信息、有趣的创意，不光开阔了眼界，启发了思考，而且找到了许多志同道合的学术合作者，对于重大课题研究与前沿学术攻关非常有益。而《年鉴》又将这些成果系统化地巩固下来，形成更大范围的学术共享。

三、共同应对挑战

中国新闻传播教育面临着一系列新的挑战，无论是互联网带来的新媒体主流化，还是新生代受众理念、视界、价值观的差异性；无论是新国际环境导致传播背景的复杂化，还是舆情环境与治理手段的创新性，都给中国新闻传播教育者提出了全新的挑战。唯有交流与探索，才能适应和驾驭。研究会让我们抱团面对挑战，《年鉴》使我们的思想得以沉淀。

历史的长河生生不息，站在新的起点上，我们将继续前行。《年鉴》是一座里程碑，刻画出走过的道路，更预示着未来的方向。

我与《年鉴》的五年缘分

严 励

河南大学新闻与传播学院

《年鉴》走过了五年的出版历程,我与《年鉴》的缘分也持续了五年。

2015年年末,中国新闻史学会新闻传播教育史研究委员会在广州中山大学召开年会,会议中有一项议程就是讨论《年鉴》的编撰工作。那时,中国新闻史学会新闻传播教育史研究委员会的规模没有现在大,所以参会的人不是很多。《年鉴》是新事物,大家对它持观望态度,和现今大家"抢任务"的情形有所不同,那时领任务并不是太积极。那一年,我的任务是撰写全国研究生教育综述。交稿时间是次年的3月份。在领任务时我心中充满忐忑,担心不能按时圆满地完成任务。

怀着对《年鉴》的敬重,春节过后,开学伊始,我便全力以赴投入到这份工作中。我和我院的许莹博士带着我们的研究生成立了一个工作小组,开始了第一项工

二、我与《年鉴》

作——收集资料。面向全国各大院校收集研究生教育的相关信息，是一项庞大且繁杂的工作。院校之多，专业之细，沟通之难，其中的艰辛可想而知。除了向相关老师征集他们学院的研究生专业设置和招生情况外，我们贸然向有研究生招生资格的学院打电话，说明目的，请求提供分管研究生工作的老师的电话和邮箱，通过邮件进一步讲明我们的目的和要求。打电话得到资料的成功率是很低的，为了联系到更多的学校，我主动添加多个群里的相关院校的老师的微信好友，这些老师可能并不分管研究生工作，但他们帮助我介绍分管的老师，为我的资料收集工作提供了很多帮助。真诚谢谢所有为我提供帮助的老师们！当时有些院校一听说要为《年鉴》提供本院资料就很警惕，马上问是否要收版面费或销售书籍。当听到这是公益事情，无需缴纳费用时，他们还将信将疑。可见，第一卷年鉴编撰时，新闻传播教育界对它是多么陌生。短短五年的时间，中国新闻史学会新闻传播教育史研究委员会的规模扩大了，大家对《年鉴》的关注度高了，参与的积极性高了，当然，《年鉴》的知名度也大大提高！作为从创始阶段就参与这项工作的一员，我为《年鉴》取得的成绩而高兴！

从2017年开始，我负责《年鉴》中河南省新闻传播教育综述的撰写工作。那一年依然是许莹老师协助我进行这项工作。为了了解清楚河南省有哪些高校开设了新闻传播类的专业，我们把上一年度河南省的高考报考指南拿来参考，详细总结了河南省高校新闻传播类（包括播音与主持艺术及广播电视编导）的专业设置。至于河南省各校新闻传播学院的教学成果和教改举措，需要省内高校提供资料，这些高校新闻传播学院的负责人有些是我的老朋友，对于那些不熟悉的则通过我们杨萌芽院长的介绍与其建立了联系。总之，河南省内的资料获取还是很便捷的。从2018年开始，我需要省内新闻传播学院提供的内容通过郑州大学新闻传播学院郑素侠院长（她是我们省新闻传播教学指导委员会的秘书长）发在他们的教学指导委员会群里，这样资料的收集就快了很多。很多老师我们不曾相识，他们做这样的工作亦没有名利，但为了展现河南新闻传播教育的水平，他们积极参与。非常感谢为我提供资料的河南省内新闻传播学院的老师们！我常想，《年鉴》的成功出版，不仅仅归功于《年鉴》中能看到名字的老师们，其中还有大量默默无闻的老师在无私奉献！在撰写了四次河南省新闻传播教育综述之后，我摸索出了一套更为高效的方法：先带领学生在河南省教育厅的网站上查找上一年度各校新闻传播学院获得的省级教改项目、省级精品课程（包括线上课程、线上线下混合课程等）、省级一流专业、省级教学名师、省级优秀基层教学组织等，然后再根据各校提供的材料总结出教学改革的经验和举办过的重要活动。这样写出来的综述又准确又全面。

《年鉴》出版五年来，每一年在体例上都有更新，不断完善，它全面记录了我国新闻传播教育五年来的发展历史，有些栏目更是浓缩了我国新闻传播教育几十年甚至百年的发展历程，具有十分珍贵的史料价值。《年鉴》的成功出版并日臻完善，首先

记录历史 开拓未来
《中国新闻传播教育年鉴》五周年纪实

要感谢新闻传播教育史研究委员会的张昆会长，他敏锐的学术判断力、超强的组织力和号召力促成了《年鉴》的出版，在每一卷年鉴中，都凝聚着张会长的巨大心血。感谢《年鉴》编辑部的前任副秘书长周婷婷老师，她温婉恬静，默默地为《年鉴》的出版做了细致的沟通工作；感谢《年鉴》编辑部的秘书长刘义昆和王一鸣老师，我多次在微信中麻烦他们。感谢在这项工作中给我提供了许多帮助的许莹老师，她身为博士生，自身教学科研任务非常繁重，但仍然为《年鉴》的撰写投入了大量心血。最后要感谢为我查找资料的我的学生们！

近年来，由于身体的原因，学术会议我参加得越来越少，但新闻传播教育史研究委员会的常务理事会和年会我是必定要参加的。会上聆听兄弟院校的老师介绍新闻传播教育的改革经验，使我受益匪浅；会上结交了一批朋友，每年与老朋友见面相聊甚欢，亦是人生一大幸事。尤其是每年在年会上看到自己参与撰写的新一卷年鉴又出版了，心中洋溢着喜悦和自豪。

五年，是一个生命由呱呱落地到灿烂可人的光阴，是一株树苗由柔弱到强壮的光阴，也是《年鉴》由初创到完善的光阴。祝愿《年鉴》在以后的"N多个"五年越办越好！

《年鉴》，我们共同的志业

张德胜

武汉体育学院新闻传播学院

作为新闻传播教育工作者，我们这一生，以教书育人和读书治学为业，这个"业"可以分为三种，由浅入深，分别为职业、事业和志业。

所谓职业，就是我们的"饭碗"，因为人不能没有饭碗，只有依托饭碗，我们才能养家糊口，维持基本的生活需要，说白了，职业就等于按劳取酬；所谓事业，是职业的升华，要求我们爱岗敬业、无私奉献，具有归属感、责任感和使命感，实际是在职业基础上，多了一份热爱；所谓志业，纯粹基于理想和志向，即使没有待遇和报酬，也愿意去干，甚至以命相搏，历史上的那些仁人志士，就是为了实现志业而赴汤蹈火的典范。

终于，我们这群人——《年鉴》武汉编辑部全体同仁，在中国新闻史学会新闻传

记录历史 开拓未来
《中国新闻传播教育年鉴》五周年纪实

播教育史研究委员会会长兼《年鉴》主编张昆教授的"撮合"下走到了一起，找到了我们的志业，那就是年复一年地义务编撰《年鉴》，这一干就是五年，但大家却乐此不疲。

《年鉴》编辑队伍刚成立时，只有七位成员，华中科技大学张昆老师任主编，华中科技大学何志武老师任副主编，华中科技大学周婷婷老师是编辑部主任，武汉大学刘建明老师、中南民族大学陶喜红老师、武汉大学出版社胡国民老师都是编辑部成员，而我本人也得张昆老师信任，有幸忝列其中。张昆老师总抓各项事务，事无巨细地一一谋划。我们编辑部成员分工有序、各司其职，相互支持、互相信任。

因为信任，我们走到了一起；因为信任，我们坚持了下来；因为信任，我们形成了以志业为追求的"年鉴文化"。随着《年鉴》一卷卷的出版，社会影响力也越来越大，参与《年鉴》的"队伍"日益壮大，《年鉴》的体例框架更是越发地成熟，更为有趣的是，以《年鉴》为志业还激荡出了一种"抢"的文化。

其一，大家抢着干活。《年鉴》作为一本具有资料性、权威性、政策性、及时性的信息密集型工具书，涉及面甚广，未曾梳理与定格的新闻传播教育的历史又很长，急需大量的人手来做基础性工作。但每一次的选题布置会，来自全国各高校的委员们都是抢着领任务，有时候还差点"打起来"，这种盛况除了咱们这个学会有，不知谁还有？所以，估计张昆主编每次都是心里偷着乐。

其二，大家抢着出钱。出版《年鉴》是一个公益事业，需要各种支持，当然包括经费支持，《年鉴》编辑部挂靠单位华中科技大学新闻与信息传播学院每年为此投入不菲，但每当张昆主编公开说，有没有哪两个学院愿意赞助今年的年鉴三到五万的时候，大家又是抢着出钱。而且，每年还真只接受两家单位赞助，多的还不要。到现在我也没问过张昆主编，这是不是一种动员的策略？

其三，大家抢着办会。编撰《年鉴》是中国新闻史学会新闻传播教育史研究委员会的重头戏，学术年会和《年鉴》的选题策划会、任务认领会、《年鉴》发布会等大小会议叠加，每一次会议在哪儿开、如何开，无不体现张昆会长（主编）、何志武副会长（副主编）的过人智慧。但每一次办会都会弄得很妥帖，既是开会，也是学习，而且免收会务费，把会议的任务、国家的要求与东道主的成就有机地嵌入到一起，会议一结束，与会者返程的时候，头脑里已经形成反思性思考，这些头脑风暴小则影响个人的教学与科研，大则影响一个学院的发展与进步。所以，每年大家都对下一个会议充满期待。

其四，大家抢着创新。张昆主编为《中国新闻传播教育年鉴（2016）》写过一篇发刊词，题目就叫"记录历史，引领未来"。以《年鉴》编撰为基础，中国新闻史学会新闻传播教育史研究委员会不但记录了历史，抢救性地发掘了诸多影响中国新闻传播教育的人物与事件，还以各种会议为平台，选择不同层级、不同地域、不同类型学

二、我与《年鉴》

校的新闻传播院系交流最新做法,把我们这个中国新闻史学会的二级分会以及《年鉴》打造成为一个名副其实的公共论坛。假如说创新是一根登山绳的话,那么,它的一头连着历史,另一头通向未来,我们每一个攀登者都时刻拽着它。

行文至此,毛泽东在《满江红·和郭沫若同志》中的两句诗跃然纸上:"一万年太久,只争朝夕。"同样,编撰《年鉴》是一个长期的志业,而投身其中的每一位编委、编辑、撰稿人,我们除了要编好《年鉴》外,都应该做好自己的教书与治学这两大志业,因为今天的作为就是明天的历史。

而这,正是《年鉴》所期待的。

祝我们的事业千秋万代

张继木
华中师范大学新闻传播学院

转眼《年鉴》五岁了,我们准备为她举行一个小小的庆祝活动。这个活动应该不单单是庆功,还可能有对过去的反思及对未来的展望。我是从《中国新闻传播教育年鉴(2017)》开始参加编撰工作的,对于早期筹划出版《中国新闻传播教育年鉴(2016)》的情况知之甚少。因此,我的回顾多系《中国新闻传播教育年鉴(2017)》后的一些见闻。

我第一次得知张昆老师有编撰《年鉴》的打算,是在他接任中国新闻史学会新闻传播教育史研究委员会会长时。我当即意识到,这对学会而言,无疑是一个很好的抓手。同时,我也不无忧虑,一年编一卷谈何容易?毕竟那时还看不到任何可能的条件。然而到现在,一连出了五卷。这背后他的艰辛与付出尽管不是有目共睹,但应是可想

二、我与《年鉴》

而知的。当然,我也只是略知一二,在我脑海里,印象最深的是这样两幅画面。一次是在"济南会议"期间。刚到济南那天,吃过晚饭,我去他的住处串门,只见一众人等围着一台电脑,大家你一言我一语,却不像是闲聊。原来是他的电脑出现了故障,先前准备好的发言稿等相关资料均显示乱码。而他明显有些着急,来回地踱步,还不时地喃喃自语:"这可怎么办?怎么办?"我很少见他如此紧张,便凑上去问道:"重新写不行吗?""关键是有些数据、资料,单凭记忆不可靠啊!"他的回答也令我有些不安。弄了好一会儿(期间还请过技术人员),仍无法恢复。于是,我建议:"反正是弄不好了,不如重启试试!"所幸重启后一切正常了,总算是"有惊无险"。另一次是在"兰州会议"期间。那是准备离兰的清晨,大约是六点多钟,我刚打开手机,一条微信跃入眼帘:"继木,昨晚我的包最后在谁手上?"我知道他并不是在找包,而是在找包中的一本黑皮笔记本(这个笔记本记录了他五年来有关《年鉴》的点滴)。因为前晚我们去逛夜市,他就反复叮嘱过帮他拎包的同学,包里有笔记本,千万不要弄丢了。还好,只是他自己放失手了,正在我四处打听时,即被告知找到了。

语云:"众心成城。"《年鉴》能攻坚克难,顺利走过五个年头,离不开新闻教育界的鼎力相助。为数众多的撰稿者自不必说,单是那一幕幕争办会议、踊跃捐款的情景,就令人感动不已。没有直接参与《年鉴》编撰的朋友们,可能不知道:《年鉴》并无固定的编辑场所,亦无固定的经费来源。因此,每一期的编委会会议需要有单位来承办,每一卷的出版费用需要有单位来承担。如果说偶尔找个办会单位、拉个赞助并不是什么难事,那么,持续不断地赢得支持则不是一件容易的事。这件并不容易的事,办到了!每次开会,张昆老师"谁愿主办?"的话音一落,应者甚众,一般都有5个左右的单位报名办会,由于最终只能确定一个单位,因此在申办单位之间偶尔还会出现不小的"争执"。至于出版经费的筹集,通常是资助单位在编委会会议上主动表达捐助意愿及认捐金额,每当这时,现场的气氛真有点慈善晚会的味道:有的单位在过去捐款的基础上再次认捐,有的单位所提捐款数额超出常规(常规在5万元左右),还有的单位承诺视开销情况可追加款项。每一次的实际认捐数额一般都超出预算,不过,编委会并不多收,预计用多少就收多少,本期够了就告诉认捐单位下次再捐。

子曰:"人无远虑,必有近忧"。站在五年的节点,我们回望过往,看到了筚路蓝缕,也看到了勃勃生机;但亦应看到不足和挑战,毕竟那还只是万里长征走完了第一步,后面的路还有很长,不可预知的风险还有很多。客观而言,学界对《年鉴》的鼎力支持多少有张老师的因素,如果主持《年鉴》编撰工作的人不是张老师,而是别的什么人,是否还能一如既往地获得那样的支持,就犹未可知了!"人事有代谢",这种担心并非多余。因此,如何做到不因人而异,让《年鉴》稳定地走下去,是今天编委会同仁应该着重考虑的问题。愚以为,要抓好两件事。其一,建立相对稳定的撰稿队伍。现今的做法是将撰稿任务分配给各常务理事单位,再由该单位物色人选。目前来说，这个办法基本保证了撰稿任务的如期完成，没有出现大的差池。然而，长远来看，这种两级分配的办法，不仅无法直接调动撰稿者的积极性，而且存在任务交接方面的隐患，如任务不明、体例不清等。为克服这些弊端，可考虑在各常务理事单位直接聘任撰稿者，给予他们一定的精神物质鼓励；定期召开作者会议（不是现在的编委会会议），既商讨编撰事务，也联络彼此感情。其二，建立相对稳固的经费保障机制。"一期一捐"的经费筹措机制是不稳固的，当中的人为因素极大。《年鉴》五年来的出版，已耗费100多万，尽管说学界潜力巨大，还有不少单位没有捐款，但是，也应清醒地看到，五年来捐款连同举办会议已消耗了不少资源，剩下那些没有捐的单位，是否有捐款的能力或意愿？这还是个未知数。因此，是时候考虑建立相对稳固的经费保障机制了。建立这种机制，可以有两条选择路径：一者，可以争取国家资助，这是一种类似社科基金滚动资助的办法；二者，可以筹建一个面向学界、面向社会的出版基金。

零零碎碎说了这么多，回到正题，祝我们的《年鉴》五岁生日快乐！祝我们的《年鉴》长命百岁！祝我们的事业千秋万代！

躬逢其盛，与有荣焉

赵建国

暨南大学新闻与传播学院

我先后在华中师范大学近代史研究所、中山大学历史系获得硕士和博士学位，专业是中国近现代史。不过，我的硕士学位选题是《清末民初〈申报〉政治倾向的演变》，博士论文题目为《中国近代报界群体意识的自觉：1905—1921年报界的团体与活动》，都与中国新闻传播史有密切关联。因为这种机缘，2004年7月，我入职广东外语外贸大学新闻与传播学院，从事新闻教育工作，开始跨越学科边界，接触新闻传播学界。2006年8月，我到复旦大学新闻学院从事博士后研究工作，在合作导师黄旦教授的指引下，对新闻传播学界逐渐熟悉起来。

我追随的几位业师——朱英教授、桑兵教授和黄旦教授，都痴迷学术，沉迷于书斋生活，很少涉足"学术江湖"。在三位老师潜移默化的影响下，2016年之前，我的主要精力放在阅读理论书籍和搜索各类史料等方面，只发表过屈指可数的论文，仅出席过几次学术会议，且没有参加任何学术团体，是典型的"编外人员"，极少抛头露面。大约是2016年5月，广东外语外贸大学新闻与传播学院的侯迎忠教授因为担任副院长，事务繁多，就委托我参加中国新闻史学会新闻传播教育史研究委员会召集的"新疆会议"。这是我第一次正式参加新闻传播学界的会议，第一次有规模地接触新闻传播学界的朋友，也是第一次参与《年鉴》的编写工作，开始与《年鉴》及其编撰团队结下深厚的友谊。

"新疆会议"是在石河子大学召开，这所大学给我留下了深刻的影响，特别是其占地规模非常大，据说有"石河子大学即石河子市"的戏称。在石河子大学举行的《中国新闻传播教育年鉴（2017）》筹备会议上，张昆老师安排给我的任务是"新闻学教育的历史回眸"。这种历史编撰类的文章，在我的专长范围之内，于是我很高兴地答应下来。会议结束后，我查阅了相关资料，很快完成了任务，这也促使自己对中国新闻教育史有了一个比较直观的了解。我指导的第一个博士生李兴博，博士论文选题即为新闻教育史，因为参与《年鉴》编撰，对相关问题比较熟悉，我指导起来就方便了很多。

更有意义的是，在石河子大学参加会议期间，一些新闻传播学界的良师益友给予我较多的启发，开拓了我对新闻传播学的视野。为进一步密切与这些朋友的交往，我接受侯迎忠教授的建议，作为广东外语外贸大学新闻与传播学院的代表，出任中国新闻史学会新闻教育史学会的常务理事，并积极参加了新闻教育史学会召集的宁波会议、沈阳会议、海口会议等，这是我出席最频繁的会议类别。

2018年7月，我调入暨南大学新闻与传播学院，依然坚持参加新闻传播教育史研究委员会的工作，并开始承担更多的《年鉴》编撰任务。在2019年的编撰过程中，我负责"暨南大学新闻与传播学院介绍"和"2018年广东省新闻传播教育发展综述"，并借此机会，对新单位和广东省新闻教育布局形成了一个总体认知。在收集资料的过程中，暨南大学支庭荣教授、中山大学钟智锦和卢家银教授、华南理工大学赵泓和陈娟教授、华南师范大学刘兢教授、深圳大学黄春平和杨洸教授、广东外语外贸大学朱颖和罗坤瑾教授、广州大学田秋生教授、广东金融学院陈映教授、惠州学院许昕教授等人给予我较多的帮助，为我提供了各种便利。我也借机加强了与兄弟院校同行之间的联络，获益良多。

2020年春节非常特殊，新冠肺炎疫情肆虐，大家都在家"蜗居"。利用这个空闲时间，我继续为《年鉴》编撰贡献微薄的力量，以比较独特的方式"战疫"。在此期间，我一方面继续综述广东省新闻传播教育的发展情况，另一方面在海南师范大学卿志军教授、广西大学刘洪和王辉教授提供的资料基础上，编写了《华南地区新闻传播教育地图》。华南地区新闻传播教育地图主要涉及广东、海南和广西，为确保信息的真实性、及时性和完整性，我的调查主要是根据各省教育厅网站发布的 2017 年普通高校本科专业目录进行新闻传播类专业筛选，再根据所列专业和高校在学院官方网站进行核对，资料全部来源于各级教育部门网站、各高校和学院官网、中国学位与研究生教育信息网等权威网站，以及诸位师友提供的资料。

多次参加编撰，让我对中国新闻传播教育的认识日益全面系统，同时深刻体会到《年鉴》编撰的重要性和显著意义。与历史悠久的同类作品相比，《年鉴》无疑是新生代。但在张昆教授及学界诸多同仁的共同努力下，《年鉴》后来居上，奠定了进一步发展的坚实基础。纵观已出版的五卷图书，可以发现《年鉴》延续已有结构，继承早计划、广发动、重统稿的编撰经验，在此基础上重视质量建设，不断寻找问题，挖掘进步空间，调整《年鉴》篇章，内容体例逐渐完备。

编撰《年鉴》，既是传承新闻传播教育史的研究传统，也是记录当代中国新闻传播教育的发展历程，将为日后的学术研究奠定良好基础。张昆教授整合全国新闻传播院系的力量，协调众多新闻传播教育者，共同编撰的皇皇巨著，论题广泛，资料丰富，学理性突出，没有浮光掠影之弊。同时，《年鉴》在继承优良传统的基础上，守正创新，呈现学脉的延续与开新，是对新闻传播学术共同体的极好交代。我躬逢其盛，与有荣焉！

为新闻传播教育立传，为新闻传播教育立言

周德仓
西藏民族大学新闻与传播学院

《中国新闻传播教育年鉴（2016）》自2016年正式出版，就以"历史"的方式，开创了新闻传播教育新的历史。对此浩大的文化工程，社会各界特别是新闻传播教育界已多有激赏：在她的历史功绩面前，任何赞美都不过分。作为《年鉴》的领军人物，张昆会长及其率领的中国新闻史学会新闻传播教育史研究委员会同仁们的文化功绩，也同时被载入史册。

幸获张昆会长的信任，本人成为《年鉴》编委之一，见证了她的诞生、成长，并先后主持完成了关于民族院校新闻传播教育综述、全国新闻传播研究课题立项综述、西藏自治区新闻传播教育综述等篇章内容，将相关的历史小心翼翼地储存于字里行间。民族院校是中国独有的高等教育模型，其富有特色的新闻传播教育和研究，使其成为

二、我与《年鉴》

中国少数民族新闻传播教育和研究的大本营,汇集了相关领域研究的主要力量,是开创中国特色新闻传播学科的重要支撑点之一,其蕴含的极大学术潜力难以想象。西藏自治区新闻传播教育起点较晚(20世纪90年代前期),体量有限(一院——西藏民族大学新闻与传播学院,一系——西藏大学大众传媒系),但民族特色鲜明,新闻舆论地位特别重要,全国学界关注度高,特别是"汉藏双语"传播模式体系化,在少数民族地区具有代表性,是少数民族新闻传播实践和研究的最佳"田野"基地之一。关于西藏自治区新闻传播教育历史的记载,会为少数民族新闻传播教育和学科建设提供生动样本,也必将成为推进中国新闻传播学科本土化、民族化的创新方向之一。《年鉴》提供版面,刊载于上,实在是为少数民族新闻传播教育搭建高端平台,功莫大焉!

特别值得提及的是,在张昆会长和研究会的支持下,2018年4月20日,中国新闻史学会新闻传播教育史研究委员会第二届第七次常务理事会议暨《中国新闻传播教育年鉴》编委会第五次会议在秦都咸阳西藏民族大学举行,深入研讨《年鉴》编撰工作,探讨少数民族地区新闻传播教育规律、新闻传播学科建设和发展。来自华中科技大学、上海交通大学、四川大学、武汉大学等全国30余所高校的40多位专家学者参加会议。会议期间,专家学者们充分肯定了即将出版的《中国新闻传播教育年鉴(2018)》,并对《中国新闻传播教育年鉴(2019)》编写大纲进行了讨论,落实编撰任务,重点围绕中国新闻教育100周年、改革开放40周年,关注新闻传播教育领域取得的新成果,以及产生的新变化,重视国际新闻传播教育交流,紧跟国家"一带一路"倡议,记录新闻传播教育热点,增强专业自信,提升专业影响力。会议再次强调:编撰《年鉴》,就是要记录和研究中国新闻传播教育的历史,这是时代的需求,也是传媒业的期待。在紧张的《年鉴》编辑会议之际,与会学者们还出席了在此期间举行的"少数民族新闻传播教育圆桌会议",张昆会长亲自主持会议,孙瑞祥、李建新、韩立新、吴建、何志武、骆正林、严励、张玉霞、郑素霞、周伟业、陶喜红、卿志军、龚彦方、程丽红、李惠民、杨向东16名各大高校新闻传播院系负责人、专家学者先后发言,为少数民族新闻传播教育建言献策,并对西藏民族大学新闻与传播学院寄予厚望。

会议当天,嘉宾们还兴致盎然地参观了西藏民族大学校史馆、藏学文献中心和西藏历史文化博物馆,对西藏民族大学浓郁的藏文化氛围赞赏有加,对新闻传播教育鲜明的西藏民族特色给予高度肯定。作为会议的承办方和东道主,西藏民族大学新闻与传播学院以能为《年鉴》尽微薄之力,深感荣幸和自豪!我校新闻与传播学院的发展进步,实在是凝聚着各位学者的智慧和激励!

本人有浓郁的历史"情结":1979年考入陕西师范大学中文系,但当初的第一志愿实际是历史系;1996年转入新闻传播教育行列,主要研究方向就是少数民族新闻传播史,所著的《西藏新闻传播史》《中国藏文报刊发展史》等也为各位所熟悉;曾参与白润生先生《中国少数民族新闻传播通史》的编撰,主持并完成2项国家社科基金项目"中国藏语报刊史研究"(04BXW005)、"中国少数民族新闻传播教育的目标与改革途径研究"(13BXW005),其鲜明的主题,即新闻传播历史;开设的本科、研究生课程,即"中国新闻史""西藏新闻传播史",也以历史张目。对历史的钟爱,很早就培养了我的一种"历史习惯"——记录。而个人记录的"代表作",就是自1978年7月20日高中时期开始的"日记",42年来一日不辍,近年来则每年会累积20万字篇幅,积累起来洋洋洒洒,成为一介平民笔下的社会"通史"。这一几乎是个人唯一值得表扬和自我表扬的习惯,让我对历史有细致入微的感受和理解,并影响了自己的思维和表达方式。即使从新闻传播教育工作者个体的视角而言,我本人过去是,将来会一直是《年鉴》忠实的信徒和传播者,有志于为新闻传播教育立传,为新闻传播教育立言!

读者、编者与作者

周茂君
武汉大学新闻与传播学院

面对"我与《年鉴》"这个题目,似乎有点无从下手,不知应该从哪儿写起,也不知应该写些什么。五年来,作为见证者,我见证了《年鉴》栏目从初创到规范;作为亲历者,我经历了编校《年鉴》的全程;作为作者,我也撰写了一些小文章,体验到了其中的甘苦。

一、《年鉴》栏目变迁的见证者

《中国新闻传播教育年鉴(2016)》属于"开山之作",总共设置3篇11章、5个附录。"总论篇"共2章,包括"第1章中国新闻传播教育简史""第2章不同类别院校新闻传播教育发展综述";"平台与人物篇"共5章,包括"第3章新闻传播教育界行业组织""第4章新闻院系巡礼""第5章研究生教育与博士后流动站""第6章教育家研究系列""第7章新闻传播学教授名录";"成果与政策篇"共4章,包括"第8章专业、课程、教材与实验室建设""第9章学生竞赛""第10章专业与学科评估""第11章科学研究与交流";"附录"有5篇,包括"新闻传播学类专业本科教育质量国家标准""新闻传播学一级学科简介及'硕、博士学位要求'""全国新闻传播学类本科专业点分布情况""新闻传播学院基本数据统计表""中国新闻传播教育大事记(2015)"。从上述章目和附录可以见出,2016年卷有不少"简史"类、"综述"类文字,并非新闻传播教育的"年度"记录,因而它只是初创阶段的产物,还算不上是一部真正意义上的年鉴。当然,作为第一部新闻传播教育年鉴,《中国新闻传播教育年鉴(2016)》也需要补足、偿还过去的"欠账"——无论是"总论篇"中的第1章、第2章,还是"平台与人物篇"中的第3章、第5章,抑或是"成果与政策篇"中的第8章和大部分附录。过去的新闻传播类年鉴更注重业界的变化和学界科研成果的评述,较少关注新闻传播教育方面的人和事,即使有这方面的记录,也是很零散的,因此《中国新闻传播教育年鉴(2016)》不得不拿出一定篇幅去梳理新闻传播教育的历史变迁和学界的人事更替。这种偿还"欠账"在《中国新闻传播教育年鉴(2017)》中依旧持续——"总论"之"第2章中国新闻传播类专业教育发展的历史回眸"。

相对于2016年卷,2017年卷、2018年卷的栏目设置开始"大变脸",90%以上的栏目都在这两卷中定型。"总论"部分,增设3个新栏目,即"第1章2016年中国新闻传播教育综述"(2017年卷),"第3章中国华北地区新闻传播教育地图"(2017年卷),"第2章各省、自治区、直辖市新闻传播教育发展综述"(2018年卷),这些栏目此后便成为"总论"的特色和"重头戏",成为《年鉴》的固定栏目。"平台与人物"部分,去掉2016年卷的"第5章研究生教育与博士后流动站",2017年卷新增"第8章新院长施政方略""第9章中国新闻传播教育史钩沉",2018年卷新增"第7章名师风采""第9章院长论衡"。"成果与政策"部分,2017年卷除了"第17章中国新闻传播教育大事记(2016)"是由2016年卷的附录提上来外,新增了6个新栏目,即"第10章学科与专业建设""第11章本科人才培养""第12章研究生教育""第13章获奖情况""第15章科学研究""第16章他山之石:国外新闻传播教育最新动态扫描"。2018年卷新增"第14章新闻传播教育改革前沿""第16章博士后流动站""第20章新闻教育研究与探讨"。2017年卷的"附录"部分,增加了"2016年度国家领导人相关讲话"。

2019年卷、2020年卷在栏目设置上由定型走向规范。仅有的修订和增加是将"第20章新闻教育研究与探讨"(2018)修订为"第20章新闻传播教育研究与探讨"

（2019），增加"第 22 章新闻传播教育重要文件"（2019），将第 22 章新闻传播教育重要文件"（2019）变为"附录"，并改名为"重要讲话与文件"（2020）。

二、《年鉴》编校成书的亲历者

作为编辑部的一员，编校《年鉴》是我每年必做的常规性工作，在此过程中虽不能说苦涩艰辛备尝，但其中的滋味还是品尝到一些的。一般来说，《年鉴》撰稿人大多来自国内各高校，都具有教授或副教授职称，这样就能确保稿件的质量。然而，由于大多数作者属于"双肩挑"，在单位既担任一定的行政职务又要教书育人，双重身份使其"分身乏术"，难以抽出时间写稿，只得让自己的博士生或硕士生"代劳"，再加上少数专家、学者对《年鉴》稿件重视不够，尽管稿件上有其署名，但有的甚至连稿件都没有看过，所以一些稿件出现质量问题就不难理解了。作为《年鉴》的编校者，我有三点特别的感受。其一，撰写《年鉴》稿件，只有用心才能写得好。记得有一年收到一篇写新媒体教育的稿件，作者不仅对新媒体行业发展缺乏把握，而且对学界的研究进展也不甚了解，还存在语句不通、意思不明、错漏之处较多的毛病，因而看该稿犹如看天书，看后内心瞬间崩溃。无疑，该稿绝对不会是出自该作者之手，也难言是其"用心"之作，极有可能是其学生的"交差"之作。不得已，编辑部只得另请他人"重写"。其二，稿件文本欠规范。从总体上说，大多数来稿都不错，有的还具有较高水准，但是也有少数稿件问题不断。记得在编校 2019 年卷"总论"第 2 章时，在 31 个省、自治区、直辖市（不包括台湾省）的"新闻传播教育发展综述"（按照字节近 20 万字，220 页）中，发现有问题的地方达 400 多处——有的年份有错谬，有的事件来龙去脉上有出入，有的意思表达不完整，有的语言欠通顺等，稿件文本的不规范可想而知，更难以达到"信达雅"的要求。其三，对职务、职称称谓太随意、太随性。为了表示对某人的尊重，人们习惯于将"副院长"称为"院长"，把"副教授"叫成"教授"，这在日常生活中是可以的，但在《年鉴》编撰中却是不行的。记得某省"综述"曾推介该省某重点大学一位拥有一堆行政职务和不少获奖证书的"青年才俊"，介绍性文字很多，但关键性问题没说——此人到底是正职还是副职，是正教授还是副教授？对于这些内容基本上是"语焉不详"或"难以查证"，后来我花了很多时间、费了不少功夫，才将此事核实清楚。

三、《年鉴》文章的撰写者

作为作者，我深深体会到要为《年鉴》写好一篇文章不是一件容易的事情。记得数年前撰写《何微新闻思想与新闻教育实践》一文时，原来是准备专论"何微新闻教育思想"的，但由于何微先生一生在大学里既不是院系主要负责人，又很少发表关于新闻教育方面的文章，所以写起来很吃力、很困难，后来再三斟酌才改为现名。而《湖北省新闻传播教育发展综述》的三组数据更能说明为《年鉴》写文章的不易：2018年卷，湖北省共有75所高校开设新闻传播学类专业，其中中央部委高校8所，省属公办本科高校21所，民办本科高校14所，民办独立学院11所，开办新闻传播类专科专业的院校有21所；2019年卷，湖北省共有76所高校开设新闻传播学类专业，其中中央部委高校8所，省属公办本科高校20所，民办本科高校27所，高职高专21所；2020年卷，湖北省共有103所高校开设了新闻传播专业（含艺术设计学和数字媒体艺术专业）。其中中央部委高校8所，省属公办本科高校23所，民办本科高校29所，高职高专学校43所。湖北省开设新闻传播专业的高校数量每年都在变化，原因在于有的专业被取消，又有新的学校相关专业被批准。如果对这些情况不了解，稍有不慎就会造成数据失实，所以我不得不慎之又慎。

《年鉴》同仁手书签名叠印

　　《年鉴》自出版以来，受到各界专家、同仁以及各单位的勉励与称许，他们纷纷给予各类形式的帮助。

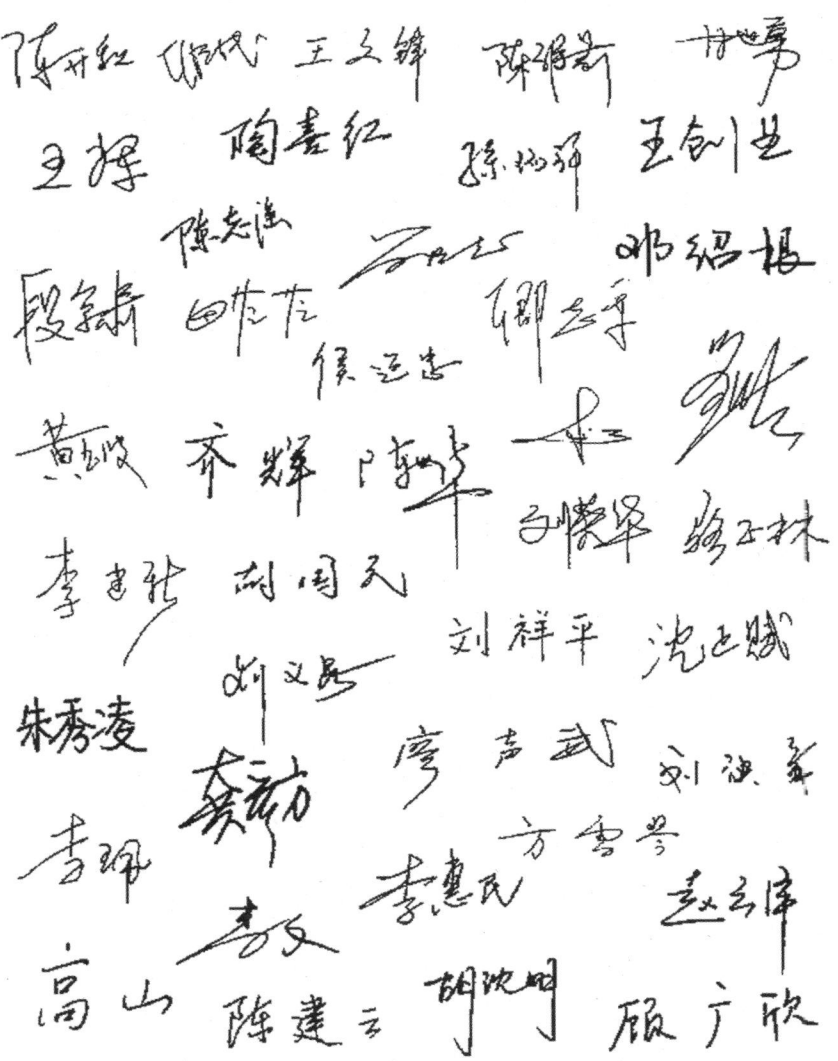

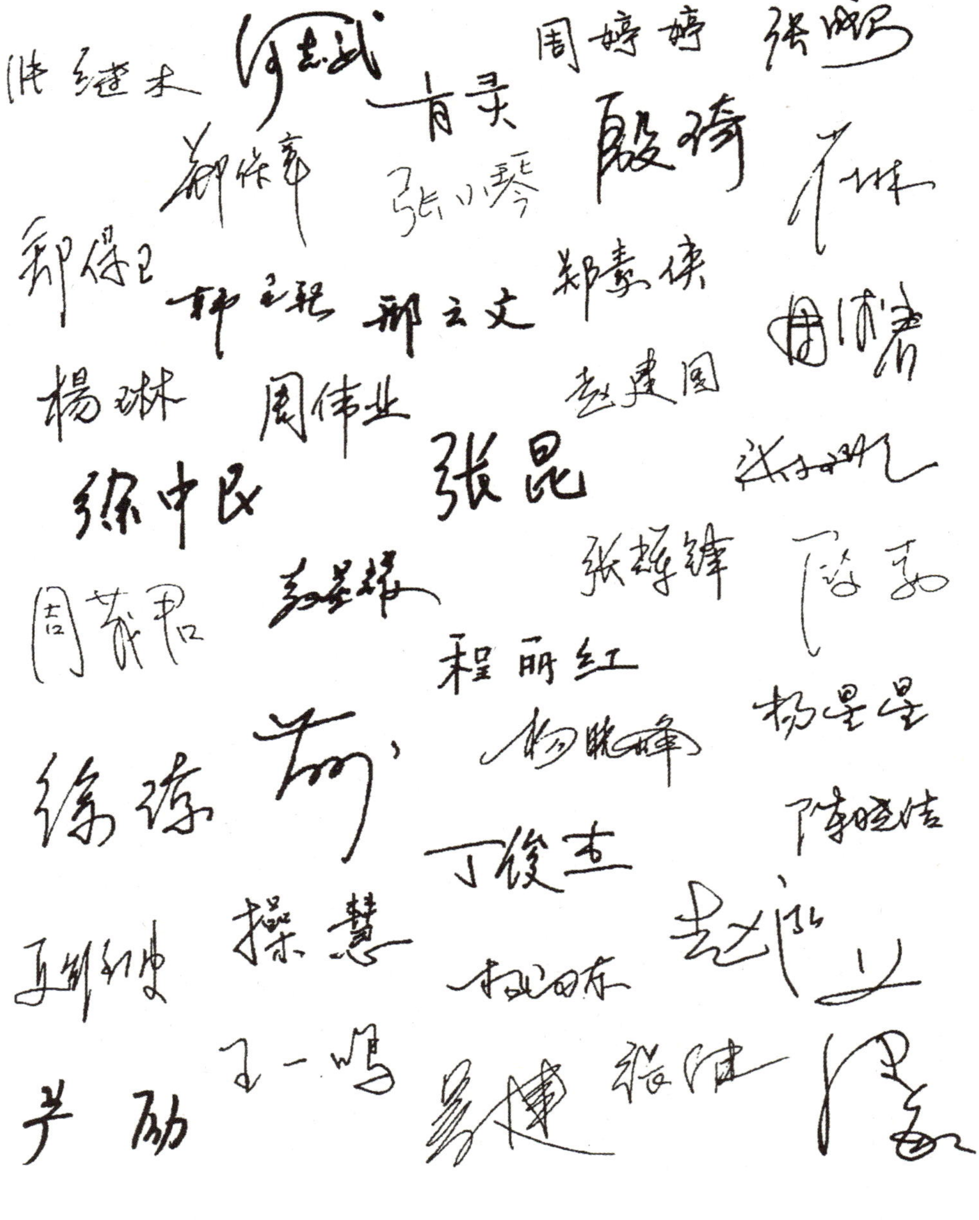

记录历史 开拓未来

《中国新闻传播教育年鉴》五周年纪实

二、我与《年鉴》

南京大学新闻传播学院"紫金楼"

南京大学新闻传播学院

南京大学的新闻传播学科，发端于1936年南京大学前身金陵大学孙明经先生创立的"电影与播音专修科"，是中国最早的电影广播教育单位，也是中国影音传播高等教育的起源。1952年，金陵大学与南京大学(由国立中央大学改建)参与国家院系调整，两校文、理学院合并，改设新闻专修科。1986年，南京大学恢复新闻专业教学建制，并于1992年10月正式建系。2003年12月，南京大学成立新闻传播学院。2014年4月，中共江苏省委宣传部和南京大学共建新闻传播学院工作正式启动。2018年秋，学院从鼓楼校区搬迁至仙林校区，新建的院楼占地面积一万多平方米，环境优美，拥有现代化的科研、教学软硬件设施。

学院现有新闻传播学一级学科博士点和硕士点，下设广播电影电视、应用传播、新闻与新媒体三个系，以及网络传播、传播与社会、新闻与政治、媒介经济与管理、计算传播研究中心、新闻创新实验室、中德数字营销实验室等八个研究机构。学院新闻传播学学科在教育部第四轮学科评估中跻身全国十强，并入选"十三五"一级学科江苏省重点(培育)学科、江苏省第三批优势学科建设名单。截至2018年，学院国家社科基金立项数居全国第三。近十年来，CSSCI论文发表量居全国第四，引文量居全国前五。

学院秉承南京大学诚朴雄伟、励学敦行的百年传统，坚持以马克思主义新闻观为统领，着力培养学生的家国情怀与综合能力。近年来，为应对新闻传播行业的快速变化，学院在教学培养模式上积极探索创新，形成了以"不限选专业"的融合式大类教育为基础，以"国际化、前沿化、跨学科"的精英小班式教育为特色，以"学院即媒体"的实践教学理念为依托的新型人才培养模式，努力培养造就适应媒体深度融合和行业创新发展的优秀新闻传播后备人才。学院的传媒实验班、"未来编辑部"、"南大家书"等项目已获得广泛关注和良好口碑。

学院现有专任教师50人，其中全职正教授22人，副教授16人，博士后及专职科研岗12人，并聘有外籍特任研究员。在读学生总数近800人，其中，在读硕士研究生350余人，博士研究生近100人，留学生近50人。

南京大学新闻传播学院教师职工元旦合影

记录历史 开拓未来
《中国新闻传播教育年鉴》五周年纪实

有此内美，重以修能

深圳大学传播学院

深圳大学新闻传播学科始建于1985年，开办了公共关系专科，1989年开办广告学本科，此后陆续开办了传播学、新闻学、网络与新媒体等本科专业，2006年深圳大学传播学院正式成立。深圳大学传播学院现有新闻系、广告系、网络与新媒体系三个系，分别设有新闻学、广告学、网络与新媒体三个本科专业，具有新闻传播学一级学科硕士学位授予权、专业硕士学位授予权以及一级学科博士学位授予权，2019年获批设立新闻传播学博士后流动站，目前有在校本科生及研究生1300余人。在第四轮教育部学科评估中，深圳大学新闻传播学科位列B类，并列全国第17名。

1985年	深圳大学建立大众传播学科，在全国首创公共关系专业教育。
1989年	建立广告学本科专业，是全国最早建立广告学专业的三所高校之一。
1990年	由中文系、外文系和大众传播系共建为中国文化与传播系。
1997年	建立文学院，恢复传播系建制。
2003年	深圳大学新闻传播学科获批传播学硕士点。
2005年	传媒与文化发展研究中心获评"广东省高等学校人文社科重点研究基地"。
2006年	成立传播学院。
2009年	获评国家级实验教学示范中心。
2011年	获得新闻传播学一级学科硕士学位授予权。
2012年	新闻传播学一级学科被评为广东省重点优势学科。
2017年	深圳大学与深圳市委宣传部启动部校共建传播学院。
2018年	获得新闻传播学专业硕士学位授予权。
2018年	获得新闻传播学一级学科博士学位授予权。
2019年	获批设立博士后科研流动站。

深圳大学传播学院长期以来非常重视人才培养，在国内最早推行本科毕业设计，通过将毕业设计作为集中体现学生综合素质、专业水平、创造潜质、社会适应性和实践操作能力的实践教学环节，开辟了"应用型文科本科毕业设计"的崭新模式。近年来，深圳大学传播学院不断探索高水平应用性传媒人才培养的创新模式，成功建设了国家精品课程、国家级精品资源共享课程和国家级精品视频公开课程，获批国家虚拟仿真实验教学项目，逐渐形成以"开放式、融通性、实战化"为特点，通过"全媒体培养+产学研合作"的双轮驱动，以"优质课程建设工程+教学实践平台创新工程+本科毕设改革工程"三大工程为抓手，层次递进，条块组合，良性互动，从而实现"理论与实践融通+技术与人文融通"高水平应用性传媒人才的培养。该项改革探索获得了2019年广东省教学成果一等奖。2019年度深圳大学传播学院广告学专业也成功获批国家一流本科专业建设立项。

毕业设计公开答辩

新闻专业毕业设计丛书

深圳大学传播学院学科特色鲜明，注重将新闻传播学和其他相关学科融合，在前沿领域进行学术创新。上个世纪80年代在传播学中国化和媒介环境学方面作出了开拓性学术贡献。近20年，根植深圳改革热土，从改革开放和创新发展中提炼课题，聚焦于智慧媒体与网络传播、数字新闻与媒体文化、数字营销与创意传播等研究领域，不断创新拓展。近年来深圳大学传播学院承担国家级和省部级课题数十项，发表学术论文数百篇，成功举办了数十场学术论坛，例如与美国传播学会（NCA）合作举办了"2019深圳论坛"、与密歇根州立大学健康与风险传播研究中心、香港城市大学传播研究中心联合举办"社交媒体与健康传播"暑期讲习班等，逐步形成学科特色，凸显学科影响力。

"有此内美，重以修能"，深圳大学传播学院已经具备了较好的学科积淀，面对新时代的来临，特别是随着粤港澳大湾区和社会主义先行示范区的建设和推进，学院将全力以赴，抓住历史机遇，以"全媒体、产学研、国际化"为建设目标，推陈出新，砥砺奋进。

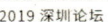
2019深圳论坛

深圳大学传播学院

深圳大学新闻传播学院

二、我与《年鉴》

传媒茶话会

影响有影响力的人

"传媒茶话会"
由北京华媒联拓文化传播有限公司负责运营
创立于2017年1月17日
以传统主流媒体从业人员为服务对象
坚持优质原创特色，围绕采编、经营、融合、
版权等四大板块研讨发声
为主流媒体融合发展赋能，已多次得到中央新闻
主管部门表扬

目前粉丝16万+，头条篇均阅读量1万+，
至今有18篇文章实现10万+，其中1篇100万+，1篇300万+
遥遥领先同类传媒研究公号
三分之一的"茶粉"为主流媒体中高层人士，是传媒业界名副其实的金粉公号
矩阵：人民号 微博 企鹅号 头条号 知乎号 一点号 百家号 传媒茶话会宠粉号

记录历史 开拓未来

《中国新闻传播教育年鉴》五周年纪实

南京师范大学新闻传播教育起步于1964年，已经跨越半个世纪。1964年，教育部批复江苏省委宣传部在南京师范学院设立新闻专业；1977年，恢复高考后新闻专业招生，接受省委宣传部直接领导，新华日报社和学校联办共管。1995年，正式组建新闻与传播学院。2017年，江苏省委宣传部与南京师范大学签署协议共建新闻与传播学院。

经过多年发展，学院已成为江苏高校同类院系中办学历史悠久、学科层次完整、专业设置齐全、培养规模最大、教学条件优良的学院。学院的学科和专业建设成效显著，现有新闻传播学一级学科博士点1个，新闻学、传播学、广播电视艺术学3个学术硕士点和新闻与传播、广播电视2个专业硕士点。其中，1996年获批新闻学硕士点，2005年获批新闻学博士点，2018年获批新闻传播学一级学科博士点。2001年起，新闻学科连续入选江苏省重点学科；2016年新闻传播学入选"十三五"江苏省一级学科重点学科；2018年，新闻传播学入选江苏省第三期高校优势学科。2007年新闻学专业入选首批国家特色专业和江苏省品牌专业，2012年新闻传播学类专业入选江苏省重点专业，2019年新闻学专业入选国家一流专业。

学院注重科研的差异化和独特性，在媒介与农村社会发展、媒介法规与伦理、民国新闻史、新媒体与社会治理等领域形成了自身特色，连续举办媒介与农村社会发展论坛、民国新闻史高层论坛、媒介法规与伦理学术研讨会、江苏省传媒学科研究生论坛等高层次学术活动。先后出版了"当代传媒与社会""信息传播与社会发展""舆情与社会治理""新闻传播史探索""影视传播新时空"等十余套丛书。

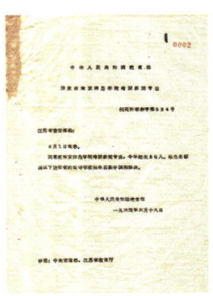

江苏省新闻人才培训中心、江苏省党委政府新闻发言人培训基地挂靠在学院。学院现为中国新闻史学会媒介法规与伦理研究会会长单位、江苏省科教电影电视协会理事长单位。

半个世纪艰苦跋涉，二十余年创新拓展。秉承"求真、善学"的院训，学院以马克思主义新闻观为统领，人才培养和学科建设齐头并进，科学研究和社会服务两翼齐飞，在立足开放、面向融合、秉持创新、追求卓越的征程中阔步前进。

二、我与《年鉴》

山东大学新闻传播学院简介

山东大学1996年成功申请全日制新闻学本科专业，1997年正式招收新闻学本科生，2016年9月14日新闻传播学院独立建院，是百年山大最年轻、最有活力的学院之一，是中宣部、教育部遴选的全国首批十家"部校共建"重点建设的新闻学院，2019年获首批国家级一流本科专业建设点，"媒介科学"入选山东大学"一流学科激励计划"，形成了"学士—硕士—博士—博士后"完整的人才培养体系。

学院现有国家虚拟仿真实验教学项目"基于多角色扮演的新闻发布交互式演练"虚拟仿真实验教学项目（新闻传播学类首批10个之一）、教育部部属高校大学生校外实践教育基地"山东大学-大众

首届"媒介科学"学术研讨会暨2018中国传播论坛

报业集团"实践基地（新闻传播学类首批16个之一）、山东省社科规划重点研究基地山东省品牌与传播研究基地、山东省文化科技重点实验室媒介技术与文化传播实验室。

举办博士沙龙

优秀大学生夏令营

与山东省互联网传媒集团签订战略合作

密苏里大学与山东大学
"新闻传播学本科双学位合作项目"签约仪式

媒介科学与工程创新实验中心

记录历史 开拓未来
《中国新闻传播教育年鉴》五周年纪实

中南民族大学文学与新闻传播学院
新闻传播学学科发展概况

师资力量：文学与新闻传播学院目前有新闻传播类教师30名，其中，教授7名，副教授10名，博士生导师3名，硕士生导师17名。有1名教师被评为"全国模范教师"，1名教师获得"湖北省第六届高校青年教师教学竞赛"一等奖和"湖北省五一劳动奖章"，先后有2名骨干教师入选"国家民委中青年英才计划"。

专业建设：中南民族大学从1995年开始招收新闻学专业本科生，目前有新闻学、广告学、广播电视学三个本科专业，新闻学专业为国家级一流本科专业立项建设专业、入选湖北省"荆楚卓越新闻人才协同育人计划"项目，广告学专业为学校卓越广告人才建设专业，广播电视学专业为学校综合改革试点建设项目。近年来，获得省部级教学成果奖4项。

学科发展：目前拥有新闻传播学一级学科硕士点、新闻与传播硕士专业学位授权点，在中国语言文学一级学科博士点设置了目录外二级学科博士点——文化传播学，形成了本科、硕士、博士三个层次的人才培养体系。

办学特色：新闻传播学学科突出民族特色，成立了民族文化传播研究中心，民族文化影像传播实验教学中心为湖北省重点实验教学示范中心。学院重视教学改革，建立了多元教育主体协同、多维教育资源对接的人才培养体系，形成了实践项目链-专业课程链-综合素质链环环相扣的实践教学改革体系。

2019 气候与健康传播学术研讨会

第二届全国大学生少数民族题材优秀影视作品征集推选活动启动仪式

学校领导和专业教师到实习基地看望实习生

大广赛获奖

中南民族大学第6届企业形象设计大赛

《韶华》开机合影

中南民族大学宣传片《初心》拍摄

学院与媒体共建教学实习基地签约仪式

融合媒体实践教学平台

二、我与《年鉴》

西南政法大学新闻传播学院
SCHOOL OF JOURNALISM AND COMMUNICATION, SWUPL

西南政法大学新闻传播学院前身为西南政法大学基础部。1994年7月，国家教委《关于近期普通高等学校本科专业设置审批和备案工作的意见》同意西南政法大学设置新闻学专业，这是全国法科大学开设的第一个新闻学专业。

专业建设初期，学院明确提出"主新辅法"的培养模式，突显新闻学和法学相结合的独特学科优势，形成了"媒介视野、法律正义、社会责任"三者并重的办学特色。

2010年学院对外更名为"全球新闻与传播学院"，提出"以全球新闻视角打造国内一流新闻学科，培养具有全球视野的法治新闻传播人才"的办学理念，这是学院办学十五年之后的一次理性拓展。近年来，学院更是确立了以新闻传播学为基础，以"法治新闻"为特色、以"人权与舆论"为交点的学科设置思路，整合国际国内资源，开创国际化教学方法与办学模式，走出一条与综合性大学新闻传播学院错位发展之路。

历经26年的不断发展，学院始终秉承"中国立场、全球视野、法律正义、社会责任"的办学理念和发展定位，坚持"全员全方位全过程育人"的办学宗旨，已形成新闻、传播、广电、网络与新媒体多专业协调发展，从本科到硕士、博士研究生教育及留学生教育的多层次、多类型人才培养格局。2018年，学院成为教育部首批全国高校"三全育人"试点院系，是全国新闻传播院系中唯一入选学院。

学科发展：2004年，学院在全国法科大学中率先获得新闻学二级学科硕士学位点。2005年，获得传播学二级学科硕士学位授予点。2010年，获得新闻传播学一级学科硕士学位授权点和专业硕士学位授权点。2018年，获得新闻传播学一级学科博士学位授权点，实现了全国法科大学新闻传播学科博士点零的突破和重庆市新闻传播学科博士点零的突破。

从2006年始，新闻传播学科连续成为重庆市"十一五""十二五""十三五"重点学科。2013年，在第三轮学科评估中排名全国第二十三、西部第三、重庆第一。2017年，在教育部第四轮学科评估中，获C+。

专业设置：学院设有新闻学、广播电视学、传播学、网络与新媒体四个本科专业。其中，新闻学专业2018年成为重庆市首批一流专业，2020年成为国家级一流本科专业，同年启动"新闻+法学"双学士学位复合型人才培养项目。广播电视学专业2009年获重庆市广播电视学专业建设点，2010年建立首个重庆市法治新闻纪录片实验室，2019年成为重庆市一流本科专业建设点。传播学专业于2007年由教育部批准设立，2019年成为重庆市一流本科专业建设点。

学术平台：学院设有法治新闻研究中心、世界与中国议程研究院、广播影视与新媒体研究院、成渝地区双城经济圈发展传播研究院4个科研机构和新闻传播实验教学示范中心。利用现有科研平台，学院师生撰写大量政策建议、调研报告、智库报告，多篇智库成果获得上级领导批示。

① 2019年10月27日 国务院学位委员会新闻传播学学科评议组 西南政法大学新闻传播学学科建设工作招待会
② "大篷车课堂"走进塔萨林岛
③ 新闻传播学院"大篷车课堂"受团中央表彰
④ 2019年7月，宣输计划新闻采风行
⑤ 2019年1月 举办全球传播与跨文明研究高级研修班

三、《年鉴》书评

　　《年鉴》一经问世，便得到了学界、学界的好评，发表的相关书评已有近二十篇。"《年鉴》编撰作为中国新闻传播教育中的一项开创性工作,对我国新闻传播教育事业整体发展意义重大。"这些评价，可能有些过誉，但是作为对一种新生事物的鼓励，对于《年鉴》今后的发展还是有正面指导意义的。在这里，我们收纳八篇书评，为《年鉴》的编撰工作加油鼓劲。文章为展现同仁的殷切希望，均采用影印形式，未做修改。

读 书

记录中国新闻传播教育历史与现实的著作
——评《中国新闻传播教育年鉴（2016）》

陈 强

什么是新闻传播教育？为什么要做新闻传播教育？怎么做好新闻传播教育？读者们可以从记录中国新闻传播教育历史与现实的著作——《中国新闻传播教育年鉴（2016）》（下简称《年鉴》）中一窥全豹，探寻究竟。2016年11月5日，由中国新闻史学会新闻传播教育史研究委员会编撰的《中国新闻传播教育年鉴（2016）》公开出版的首发式在中国新闻教育史学会2016年年会上隆重举行。中国新闻传播教育发展近百年之际，全国的新闻教育工作者代表们审时度势，戮力同心，响应时代呼唤，精心组织人员编撰，耗费一年多时间终于完成了这部约126万字的中国首部新闻传播教育年鉴，谱写了新闻传播教育史的新篇章，在社会上引起了广泛而良好的反响。

一、《年鉴》的内容概述

该年鉴展现了中国新闻传播教育的发展与现状，介绍了新闻传播教育的历史，各级各类新闻院系的教学科研情况，新闻传播教育近百年来所涌现的教育家、新闻工作者等，各级院校新闻传播教育特色学科的建设，全国新闻传播教育专业招生情况以及学生培养情况，全面展现了中国新闻传播教育的面貌。

该书分为总论篇、平台与人物篇、成果与政策篇三大部分，设有中国新闻传播教育简史、不同类别院校新闻传播教育发展综述、新闻传播教育界行业组织、新闻院系巡礼、研究生教育与博士后流动站、教育家研究系列、新闻传播学教授名录、专业、课程、教材与实验室建设、学生竞赛、专业与学科评估、科学研究与交流等章节，另设新闻传播教育相关文件——新闻传播学类专业本科教学质量国家标准、新闻传播学一级学科简介及"硕博士学位要求"、全国新闻传播学类本科专业点分布情况、新闻传播学院基本数据统计表、中国新闻传播教育大事记等附录。

二、《年鉴》的三大特点

1. 存史：记录历史，启迪后人

《年鉴》最大的特色是以历史的

（上接088页）了戏剧效果。

我们在新闻写作中也可以借鉴"寻找道具"这种手法。比如，上海有名记者在采访众邻居照顾瘫痪老太太的新闻时，也发挥了一件"道具"的作用，收到非常好的效果。那位老太太住在一条小街道上。老太太睡楼下，她的女儿、女婿睡楼上。女儿、女婿为了便于伺候，在老太太床前装了一只电铃。老太太只要一拉绳子，电铃就会响起来，女儿、女婿就会应声赶来照顾。可是老太太在女儿、女婿白天上班不在家时也照样拉绳子，于是电铃声便引来了一个个邻居。时间长了，小街道上10户邻居只要闻听铃声都会来帮老太太做事。采访完这则佳话，记者便紧紧抓住这只铃做文章，这篇通讯的题目就叫《一铃紧系十家心》。

（作者系南阳日报社专职编委）

发展为线索,记录了中国新闻传播教育的历程。书的开篇之前展示了一系列记录中国新闻传播教育人物及活动的珍贵历史照片,图文并茂,其中一张"1974年,北京广播学院朱羽军老师带领复校的首批学生在厦门前哨采访"的老照片,是新闻传播教育在物质条件极度匮乏的峥嵘岁月里老一辈新闻教育者攻坚克难向前进的真实写照。

该年鉴介绍了中国新闻传播教育的初创时期、国民党统治时期、中华人民共和国成立之后的院系调整时期、新闻传播教育灾难时期、改革开放与新闻传播教育的复苏与初步繁荣、世纪跨越与新闻传播教育的万紫千红等六个时期,并论述了燕京大学新闻系、复旦大学新闻系、中国人民大学新闻系对我国新闻传播教育的巨大历史作用。《年鉴》记录了在中国新闻教育史上德高望重的陈望道、谢六逸、王中、罗列、安岗、顾执中、马星野等7位教育家的新闻教育相关活动及其新闻教育思想。新闻传播教育前辈们的思想,时时刻刻地启迪着后人,积极地影响着一代又一代新闻传播教育工作者。

2.立言:珍贵口述,继往开来

《年鉴》对何梓华、赵玉明、刘树田、吴文虎、曹璐、吴高福、邱沛篁、童兵、罗以澄、李良荣、程世寿等著名新闻院系的老院长(主任)的新闻教育思想及实践进行了口述史研究。如谢六逸先生,他认为"普及教育之利器,首取报章,以其一纸风行,力能转移社会之趋向也",建议

编 者:中国新闻史学会新闻传播教育史研究委员会
出版社:武汉大学出版社

复旦大学创办新闻系;筹办"世界报纸展览会"引起社会巨大反响;指出"新闻"也是和火车、轮船、飞机等一样的"交通机关";被学者评价为"中国媒介批评学的首创者"。再如王中先生,他在新闻史学研究上建树颇深,对新闻的定义、新闻的价值做出了深刻的研究与论述;他还在病床上向前来请益的武汉大学吴高福先生传经授宝,谈兴大发,他们一连三个下午促膝长谈。

相信读者们看到老前辈们热忱于交流探讨、无私分享、互帮互助、爱岗敬业的先进事迹,一定会产生读一读相关人物传记的冲动,亲临其境去领悟老一辈们那骄傲的激情燃烧的岁月。《年鉴》中还可以发现,各新闻传播院系在办学条件上经历

的翻天覆地的改善,例如武汉大学从"厕所改摄影实验室"到2006年拥有门类齐全、总面积达到1026平方米、总价值超过600万元的各类先进仪器设备的新闻传播学实验教学中心。软硬件的巨大提升、学科发展的可喜成绩,这些历史的记录,无疑会勉励后人奋发图强,坚信新闻传播教育的未来更美好。

3.立人:指导学科,培养人才

《年鉴》在指导学科发展、人才培养方面具有举足轻重的参考价值。该年鉴系统地叙述了当下各新闻传播院系办学特色和成果,并专题推介了中国人民大学、中国传媒大学、复旦大学、武汉大学、清华大学、华中科技大学等15所新闻传播学院。对各主要新闻院系的教授推介、专业及课程建设介绍,不仅记录了目前活跃在全国新闻传播教育界的主要学者,而且展示了不同新闻院校专业布局和课程设置情况。

年鉴详细记录了老一辈新闻教育家对学科建设、人才培养的理念。比如陈道望先生不拘一格降人才,破格录取偏科学生;重视学术交流探讨,举办新闻晚会、学术沙龙等活动。马星野先生将"即教、即学、即做"的"三合一"学习理念融入专业教育,理论与实践相结合,培养学生研究新闻学的兴趣和实际从事新闻工作的经验和能力。吴高福先生走访20多家媒体,找他们社长、总编辑或部主任问同一个问题"你们需要什么样的人",鼓励青年老师要有"方法意识""站位意识""视野意

识",才能够带出好学生、做出水准较高的科研成果。此外,各新闻院系的特色也得到了充分的展示,比如复旦大学新闻学本科实行"2+2"培养模式,开辟了一条新闻传播教学改革的创新之路。

此类史料的传承,意义重大,对兴趣爱好者、学习者、教育者、政策制定者、用人单位都是非常好的工具书。高中生可以了解新闻学科的历史与培养方案,各个学校的特色和优势资源;立志考研(硕士、博士研究生)的人员可以一览全国各个招生点的优势与特色、科研团队及科研水平、报考能力要求、名师大家基本情况及专著。

对于新闻教育者而言,《年鉴》可以起到多重作用,"又红又专、热爱学生、热爱职业、热爱专业"等主题在年鉴中得到淋漓尽致的体现,可以作为即将踏上讲台讲授新闻传播专业知识的年轻老师们的岗前培训书目,有助于提高青年教师的师德修养,并激发年轻老师砥砺名行。同时也可以通过《年鉴》了解同行的研究领域,学习、借鉴同行取得的最新成果。

三、《年鉴》可完善的方面

主编张昆教授指出,该年鉴的编撰出版虽然是编者们付出心血努力的结果,但毕竟是第一次尝试,没有经验可循,必然留下了一些瑕疵,譬如,因为参与者众多导致行文风格难以统一,部分内容难免出现重复;中立性方面不一定能够做得令人满意;港澳台地区的新闻传播教育内容,2016版没有涉及;个别篇章行文不够规范。

读完本年鉴之后,笔者认为,后续年鉴中可添加外国新闻传播教育与中国新闻传播教育的互动影响;可以增设通讯录部分,介绍一些交流平台,比如各新闻院系、协会、团体的官方微信公众号,建立微信群,专家教授们的联系邮箱也应该在简介中列出来,这样更有利于同行间的联系与交流;最后,还可以随书附赠电子光盘,提供相关内容的电子档案,比如人物传记纪录片、知名专家学者的采访、重大会议及活动的视频等,为后人的研究提供更形象的史料记载。

四、结语

老子《道德经》有言"九层之台,起于累土;千里之行,始于足下",欲成大事,先夯基础。在政治经济快速发展、社会风貌日新月异的当代中国,学术界一定程度上出现了追求经济效益、急功近利、盲目跟风的不良风气。在此背景下,新闻传播教育的有识之士合力潜心编撰完成《中国新闻传播教育年鉴》这样一部基础性、开创性的著作,为新闻传播教育的基础性研究提供了可供参考的示范效应。

当代中国新闻传播教育发展历程的起点可以追溯到1918年10月14日北京大学开设的新闻学讲座,经过近百年的栉风沐雨,今天全国有681所大学开设了新闻与传播类专业,发展日益迅猛。第一部记录中国新闻传播教育发展历程的百科全科书式的《中国新闻传播教育年鉴(2016)》的问世,填补了我国没有新闻传播教育年鉴的空白,绘制了我国新闻传播教育事业发展历史与现实的画卷,堪称中国新闻传播教育的学术家谱。

(作者单位:武汉体育学院)

辽宁卫视对《中国新闻传播教育年鉴(2016)》首发现场进行了报道,图为首发现场报道的视频截图。

阅 读 书 评

栏目编辑●刘宇阳

体系完备且具有史家精神的信史
——读《中国新闻传播教育年鉴》(2017)

> **摘 要：** 上世纪80年代开始，我国年鉴出版工作迎来发展期。1980年首先出版的是《中国百科年鉴》《中国出版年鉴》等，近年来又有空前繁荣，各地区（包括县）有年鉴，多数行业有年鉴。而《中国新闻传播教育年鉴》是在年鉴潮流涌动中出现的，以其显著特点存世。

关键词： 年鉴出版 史家精神 新闻传播教育　　　　　　　　　　　　　文／乔云霞

随着近年来中国经济的高速发展，历史研究空前繁荣，因此，各种行业史类书籍大增，值得注意的是各种各类年鉴纷纷出版。年鉴是按年度出版，便于读者查考检阅的资料工具书，是史志的一种类型，具有服务现实、明鉴春秋的功能。既为读者及时提供新资料，也为社会积累史料，对现实和历史都有文献价值。年鉴是昨天的历史，今天的镜子，明天的见证。这也是文化自信得到彰显，国家文化软实力和中华文化影响力大幅提升的结果。

我国年鉴已有600多年的历史。成书于14世纪40年代的《宋史·艺文志》中就有《年鉴》一卷，可惜已经失传。年鉴大体可分综合性年鉴和专业性年鉴两类，前者如百科年鉴、统计年鉴等，后者如经济年鉴、文艺年鉴、出版年鉴等。1924年商务印书馆出版《中国年鉴》，之后还有《中国经济年鉴》《中国电影年鉴》等出版。

我国年鉴出版工作的大发展是在上世纪80年代。1980年首先出版的是《中国百科年鉴》《中国出版年鉴》和《世界经济年鉴》等。到1981年出现了"年鉴热"，年鉴品种增到二十多种，近年来又有空前发展，各地区（包括县）有年鉴，多数行业有年鉴。而《中国新闻传播教育年鉴》是在年鉴潮流涌动中出现的，以其显著特点存世。

填补了新闻传播年鉴领域的空缺

新闻传播领域出版历史最早的年鉴，是由中国社会科学院新闻与传播研究所主持编纂，创刊于1982年的《中国新闻年鉴》，以报刊广播电视行业为主体，广泛涉及新闻教育、新闻学术等领域。第二部是由国家广播电影电视总局编辑委员会编纂《中国广播电视年鉴》，专注于广播电视行业的发展变化。第三部是中国社会科学院新闻与传播研究所编纂《中国新闻传播学年鉴2015》。这三部年鉴相映成趣，实现了优势互补。而《中国新闻传播教育年鉴》则专注新闻传播教育，

虽然不可能与新闻传播学术完全脱离，但是即便是涉及学术层面，也仅限于新闻传播教育研究，其他研究则以概述或统计的方式表现。在新闻传播领域，同时四部年鉴并存，可谓四星连珠，各有擅长。

《中国新闻传播教育年鉴》(2017)是继去年《中国新闻传播教育年鉴2016》出版之后的第二本又继续出版的年鉴。其出版是新闻传播教育界期待中的重要事情，是新闻传播教育入史的基础工程，是新闻传播教育自身正规化、制度化建设的重要步骤，也是中国新闻传播教育趋向成熟的基本标志。

体系完备资料翔实便于查找

年鉴的"年"一般是按出书年份标识的，内容为上一个年度的资料。《中国新闻传播教育年鉴》，以年为期，记载、汇集上年度自然或社会历史发展历程性的资料，是反映本年度中国新闻传播教育全貌的"百科全书"，主要是记录当今，提供借鉴，以备千百年后的考证。在编辑过程中该年鉴汇聚了国内新闻传播教育界全体的人力资源，协同努力，完成了约百万言的皇皇巨著。

作为一部及时性、全面性、权威性、政策性、资料性兼具的大型工具书，"2017版"基本上坚持"2016版"的体系结构和叙事风格。在文献解读和数据采集方面，在对象选择和材料甄别方面，也坚持了业内认同的基本原则，从而维系了年鉴编纂的基本传统。

"2017版"在内容和体系建构方面，更加完备：(1)增加了年度综述，从新闻传播教育的宏观视野，全面勾画了中国新闻传播教育界在2016年间的各种发展、变化及存在的问题。(2)在人物方面，除了原有的教育家、口述史，增加了一个新的专栏"新任院长施政方略"，邀请2016年新上任的著名高校新闻学院的院长：清华大学陈昌凤教授、北京师范大学喻国明教授、武汉大学强月新教授、河北大学韩立新教

记录历史 开拓未来
《中国新闻传播教育年鉴》五周年纪实

书评｜阅读

授、南京师范大学张晓峰教授，纵论治院方略。他们在重视历史传承的同时，着眼于当代的最新发展。（3）"2017版"还首度以学术地图的形式，白描大区（包括以各省、直辖市、自治区为基本单位组成的大区域，如华北、华中等区）新闻传播教育的总体概况。（4）年鉴的编纂者站在全球化的高度，本着中外一体的系统思维，确定当代中国在全球体系中的具体坐标，在专注于讲述中国新闻教育界故事的同时，还给中国新闻教育同仁提供了一个可以比较的参照系。"2017版"还以他山之石为栏目名称，介绍美、英、日等国外一些著名新闻传播院系，在媒介融合背景下适应社会需求的新举措，为当下中国新闻传播教育改革提供了可以资鉴的参照系。

"2017版"，资料翔实。新闻传播教育本身自成体系，包括政府政策、社会支持、学校环境、经费来源、师资队伍、专业设置、目标定位、教育理念、学生心态、公众期待、课程体系、教材建设、教育技术、实践环节、科学研究、学术交流、学生工作、媒体关系等等，这一切要素尽在新闻传播教育年鉴的关注之中，无所遗漏。这些丰富的资料对于建构基于教育的社会文化史，具有重要的意义。新闻传播教育年鉴为一部多维、全息的新闻教育史奠定了基础。教育是千年大计，关系国家兴亡，文脉传承。新闻传播教育更是如此。

中国新闻传播教育年鉴的编纂，注意了人事一体，点面结合。教师是新闻传播教育的主体，学生则是学校新闻教育的中心。在师生之外，由师生演绎的各种故事，也是教育年鉴关注的重要内容。在叙述教育故事的时候，年鉴还注意到鲜活的个案，一个个鲜活的个体，一个个具体的院系，一个个活跃的团队，在年鉴中得到生动的展示。与此同时，以地区、国家为本位的新闻教育的宏观叙事，综述、表格、统计数据，如年度新闻传播教育综述、专业教育的历史回眸、教育地图的绘制，专业、学位点、各类学生的统计等，与丰满的个案相结合，使得当今中国的新闻传播教育的再现显得那么富有质感、富有深度。年鉴通过详实的叙事，提供了一个认识当代中国新闻传播教育表里的最佳的视角，并且这种叙事所呈现的不是静态新闻传播教育，而是进化的、发展的、变化的。

史家精神统领全书

《中国新闻传播教育年鉴》的主编张昆教授任编委会主任委员，他是华中科技大学新闻与信息传播学院院长，博士生导师，也是著名的新闻史学者。兼任国务院学位委员会新闻传播学科组成员、中国新闻史学会副会长、中国传播学会副会长、中国新闻教育学会副理事长、中国新闻史学会新闻教育史研究会会长、国家社会科学基金学科规划评审组专家，是中国新闻传播研究和教育领域有杰出成就的学者和领军人物之一。他著有《简明世界新闻通史》《传播观念的历史考察》（第二版）《大众媒介的政治社会化功能》《国家形象传播》《中外新闻传播思想史导论》《中外新闻传播史》《外国新闻传播史》等书。他擅长于史料的收集，并有高屋建瓴的分析，由他主编《中国新闻传播教育年鉴》最为合适。年鉴编纂者秉持史家的精神，而臻于良史的境界。

首先，编纂者有一种强烈的使命感、责任感。年鉴虽然是一本服务于新闻传播教育界的大型工具书，但编纂者把它看成不是一本普通的工具书，而认为："年鉴的编纂是一个重要的学术工程，对于新闻传播学科、新闻传播教育的重要性自不待言。它还涉及更为广泛的社会文化史的重要领域，也是政治经济历史的重要注脚。年鉴的编纂不仅直接关系到中国新闻教育的历史记忆，影响到新闻传播教育以什么姿态进入历史，而且还会在一定的程度上决定未来新闻传播教育的起点。在这一意义上，年鉴的编纂是一项重要的学术使命，必须秉持史家的精神，以打造信史的使命意识，来指导年鉴的编纂工作。这样才能克服年鉴编纂者认知的偏差、盲点，摆脱各种现实利益、情感的羁绊，才能取得新闻传播教育界同仁的认同、理解和支持。如此，今日年鉴，方能成为明日信史。"

其次，他们坚持中正客观、无所偏袒的原则。要做到这一点，他们广泛搜集资料，加强史实的核实与甄别。根据年鉴编纂本身的要求，资料搜集是一个非常艰巨的任务，而且还必须在很短的时间内完成。他们争取教育界的支持，延伸信息采集网络。

《中国新闻传播教育年鉴》的编纂是一个涉及面广、耗时耗力的系统工程。虽然年鉴的编纂以中国新闻史学会新闻传播教育史研究委员会为依托，而新闻传播教育史研究委员会的会员来自于国内整个新闻传播教育界。年鉴是作者亲身经历，当事者自己书写的历史，在相当程度上保证了年鉴的客观性和公信力。《中国新闻传播教育年鉴》的编纂者就是活跃在新闻传播教育界的主力军，是中国当代新闻传播教育历史的创造者，也是历史的亲历者。但是相对于年鉴编纂的基本要求，相对于新闻传播教育界的期待，年鉴编辑部的人力物力资源还十分有限，难以满足编纂工程所需。要把这一件大事做好，他们从三个方面努力。

首先，建立健全年鉴编辑部的职能。编好这部年鉴，需要新闻教育界各个主体、各个成员的共同努力，共襄盛举。"编辑部作为神经中枢的工作特别繁重，它不仅要联通编委会和各个作者、各个教育单位、各个信息采集点，而且还承担着对稿件的编辑、整理工作，还有年鉴的出版事务等。编辑部的组成要进一步优化，其职能也要进一步拓展和强化。其次，要延伸信息采集网络，将神经末梢延伸到整个新闻传播教育界，遍布全国各省、自治区、直辖市，从本科、硕士、博士到博士后流动站一条龙。其信息采集行为应该常态化、制度化，以保障信息资源源不断的供给。最后，各个新闻教育主体、高等教育管理部门的支持。"

三、《年鉴》书评

阅读 书评

其次，资料的考核和甄别，是一个富有技术含量的复杂工作，同时也需要排除各种私心杂念，尤其是感情因素的影响。"年鉴记史，当事者多为新闻传播教育界的当红主角，与编纂者客观上存在着各种各样的联系，或师承同源、或同校学友、或院校同僚、或前辈师长、或衣食单位等，在撰述相关章节内容时，感情因素的影响是难以完全排除的，但是编纂者至少应该提醒自己，秉持中正客观的史家精神，将感情的影响降至最低的限度。"

最后，编纂者对于历史、对于编纂工作本身心存敬畏。只有这样秉持史家的精神，时刻关注新闻传播教育，对教育事业心存敬畏，才能以史家笔法，建构新闻传播教育年鉴的完整体系。他们认为："新闻传播教育界首先是一个完整的系统，包罗万象，百川归一。但是这个整体又是由一个一个具体的要素、片段，或子系统有机整合而成的。对新闻传播教育的历史记录，不能满足于整体的呈现，而应该在整体呈现的基础上，进行分析、解剖式的探究和展示。"

《中国新闻传播教育年鉴》（2017）历时愈久，价值越大。期待几十年后，几十本年鉴并列排放在一起，一部完整的中国新闻传播教育的历史就可展现在我们的面前。

参考文献

1. 中国新闻史学会新闻传播教育史研究会. 中国新闻传播教育年鉴（2017）[M]. 武汉：武汉大学出版社，2017（8）.

（作者单位系河北大学）

（上接68页）

题，但也不能掉以轻心。在完成初稿时，作者将内容提交相关部门进行政治审查以及保密审查，出版社也邀请业内专家对书稿进行审读，在保证书稿符合出版要求后，严格执行出版物三审三校制度、编校质量检查制度、出版物审读制度等，对内容质量、编校质量等各个环节进行层层把关。所有参与书稿的编辑人员都坚持精益求精的态度，对图书内容反复推敲、打磨，发现并纠正书稿中的差错，尽量做到绝不放过一处有可能产生歧义的内容。

在图书出版前请经验丰富的编审人员对书稿进行了印前审读，这是图书印刷前的最后一道环节。为了进一步保障书稿质量，我们要求审读者通读全稿，不仅要核查书稿中的名词术语是否标准规范，更要审阅书稿的图表公式是否美观准确……经过审读层层把关，大大提升了书稿的内容质量，确保了书稿的准确性，出版社编辑们的敬业精神深深打动了作者。

四、编辑要频繁细致地与作者交流

虚心求教、融入作品、鉴赏作品的价值，推崇作品的热情，打造出经典作品是编辑义不容辞的责任，那么如何摆正自己的位置，与作者一道去探索从科研过程到科研成果再到科研文化传承的顺畅之路呢？笔者正是意识到了这一点，不断向作者求教那些深奥的未知的专业术语、专业图解。甚至连一个标点也不敢轻视，一条曲线也不敢小觑。作者都是身负重任的科研人员，平日工作任务极其繁重，为了给读者呈现精彩的作品，他们在百忙之中回复邮件、接听电话都是家常便饭，甚至多次召开编写会议，更是全员到场，大家一起探讨书稿中的疑问，一起解决发现的问题。

初审书稿时，编辑对于书稿中大量出现的如"着陆器""软着陆器""着陆探测器"等名词问题出现疑问时，电话咨询主编是否需要统一，主编没有立刻回复。为了避免出现错误，确保书稿的严谨性，主编当即决定召开一次编写会议。请所有编写人员参加，负责审读各自的部分，将相同含义的不同名词进行了规范统一。作者们对编辑出版工作给予了莫大的支持，同时也不断地激励笔者的编辑热情。

五、编辑要关注印刷出版的细节步步为营

一部精品著作，要将内容质量、编校质量、设计质量通过精美的装帧设计和印刷装订来体现，以期达到"完美"的目标。要想通过印刷装订，体现出《月球软着陆探测器技术》的厚重、大气，满足读者在阅读、使用对文化艺术享受方面的需求，同时又要考虑读者对价格的承受力，做到精益求精，编辑就要和印务人员了解、掌握印装环节的基础知识、新工艺、新技术。

为了《月球软着陆探测器技术》达到封底月球凹凸起伏的效果，编辑与设计人员尝试使用数十次特种工艺，最后使读者毫不费力地触摸到月面环形山的高低错落，为了所有的期盼能够通过最终的印刷环节实现，对国内最顶级的印刷企业进行了轮番考察，并且几个人多次深入印厂在繁多的纸样中选择封面用纸、正文用纸、环衬、护封，挑选出最能表现专著内容和品质的一种，小心翼翼地确认付印，最终迎来了凝结着集体心血的辉煌一刻。

终于，《月球软着陆探测器技术》不负众望，获寻了第四届中国出版政府奖图书奖提名奖。

参考文献

1. 杨牧之. 论编辑的素养[M]. 郑州：大象出版社，2009.

（作者单位系国防工业出版社）

实用性、场域呈现与历史书写

——评《中国新闻传播教育年鉴（2016）》价值的三个维度

◎ 欧阳敏　范军

摘要：《中国新闻传播教育年鉴（2016）》开中国新闻传播教育年鉴之先河，它的价值主要体现在三个方面：一是为中国新闻传播教育领域的管理者、从业者、研究者、学生以及对此领域感兴趣的读者提供相对低成本的信息获取平台；二是全方位呈现作为"力量关系网络"的新闻传播教育场域；三是客观书写中国新闻传播教育历史，为当世及后世研究者保存史料。

关键词：新闻传播　教育　年鉴

中图分类号：G236

DOI:10.19393/j.cnki.cn11-1537/g2.2018.01.025

由中国新闻史学会新闻传播教育史研究委员会编纂、张昆教授主编的《中国新闻传播教育年鉴（2016）》（下文多简称《年鉴》），开中国新闻传播教育年鉴之先河。年鉴是系统汇辑上一年度重要的文献信息并且逐年编辑出版的资料性工具书。它具有资料权威性、反映及时、连续出版、功能齐全的特点。年鉴博采众家之长，集辞典、指南、索引、图录、文摘、年表等于一身，兼容并蓄，这在工具书中堪称一绝。[1]据此而论，该年鉴对于新闻传播教育领域的管理者、研究者、从业者、学生乃至对该领域感兴趣的读者而言，具有重要的实用价值，同时，在全方位呈现中国新闻传播教育场域、客观书写中国新闻传播教育历史方面也扮演着关键角色。

一、信息成本考量下的实用性

年鉴是典型的工具书，实用性是其价值的重要体现。信息的获取是有成本的，而年鉴作为信息的集成平台，具有相对意义上的低信息成本优势，这类似于企业作为生产要素的集成平台从而具有相对较低的交易成本。因此，通过《中国新闻传播教育年鉴》这座平台，读者能够以较低的信息成本获取较多的信息。

此外，在大数据时代，媒介技术大幅提高，海量的出版平台资源使麦克卢汉所谓的"人人都可以出书变为现实"[2]。因此，要想在大数据时代的海量信息中甄别与整理出价值较高的权威信息，所要付出的成本也是较高的。《中国新闻传播教育年鉴（2016）》的编委会成员均为一时之选，如主编张昆与副主编何志成，在国内新闻传播教育领域潜心耕耘数十载，造诣深厚，由他们担任"总把关人"，信息的权威性是有保障的。

该年鉴主体内容分为11章，分别为：中国新闻传播教育简史、不同类别院校新闻传播教育发展综述、新闻传播教育界行业组织、新闻院系巡礼、研究生教育与博士后流动站、教育家研究系列、新闻传播学教授名录、专业及课程等建设、学生竞赛、专业与学科评估、科学研究与交流。此外还有5组附录，分别是：新闻传播学类专业本科教学质量国家标准、新闻传播学一级学科简介及"硕、博学位要求"、全国新闻传播学类本科专业点分布、新闻传播学院基本数据统计表、中国新闻传播教育大事记（2015）。

显而易见，该年鉴体大虑周，分类合理。新闻传播教育领域的管理者、研究者、从业者、学生乃至对此领域感兴趣的受众，通过《年鉴》来获取信息不失为一种节省成本的有效方法。

新闻传播教育领域的管理者是该领域领导决策的行为主体，而科学决策是有效开展领导工作的关键所在。

科学决策是一项系统工程,要做到科学决策,就需要决策者对国情、社情有充足而准确的了解。《年鉴》的编撰者们皆为新闻传播教育领域的践行者,对该领域的"生态"有准确的认知。因此,《年鉴》对中国新闻传播教育领域近年来取得的成就、典型人物、典型事件等的记叙全面、精准、得当,同时,对该领域中存在的薄弱环节也有准确的反映,能够为中国新闻传播教育领域的管理者提供决策依据。

新闻传播教育领域的从业者和研究者是该领域的主要群体,他们有着较强的信息搜集、甄别与整理能力,《年鉴》之于他们而言是获取本领域相关信息的便捷平台。人才培养、学科建设、教学成果、科研成果等内容就成为从业者与研究者所关心的内容。《年鉴》对中国人民大学、中国传媒大学、复旦大学、武汉大学等15所国内较有代表性的新闻传播教育单位的人才培养、学科建设等做了较为细致的梳理。此外,《年鉴》还对近五年来国家社会科学基金项目、教育部人文社会科学基金项目中涉及新闻传播的课题做了精心的梳理与罗列,对于从业者和研究者而言是很有参考价值的。

新闻传播教育领域各个层次的学生(尤其是本科和专科学生)在专业信息搜集与整理方面的能力相对较弱,而《年鉴》则能为他们指出获取信息的便捷路径。本科和专科学生可以通过《年鉴》了解新闻学科的简要发展历史与培养方案,以及各个学校办学特色和优势资源;同时,《年鉴》对于立志考研的学生而言则是一本重要的工具书,其中有较为详尽的全国各个招生点的优势与特色、科研团队及科研水平、报考资格要求、名师方家基本信息等。

二、全方位呈现新闻传播教育场域

对于新闻传播教育,我们可以有多元理解,它既可以是抽象层面的思想,也可以是结构化的场域。按照布尔迪厄的理解,场域概论是一个研究工具,其主要功能在于使社会对象能得到科学建构。[3]那么,场域是什么呢?概而言之,场域是力量的场域,力量的代理者(agengts)占据场域中的一些位置,[4]代理者之间错综复杂的关系共同"编织"出本质上为力量关系网络的场域。《年鉴》全方位地为读者呈现作为一种力量关系网络的新闻传播教育场域,对其间的众多力量代理者——新闻传播院校及其机构主要人员等的"力量关系网络"做了全方位的梳理与介绍,由此,新闻传播教育的结构化形象得以建构起来,本场域自身的逻辑也一目了然。力量代理者可以是"人",也可以是机构,《年鉴》中所列的力量代理者大致分为三类。

第一类是中国新闻传播教育界的行业组织。主要包括:1.教育部高等学校新闻学学科教学指导委员会;2.全国新闻与传播专业学位研究生教育指导委员会;3.国务院学位委员会学科评议组;4.中国新闻史学会及其下属的17个二级学会(2016年又新增了编辑出版研究委员会,总计已有18个);5.中国高等教育学会新闻学与传播学专业委员会;6.中国高等教育学会广告教育专业委员会;7.中国高等教育学会公共关系教育专业委员会;8.中国新闻文化促进会传播学分会。上述学术团体或行业组织是中国新闻传播教育场域顶层制度的主要设计者,《年鉴》对它们的概况、宗旨、主要活动以及人员构成等方面情况均有不同程度的涉及。

第二类是较有代表性的新闻传播院系。主要包括中国人民大学新闻学院、中国传媒大学新闻学部、复旦大学新闻学院、武汉大学新闻与传播学院、清华大学新闻与传播学院、华中科技大学信息与新闻传播学院以及四川大学文学与新闻学院等15家机构。上述院系是当前中国新闻传播教育场域的"第一梯队",它们塑造了该领域的"地形地貌",《年鉴》中对它们各自的历史沿革、主要负责人、办学理念、办学规模、机构设置、专业设置及特色、改革举措、学科建设等做了简明扼要的梳理,可由此窥测这些力量代理者在"关系网络"中各自所扮演的角色。

第三类是新闻传播教育场域的知名人物。《年鉴》将他们分成三组:开创中国现代新闻教育的教育家群体(共7人)、新闻院系负责人群体(共11人)以及当代新闻传播学知名教授群体(共115人)。当然,这种划分并非绝对,如后两个群体就存在一定程度的交叉。新闻传播教育场域有其历史源流,追根溯源是对本领域历史和先贤应有的尊重。《年鉴》以专题的形式对中国现代新闻教育的开创者们的事迹做了全面描述与客观评价,如《新中国理论新闻学奠基人王中》《罗列的新闻教育实践及思想》《安岗的新闻教育实践及思想》《顾执中与民治新闻专科学校》《马星野新闻教育思想与实践》等,颇有

记录历史 开拓未来
《中国新闻传播教育年鉴》五周年纪实

"新闻学家列传"的味道。

布尔迪厄认为新闻场域是他律化的,"逐渐受制于经济和政治限制的新闻场,越来越将它的限制施加到其他场域上,尤其是那些社会科学、哲学等文化生产场域和政治场域"[5]。场域如同俄罗斯套娃一样具有多圈层特质,中国新闻传播教育事业是中国特色社会主义教育事业的重要组成部分,其教育理念自然要受到教育事业、新闻传播产业以及其他文化事业与产业的多重影响。从上述"力量代理者"的宗旨与理念中,读者能够发现我国新闻传播教育场域"又红又专",注重社会效益与经济效益的和谐统一。同时,新闻传播教育场域是新闻传播人才的摇篮,它对文化生产场的其他场域、政治场域等有直接或间接的型塑功能,通过对《年鉴》中力量代理者们的考察,读者也许可以找到这种功能的运作机制。

三、客观书写新闻传播教育的历史

正如《年鉴》主编张昆教授所言:"置身于新闻传播教育这一以培养历史记录者为天职的行业,我们在关注自然与社会变迁的同时,也应该关注、记录自身的历史。"[6]对新闻传播教育事业历史的使命感与责任感是《年鉴》的作者们投身此项编纂工作的主要动力。

《年鉴》由三大板块组成。第一个板块是"总论篇",主要是对中国新闻传播教育历史进行回溯与梳理。第二板块是"平台与人物篇",旨在彰显中国新闻传播教育的主体。第三个板块是"成果与政策篇",主要是对该领域的专业与学科评估、教学成果、教育政策等进行综述与解读。

年鉴学派创始人马克·布洛克说:"史学家最困难的任务之一就是要收集必需的资料,如没有各种指南,他根本无法收集资料,这类指南有档案图书目录、博物馆的索引、各种各样的书目提要,等等。"[7]年鉴就存在于布洛克所述的上述"指南"之中,编撰年鉴等工具书要牺牲编撰者大量的时间和精力,而读者要掌握这些工具同样也需要耗费大量的时间。有些读者对于年鉴、书目、索引等工具书不以为然,他们往往认为编撰这些文献缺乏创意和浪漫色彩,这些读者的观点是荒谬的。假设有研究者对新闻传播教育感兴趣,却对《年鉴》知之甚少甚至一无所知,那么,在其研究过程中必然要走一些弯路,其成果的价值也将大打折扣。年鉴为历史研究者提供了索引与指南,借助年鉴开展研究工作能够做到事半功倍。当代以及后世的学者要研究中国新闻传播教育,《年鉴》是绕不开的文献,就此而论,《中国新闻传播教育年鉴(2016)》的生命力较为旺盛,甚至可以说是五十年不过时。

总之,《年鉴》就如同一张网,将中国新闻传播教育领域的人、事、物等各个层面的相关资料尽可能地网罗进来,且做了较为合理的梳理与分类,对中国新闻传播教育进行了客观的书写,具有较高的史料价值。

此外,《年鉴》在历史书写方面有个亮点值得一提,那就是"院长自述或口述史研究"专题。历史除了是长时段的结构化的经济社会史,还应该是微观而生动的文化史。自20世纪70年代起,西方史学界兴起了新文化史的潮流,心态(观念)史、情感史、身体史以及生活史等均是新文化史潮流中较有代表性的派别。近年来,新闻传播学界对口述史研究日渐重视,先后有多项相关国家社科基金项目立项,主要有:"中国当代新闻界人物的口述史研究"(王润泽,2012)、"中国出版人口述史研究及数据库建设"(魏玉山,2016)、"中国当代广告口述史"(祝帅,2016)。可见口述史是当前史学界(包括新闻传播史学界)的研究热点。口述史是新文化史阵营中的重要派别,它关注口述人的生活经历,体现其心态、情感、思想等。《年鉴》中选取11位曾担任过国内重要新闻院系负责人的知名学者作为口述人,他们分别是何梓华(中国人民大学)、刘树田(兰州大学)、赵玉明(中国传媒大学)、曹璐(中国传媒大学)、吴文虎(暨南大学)、吴高福(武汉大学)、邱沛篁(四川大学)、童兵(复旦大学)、罗以澄(武汉大学)、李良荣(复旦大学)、程世寿(华中科技大学)。从这些学者的口述或自述中,读者既可以感受到他们在工作生活中可亲可敬的一面,也能够对中国新闻传播教育事业的开创、发展与壮大有更清晰、更丰满的认知。

四、结语

《年鉴》编纂作为中国新闻传播教育中的一项开创性工作,对我国新闻传播教育事业整体发展意义重大。《年鉴》的价值主要体现在实用性、场域呈现和历史书写三个方面。它以时间为经,以人、事、物为纬,较为精确地定位了中国新闻传播教育领域的每一刻度,将历史、现实与未来有机结合，有助于存史鉴今、启迪后人，推进新闻教育事业的持续健康发展。

当然，《中国新闻传播教育年鉴》在编纂内容、形式呈现上也还有提升的空间，如在行文风格、体系结构、资料搜集等方面还可以进一步加强。此外，在以后的编纂中，年鉴可以考虑以图表的形式呈现相关议题，如近年来新闻传播专业学生的整体数量变动、就业情况等。总的来说，《中国新闻教育传播年鉴（2016）》是一部质量上乘、经得起检验的专科性文献，我们热切期待该书编委会的同仁总结经验，进一步完善年鉴编纂工作，既以沾溉学林，也福泽业界。

参考文献

[1] 肖东发. 再论年鉴的价值和作用 [J]. 图书馆建设，1995 (3).

[2] 保罗·莱文森. 数字麦克卢汉——信息化新纪元指南 [M]. 何道宽，译. 北京：社会科学文献出版社，2001.

[3][4][5] 皮埃尔·布尔迪厄. 政治场、社会科学场与新闻场 [A] // 罗德尼·本森，艾瑞克·内维尔. 布尔迪厄与新闻场域 [M]. 张斌，译. 杭州：浙江大学出版社，2017：32, 32, 44.

[6] 张昆. 新闻传播教育年鉴编纂的必要性论析 [J]. 现代传播，2016 (11).

[7] 马克·布洛克. 历史学家的技艺 [M]. 张和声，译. 北京：北京师范大学出版社，2014.

（作者单位：武汉大学信息管理学院　华中师范大学文学院）

（上接第93页）人们看到版面中不同的色彩时，大脑的潜意识中就会主动产生信息联想。由此可见，色彩欣赏为加强阅读记忆营构了另一条适宜的途径，色彩与文字的界限似乎不再清晰，甚至在某些传播场域的应用被刻意放大。比如广告、影视、绘画，甚至是各类导视等。但这种互动不是设计者单方面的表白，需要接受者有同步的审美基础才能达成一致的理解趋同。首先色彩的应用要立足读者的环境特征，做有针对性的色彩设计是非常有必要的。比如不同年龄、职业读者对色彩的喜好，以及因地域文化、宗教信仰、文化背景等差异对色彩的不同解读等。其次要体现信息内容自身的内在联系性，强化对信息本体寓意的反馈，即便有差异也必须体现个体服从整体的逻辑范式。再次，数媒版式色彩实现了跨越时间维度的动态变化，其表征空间变得异常广阔，凸显与收缩、个性与张扬等同样在为读者设计的观念中不断较量，最终相互融以平衡、和谐。

四、结语：注重"为人"的创新设计

从"阅读"到"阅读欣赏"，单个的看是人们谋取学习方法的转变和改进，处在大的历史阶段则是文化的新超越，是人类智慧、文明的新成果。从某种程度上来说，它的实现最终依附于传播媒介特定版式的编排、设计来实现，因此，合理引导和规诫对大众阅读学习效果起到举足轻重的影响和促进作用。现今，我们处在一个电子、通信技术快速变革的时代，数字媒介设备以日新月异的速度在发生着变化，不断地刷新着形式与功能的增值，滋动着新、旧理念的交织与争论。总体上来讲，数字媒介的先进性在于给用户"阅读欣赏"的学习方法提供了更多有利的可能性，面对现阶段版式设计中出现的技术应用、审美错乱、服务意识滞后等诸多痹症，只有站在消费群体的实际需求角度，在数字媒体发展实践中倡导"科技为人、设计为人"的理念，为提高"阅读欣赏"及其他学习方式的便捷性与舒适度的体验不断努力，均可以找到适合的创新法式得以有效解决。

参考文献

[1] 余雨阳. 阅读与欣赏：各类文体写作的入门之旅 [J]. 贵州教育学院学报（社会科学版），2003 (3).

[2] James Der Derian. ed. The Virilio Reader [M]. Oxford:Blackwell, 1998.

[3] 朱琪颖. 论版式设计中的空白艺术 [J]. 艺术百家，2011 (8).

[4] 马语泽. 基于视觉心理学的版式设计分析及应用 [D]. 沈阳师范大学硕士学位论文，2016.

[5] 林庆扬. 阅读与欣赏结合提高英语教学质量 [J]. 龙岩师专学报（社会科学版），1999 (2).

（作者单位：安徽省合肥学院　东南大学艺术学院）

记录历史 开拓未来
《中国新闻传播教育年鉴》五周年纪实

本刊特稿
NEWS RESEARCH

论史家笔法在专业年鉴的运用
——以《中国新闻传播教育年鉴（2018）》为例

□ 朱秀凌

【摘　要】《中国新闻传播教育年鉴2018》是新闻传播教育史研究委员会推出的第三本年鉴。它在前两本年鉴的基础上日臻成熟完善，其秉持的史家笔法，即尊重客观历史的实录精神，探究新闻教育发展规律的理性精神；记录新闻传播教育传统的传承精神；总结历史，面向未来的尚智精神；严整体例，编年记事；言简意深，文约事丰，使得中国新闻传播教育的信史之薪传成为了可能，也为后世留下"勘鉴堪存之记述"。

【关键词】史家笔法；新闻传播教育；新闻传播教育史；年鉴

2018年11月10日，《中国新闻传播教育年鉴（2018）》在中国新闻史学会新闻传播教育史研究委员会学术年会上正式亮相，标志着"中国新闻传播教育年鉴"系列之第三部的诞生。作为承载中国新闻传播教育的历史记忆和集体记忆的权威性工具书，《中国新闻传播教育年鉴》的持续出版，使得中国新闻传播教育史研究在真实客观的史实基础上成为了信史，也是中国新闻传播教育日趋成熟的重要标志；更重要的是，为当代新闻传播教育事业提供"资政辅治之参考"，为后世留下"勘鉴堪存之记述"。

一、筚路蓝缕，薪火相传

回顾起这三本新闻传播教育年鉴的创办，可谓是筚路蓝缕，玉汝于成。众所皆知，改革开放以来，我国新闻传播事业发展迅猛。截至2017年底，全国有681所大学开设1244个新闻与传播类本科专业点专业（广告学378个、新闻学326个、广播电视学234个、网络与新媒体140个、编辑出版学82个、传播学71个、数字出版13个），本科生23万人。①如此庞大的教育规模，已然成为中国高等教育不可或缺的组成部分，却尚无一本系统、权威的全国性新闻传播教育年鉴，这不免让人扼腕叹息。中国新闻史学会新闻传播教育史研究委员会敏锐地意识到创办年鉴的重要性和必要性，

【作者简介】朱秀凌，广东外语外贸大学，新闻与传播学院，副教授，博士。
【基金项目】本文为福建省教育科学"十三五"规划2018年度重点课题《"融媒体"时代新闻传播专业跨界教育模式的创新研究》（项目编号：FJJKCGZ18-818）研究成果。

三、《年鉴》书评

本刊特稿
NEWS RESEARCH

于是决定顺应时代呼唤，勇于担当，填补国内的这一空白。

可是问题随之而来，经费来源、机制运行、政策保障等方面的先天不足，使得中国新闻传播教育年鉴的初创举步维艰："能否承担得起如此浩大的编撰工程？如何采集相关数据和资料？采用什么体例？如何筹措年鉴出版的经费？如何打通出版社的路径？……"②新闻传播教育史研究委员会以舍我其谁的气概，在张昆会长的带领下，本着高度的历史责任感和强烈的使命感，群策群力，克服重重困难，坚持不懈地开展创造性工作。100多万字的年鉴，一年之内完成，可谓是时间紧迫，任务繁重。但是经过跨校、跨省区的两百位学者的通力协作，将不可能变为了现实：2016年，首部《中国新闻传播教育年鉴（2016）》一面世，便赢得了学界和业界的满堂喝彩；《中国新闻传播教育年鉴（2017）》《中国新闻传播教育年鉴（2018）》的陆续出版，历史和现实并重，不仅梳理了中国新闻传播教育演进的历史脉络，而且充分展示了现有的新闻传播教育的学科点布局、专业布局、各校招生、师资队伍，同时记录了新任院长和卸任院长的教育理念、各院系的办学实践、国外名校的有益探索……

这样一部年鉴构成的多维、全息的新闻传播教育信史，承载着中国新闻教育的历史记忆和集体记忆，明确了中国新闻教育的历史方位，提高了未来中国新闻教育的起点，薪火相传，功在社稷，利在学林。

二、秉笔直录，据实纪事

"史臣臧否之法"，又称史家笔法，是指《春秋》《左传》《史记》等史书作者在撰写史书时所具体运用的笔法。③作为一种历史学写作方法的技巧体现，史家笔法不但要求客观公正、实事求是地记述历史事实，而且还要求严谨地取材立意，行文用辞无不寓有深意，更重要的是一种史学精神的传承，这正是编撰《中国新闻传播教育年鉴（2018）》所秉承的职业精神和深邃内涵。

（一）尊重客观历史的实录精神

东汉史学家班固评价司马迁的《史记》为记史的最高境界："服其善序事理，辩而不华，质而不俚，其文直，其事核，不虚美，不隐恶，故谓之实录"。④实录精神作为史家笔法最基本的要求，强调尊重客观历史，秉笔直录，才能呈现历史真实和现实真实。

《中国新闻传播教育年鉴（2018）》在撰写过程中，秉持客观保存信史的实录精神：在新栏目"各省、自治区、直辖市新闻传播教育发展综述"中，充分发挥中国新闻传播教育史研究委员会会员分布广泛的优势，邀请作者们作为当事者和亲历者，从第一手资料着手，从历史溯源、发展现状、专业设置、师资队伍、本科生教育、研究生教育、部校共建、学术研究等多个维度，据实直录，真实再现各自所在省、自治区、直辖市新闻传播教育发展图景，也如实剖析了存在问题及症结所在。由于年鉴所实录的是作者亲身参与、亲身经历的或亲眼看到的历史，保证了年鉴的客观、真实和可信。

专栏"新闻传播教育史钩沉"，邀请了中国新闻传播教育历史进程中的见证者，以自己的亲身经历、自己的所见所闻所感、口述实录，据实纪事，真实生动地再现历史事实：《二进中南海——忆两次永远难忘的新闻教育工作会议》（赵玉明）、《<马克思恩格斯报刊活动年表>编写出版始末》（郑保卫）、《白纸描图平地高楼——中国广告博物馆创办记》（黄爱武）、《跨越时空的"大篷车课堂"》（李希光）、《跌宕一生的回顾——姚福申教授口述实录》（姚福申）、《学生是教师的最大财富——纪念因公殉职的天津师大许椿老师》（孙瑞祥）。

（二）探究新闻教育发展规律的理性精神

"鉴前世之兴衰，考当今之得失"，史家笔法提倡在契合人类道德理性和遵守社会规范的条件下，探索历史发展规律。《中国新闻传播教育年鉴（2018）》便是把这种理性贯穿于当下和现实的新闻传播教育，构成了年鉴所探求的社会理性精神：探究当代新闻教育发展规律，找出推动新闻教育发展的动

记录历史 开拓未来
《中国新闻传播教育年鉴》五周年纪实

本刊特稿
NEWS RESEARCH

因,梳理出新闻教育发展各要素之间的因果关系,有助于找准中国新闻传播教育的历史方位,为新闻教育发展提供智慧和经验借鉴。

(三)记录新闻传播教育传统的传承精神

历史肩负着记载人类生活大事的职能。如果人们想系统地了解历史,就必须借助于历史记载。年鉴作为历史记载的重要手段之一,以其强烈的使命感和记载的连续性成为保存人类文化传统的重要载体。

《中国新闻传播教育年鉴(2018)》重视新闻传播教育传统的历史传承,记录了从近代到现代的新闻传播教育传统:近代著名新闻教育家徐宝璜、蒋荫恩、康荫、苑子熙的教育理念和办学活动("教育家研究"专栏);当代新闻教育家张国良、方晓红等的教育理念与实践探索("口述史研究"专栏);当代新闻教育名师的风采,如"方汉奇:师道尊严的个体呈现""刘海贵:为新闻教育激情澎湃"("名师风采"专栏);复旦大学米博华院长、广西大学郑保卫院长、中国人民大学胡百精院长、浙江大学韦路院长的办学方针与治院方略("新任院长施政方略"专栏);浙江大学传媒与国际文化学院卸任院长吴飞教授的卸任感言(新设栏目"卸任院长感言")。

这些宝贵的新闻传播教育传统,通过年鉴的出版得以年复一年地自觉延续和继承下去,为当代新闻教育工作者提供了教书育人的参照标准,潜移默化地影响着一代又一代的新闻教育工作者。

(四)总结历史,面向未来的尚智精神

总结历史,面向未来的尚智精神是史家笔法的重要特征之一,也是史学精神的核心内涵。其具体体现在以下几个方面:一是以伦理道德准则警诫人们,协调社会秩序;二是以历史经验启迪人们心智,更好地管理国家和社会;三是以历史制度模式与思想模式,提供现实选择的参照。

在伦理法规方面,《中国新闻传播教育年鉴(2018)》设立了"成果与政策"专版,对新闻传播教育相关政策进行了深入的解读;分析了教育部第四轮学科评估的指标体系,梳理了新闻传播学在第四轮学科评估中的重要数据,纵横比较了四轮新闻传播学评估数据,剖析了教育部第四轮学科评估对新闻传播教育未来的影响;诠释了国家"双一流"建设对未来新闻传播学科建设规划的影响,并推介了中国人民大学和中国传媒大学建设新闻传播一流学科的规划;以首批三所学校(中国传媒大学、中山大学和暨南大学)的专业认证尝试为例,介绍了教育部推进本科专业认证的意义及具体做法;以中山大学和河南大学为例,介绍了近三年的专业调整政策对高校的冲击及应对策略;中宣部、教育部联合发起的"部校共建新闻学院"对当代新闻教育的深远影响,为后世留下了弥足珍贵的历史资料。

在"新闻传播院系巡礼"部分,展示了北京师范大学、天津师范大学、中山大学、山东大学、深圳大学、重庆大学、辽宁大学、西北大学、台湾世新大学、香港浸会大学等高校新闻传播院系的教育理念与实践探索;新设栏目"新闻传播教育改革前沿",介绍了中国人民大学、复旦大学、北京师范大学、深圳大学在融媒体时代新闻传播人才培养模式的探索;"他山之石"板块,介绍了国外知名新闻传播院系——美国密苏里大学、日本上智大学、法国格勒诺布尔-阿尔卑斯大学、英国威斯敏斯特大学等在媒介融合背景下,如何适应社会需求对新闻传播教育进行创新实践,这些不同的新闻传播教育模式无疑启迪了其他新闻传播院系,为其新闻传播教育的现实选择和未来发展提供了可资借鉴的参照。

三、严整体例,编年记事

"记事者,以事系日,以日系月,以月系时,以时系年,所以纪远近,别异同也。"③采用年经事纬、严整明晰的编年记事笔法,是史家笔法的重要特征。

《中国新闻传播教育年鉴(2018)》从2017年开始,严整体例,编年纪事,以记录上年度新闻传播教育发展历程,反映新闻传播教育实况为旨志,既宏观勾勒了中国新闻传播教育在2018年间的各种新变化、新发展、新成就、新问

三、《年鉴》书评

本刊特稿
NEWS RESEARCH

题,对新闻传播教育的发展脉络进行详细梳理;又微观剖析了新闻传播教育面临的现实困境。

全书共1100页,135万字,分为上、中、下篇:

上篇"总论",旨在回溯、梳理中国新闻传播历史,勾勒全貌:包括2017年中国新闻传播教育综述;各省、自治区、直辖市新闻传播发展综述;华中四省新闻传播教育地图。

中篇"平台与人物",旨在彰显中国新闻传播教育的主体,囊括新闻传播院系巡礼、新闻传播教育行业组织动态、教育家研究系列、名师风采、教授名录、院长论衡、新闻传播教育史钩沉、他山之石。

下篇"成果与政策",意在解析中国的新闻教育政策,推介最新的教学成果,其内容涵盖学科与专业建设、本科人才培养、新闻传播教育改革前沿、研究生教育、博士后流动站、获奖情况、学生竞赛、科学研究、新闻教育研究与探讨。

全书体例完备、体系周全:既有文字、图片、表格,又有文献目录、统计数据、名著解读;有人物介绍、事件分析,又有个案剖析、全局总揽、政策解析,考订翔实,内容权威,称得上是新闻传播教育的"百科全书"。

四、言简意深,文约事丰

史家笔法尚简、妄饰。刘知几言:"夫国史之美者,以叙事为工;而叙事之工者,以简要为主。"⑥而简要,就是要求"文约而事丰""要简而能要",使文章言辞凝练而意蕴隽远。

尚简笔法在年鉴写作中具有重要的意义。因为运用什么样的笔法来撰写年鉴,不仅是写作方法的问题,还在于用简约的文字去塑造有血有肉的人,还原历史事实的本来面目。这也是编撰《中国新闻传播教育年鉴(2018)》所体现出的"着文章,担道义"的精神内涵。年鉴全书严格立言标准,行文用辞"简而且详、疏而不漏",线索分明、脉络清晰,文笔流畅,摆脱了想象、臆测、笼统、不精确的状态,吸收并应用了众多人文社会科学学科的精要理论和方法而得到发展和创新,如内容分析法、问卷调查法、个案分析法、定性研究方法等,讲求叙事的准确概括和语言的逻辑条理性,力求"言近而旨远,辞浅而义深"。⑦

结　语

《中国新闻传播教育年鉴(2018)》是新闻传播教育史研究委员会推出的第三本年鉴,在前两本年鉴的基础上进一步创新体例、优化结构、充实内容。这本年鉴不负使命,与时俱进,鉴往开来,秉承史家笔法,积极致力于记录我国新闻传播教育所取得的辉煌成就,忠实完整地存留了中国新闻传播教育的历史足迹。不仅为后世研究今天的新闻传播教育留下了珍贵的信史,而且更重要的是,"以史为镜,以史为鉴",让后世从对新闻传播教育的历史回眸中汲取经验教训,可谓薪火相传,功在千秋。■

注释:
① 中国新闻史学会新闻传播教育史研究委员会.中国新闻传播教育年鉴(2018)[M].武汉:武汉大学出版社,2018
② 中国新闻史学会新闻传播教育史研究委员会.中国新闻传播教育年鉴(2018)[M].武汉:武汉大学出版社,2018
③ 张金梅.史家笔法作为中国古代小说评点话语的建构[J].集美大学学报(哲学社会科学版),2012:2)
④ (汉)班固.汉书·司马迁传[M].济南:济南齐鲁书社,1996
⑤ 杜预.春秋左氏传序[A].全上古三代秦汉三国六朝文[C].北京:中华书局影印,1958
⑥ (唐)刘知几撰,浦起龙释.史通通释[M].上海:上海古籍出版社,1978
⑦ (唐)刘知几.史通·叙事[M].上海:上海古籍出版社,1978

● 胡正强

专业年鉴个性化的建构及其路径
—— 以《中国新闻传播教育年鉴》为例

年鉴是记录过去一年全社会或某一领域重要时事、文献和统计资料，按年度连续出版的一种工具书，常集辞典、手册、年表、图录、书目、索引、指南、便览、表谱、文摘、统计于一身，因信息密集、数据权威、功能齐全而应用广泛。年鉴起源于欧洲，第二次鸦片战争以后始传入中国。20世纪80年代，我国年鉴出版事业发展迅速。据不完全统计，截至2008年11月，我国正在出版的年鉴多达2500余种。①年鉴品类繁多，在年鉴出版物中，内容范围相对单纯、服务对象比较固定的专业年鉴占据了很大比重，如《中国体育年鉴》《中国摄影年鉴》《中国新闻年鉴》等。这类年鉴背靠行业，具备某些先天优势，在编制年鉴时容易凝聚出版物的个性。但毋庸讳言，在国内林林总总的年鉴中，真正有特色、高质量的专业年鉴并不多见，一些专业年鉴的媒介个性并不十分鲜明。有鉴于此，本文以《中国新闻传播教育年鉴》为例，对专业年鉴个性化的建构及其路径略作探讨。

宗旨明确具体

任何一种出版物，都应有确定的编辑宗旨。编辑宗旨的有无、高低，是专业年鉴的个性显现之所，所以也必然成为人们衡量出版物质量的准绳。故很多成功的报刊工作者，都对出版物的宗旨极为重视。中国近代报刊活动家郑贯公说："凡报须有宗旨，无宗旨则立意靡定，直为记事传单。"②同时代的报刊宣传大师梁启超专门为文，明确提出了"校报章之良否，其率何如"的四条标准，其中第一条即是"宗旨定而高"③。1903年8月7日，《国民日日报》创办人在该报发刊词中批评当时的报纸缺乏个性，雷同化现象严重，"求一注定宗旨，大声疾呼，必达其目的地而后已者，慨乎无闻"④。由此可见，报刊宗旨既是人们考量出版物价值和质量的标准，也是人们观察出版物个性和特色的指标之一。

专业年鉴的宗旨，是编辑或出版该专业年鉴主要的指导思想或意图，它像人的中枢神经一样，以规定工作目标和使命的方式，指引着专业年鉴的创办方向，决定着专业年鉴的性质和任务，内在控制着专业年鉴的服务对象，规划着专业年鉴的特定内容。所以，宗旨是专业年鉴的生命线，顺着这条线，人们可以感受到年鉴的文化脉搏，探明年鉴的专业触角，进而发现年鉴的媒介个性。但是，编辑和出版宗旨毕竟只是一种指导思想或意图，还只是某种专业年鉴个性化可能获取的理论或观念依据。专业年鉴的个性不会自然生成，也不会因为反映领域的专一性面自然地拥有出版个性。专业年鉴的文化和出版个性更是编撰人员主体建构的结果。质言之，编创人员要在紧紧依靠本专业实际的基础上，通过框架结构的设置，资料信息的筛选加工、整合提炼，创立具有专业年鉴自身特色的重点、亮点，使其呈现出与众不同的气质、风格。要真正凝聚年鉴的个性和特色，还必须根据编辑和出版宗旨，制定出更为细化、具有可操作性的编撰方针，以使编辑宗旨明确、具体，具有可操作性。编辑方针的作用是为编辑宗旨保驾护航，确保编辑宗旨落到实处。专业年鉴的编创人员就可以紧紧围绕着编撰方针，进一步结构、实践专业年鉴的编创步骤，确定专业年鉴的内容和形式的主攻点和兴奋点，在选题确定、栏目设置、组稿、审稿、排版乃至美编等诸方面，制定出为详细具体的作业计划和行为要点，然后有步骤地呈现和打造自己的专业特色，在年鉴内容和形式等方面尽量挖掘、凝聚属于自己的出版要素，从而独树一帜，形成自己的媒介个性，以独特的专业价值赢得自己的文化地位。

由中国新闻史学会中国新闻传播教育史研究委员会主办、华中科技大学新闻与信息传播学院张昆教授主编的《中国新闻传播教育年鉴》是我国专业年鉴出版物中的新军，从2016年至今，已经连续出版了3卷（期），是中国新闻史学会新闻传播教育史研究委员会年度学术活动的代表性内容。该年鉴平均每卷（期）130多万字，不仅内容丰富，资料翔实，而且反映全面，图文并茂，形式与形式制得得益彰。这部由一群新闻教育工作者主创的专业年鉴之所以大获成功，原因固然多多，但其编辑宗旨明确、具体，具有可操作性，则不能不是其中的首要因素。该年鉴还在策划之际，就充分考虑了与其他同类或相关年鉴的有效区分。2014年11月，年鉴主编、华中科技大学新闻与信息传播学院原院长张昆教授接任新闻传播教育研究委员会会长之职后，发现此前新闻传播教育史研究委员会的功能定位与中国高等教育学会新闻传播教育专业委员会多有重叠。在调查相关学会工作的基础上，他与学会同仁进行了广泛深入的讨论，最后得出共识：新闻传播教育史研究委员会必须围绕当代新闻传播教育史做文章。这样就必须找到一个抓手，以便把大家的积极性集中到一个普遍兴趣上来。"这个普遍的兴趣当然是应涉及教育家研究、院系研究、外国新闻教育史研究。其前提便是新闻传播教育年鉴的编撰，这是新闻传播教育史研究的基础工作，在当下又是一个空白。"⑤

调查与研究

读者定位精准

读者是出版物存在的最终根据。任何出版物都服务于一定的读者群体，专业年鉴当然也不例外。从社会发展的角度看，专业年鉴的出现是社会职业分化的结果，不同的社会职业会在人们的阅读方面形成不同的专业需要。因此，主要为谁服务，是年鉴编者首先要考虑的重要问题之一，它是年鉴编办成功的前提，其先决性和重要性仿佛不言自明，在专业年鉴编创前就应加以解决。没有读者观念，犹如同射箭没有靶子，无的放矢，茫然失措，注定无法获得读者的青睐。因为读者在阅读专业年鉴时，并不是被动地、盲目地接受，而是在阅读的同时，也在主动地评判其得失优劣。古往今来，所有的成功编辑者都想读者之所想，急读者之所急，具有强烈的现实意识和读者关怀。叶圣陶曾说过："读者诸君的满意，也就是我们的欣慰。"⑥出版家邹韬奋更是提出了"以读者利益为中心"的思想。1926年10月，他接编《生活》周刊后不久，即在《本刊与民众》一文中表示："本刊的动机完全以民众的福利为前提。"⑦1928年11月，他又在《生活周刊究竟是谁的》一文中进一步明确地宣示了"求有裨益于社会上一般人"⑧的办刊宗旨。综观其报刊编辑生涯，他确实是一丝不苟、完完全全地践行了自己的这个庄重承诺。强烈的读者服务意识，无疑是邹韬奋成为伟大的文化出版家的重要原因之一。对读者层次、读者兴趣、读者心理研究越透彻、精准的年鉴，也就越具有出版特色和媒介个性。一份专业年鉴是否有个性，很大程度上依赖于其对读者特定阅读需求的把握和满足程度。

专业年鉴须根据读者需要进行编办，理论上说起来容易，但实践起来则颇为困难。这是因为，人类的社会需要产生于某种短缺，是读者感到缺乏某种信息、知识而力求获得满足的一种主动阅读的心理倾向，它是人们自身和外部生活条件的要求在头脑中的反映，是人们与生俱来的基本要求。社会心理学已经揭示，首先，人类的需要不是一种单一性的独立存在，而是包含着生理、安全、爱、归属、尊重等多种层面、诸多内容的系统性需求。这些需求随着社会满足程度的不同和时空条件的变化而不断发展，在阅读领域的表现也必然会呈现出多姿多彩、各有侧重的状状。也就是说，在读者群体大体确定的条件下，特定读者群体的阅读需要中也还会有大与小、多与少、轻与重、前与后的差异和区别。对这些阅读需要的再次细分和锚定，才是形成出版物个性的关键所在，否则，即便是以某个特定群体作为服务对象的专业性年鉴，也无法获得充分的出版个性。其次，万事万物都是变化之中，读者需要也并非一成不变的固定性存在。社会不断发展，读者与社会的关系必然也不断更替，读者群及其阅读需求都会随着时空的转移而不断调整和变化。因此，专业年鉴编办者对读者阅读兴趣的测度和调查工作不能一蹴而就、一劳永逸，而是一个需要持之以恒的过程。对于专业年鉴编办者来说，读者定位不仅是读者群的定位，更是对读者群体特定时空条件下某种特殊阅读需要的精当把握和满足，这样根据读者需要来编办专业年鉴，才会使专业年鉴打上时间年轮的鲜明烙印，具有最大的年度亮点，获得与特定阅读需要相匹配的年度时空特色，年鉴的个性化才具有可靠的社会基础和时代底蕴。

专业年鉴的个性往往体现在读者定位的精准，即能够提供给读者其他类似出版物所没有的内容或阅读体验。新中国成立以后特别是改革开放以来，中国新闻传播教育获得了大发展，截至2015年年底，我国已有681所大学开设了新闻与传播类专业。原"985""211"大学中开设新闻与传播类专业的比例高达55.9%，共设有1244个本科专业教学点，其中新闻学326个，广播电视学234个，广告学378个，传播学71个，编辑出版学82个，网络与新媒体专业140个，数字出版类13个，本科在校学生总规模达22.5691万人，此外还设有新闻与传播学一级学科博士点15个，一级学科硕士点82个，二级学科博士点3个，二级学科硕士点13个，全国新闻院校师生约30万人。⑨在《中国新闻传播教育年鉴》问世之前，国内虽然已经存在了多种与之相关的专业年鉴类出版物，如《中国教育年鉴》《中国出版年鉴》《中国广播电视年鉴》《中国新闻年鉴》和《中国新闻传播学年鉴》等，其读者服务对象或侧重业界，或倾向学界，虽均与新闻教育界多有关联，但又均不是以新闻教育界为主要面向，不能完全涵盖新闻传播教育，无法满足新闻传播教育界在教学和研究、管理等方面的阅读期待。因此，《中国新闻传播教育年鉴》的编纂，是精准定位读者、填补社会阅读空白的应时、顺势之举。

栏目设置独到

系统论认为，系统的结构与功能是相互制约、相互转化、相互依赖的关系。"结构是功能的内在根据，功能是结构的外在表现。"⑩专业年鉴的个性化在一定的意义上属于系统的功能范畴，它总是通过一定的结构才能显现出来。一般来说，专业年鉴是对某一特定领域过去一年工作的全面反映，千头万绪，内容繁复。如此丰富多彩的内容要得到恰如其分的反映和表现，年鉴的框架结构就至关重要。使一种编辑宗旨、方针、观念、思想找到最恰当又最有力的表现形式，其实是一件相当匪难的事情。年鉴的编创如同作家创作一样。俄国作家托尔斯泰曾深有体会地说，在文学创作中，"组织材料是最困难的任务：有时细节会使作家离开主题，有时相反，主要的东西没有体现到必要的形式中"⑪。作家柳青在回答"你每次写作，感觉最困难的是在什么地方"这一问题时，也同样认为："最困难的是结构、或者说是组织矛盾。"⑫年鉴的创制虽与文学文本的创作并不完全一致，但二者也有诸多相似之处。年鉴的框架搭建亦属于一种结构因素，在年鉴编创过程中，这同样是一项富有创造性、挑战性的艰苦劳动。一部专业年鉴编得是否成功，端的看其内部的框架结构是否科学有序，内容的归属是否得当合理。

专业年鉴的个性化很大程度上要依靠独具特色的栏目得以体现，这是结构决定功能的必然要求。栏目是专业年鉴结构的基本单元，专业年鉴的个性化在很大程度上要依靠栏目的设置来凸显和实现。专栏是由若干有共同性的稿件所组成的自成格局的版块，一篇篇拟用的稿件，通过作者的创作劳动已自具首尾、自成系统，表达了一个相对完整的主题意义，但在年鉴的整体结构中，再长或再短的稿件都只是构成年鉴的一个很小的结构要素。在一定的意义上，它的功能和存在与一个尾花、一幅题图甚至一个空白具有同等的价值。只有在专栏的范围里，通过一定的编辑技术手段与相关文章、图画等其他结构元素结合，它才在年鉴结构的意义上具有相对完整的内容。专栏，是年鉴的第二个结构层次，在专栏层次上，一篇篇原本自足的稿件仿佛构成了话语实践中的短语和句子。专业年鉴栏目创制的个性化主要表现在：在遵循年鉴编办的宗旨和考虑读者接受的思维背景下，在专栏层次上打破各篇独立自为的稿件的封闭性，把它看成建构未来新系统（专栏）的结构元素，同时在认定稿件开放性的基础上，利用稿件之间的联系性、相关性使之产生信息交换，依赖信息的联系使他们构成一个新的意义单元。这样，单篇稿件便在新的更高层次上释放能量，输出信息，专栏便成了专业年鉴整体结构中一个新的有机意义单元。专业年鉴栏目的设置要考虑其反映内容和范围的专有性，一定要在比较中发现空白，寻找独有之处，突出充分展示特点，决不能做成千人一面、没有个性的大路货。

专业年鉴个性化专栏设置的内在依据是业务领域的独占性，而且是一个依据读者阅读需要不断校正、调整的过程。在《中国新闻传播教育年鉴》的编制过程中，栏目设置始终保持着适度的动态性，紧紧围绕着新闻传播教育这个中心点做文章，通过框架结构的修正，对资料信息不断地进行筛选、整合、提炼、加工，开发和创立具有中国新闻传播教育自身特色的重点、亮点，使之呈现出与众不同的风格、气派，成为专业年鉴群体中有着独特价值、不可或缺的"这一个"。例如，《中国新闻传播教育年鉴（2018）》中，《华中四省新闻传播教育地图》《新闻传播教育改革前沿》等，都是该年鉴创设之初所没有的栏目。《中国新闻传播教育年鉴（2016）》中原初设有《院长自述或口述史研究》，这个栏目在《中国新闻传播教育年鉴（2018）》中演变为《院长论衡》。其背景和目的是：2017年教育部学科评估以后，部分高校为了迎接新一轮的学科评估和学位点的申报工作，纷纷对所属的二级学院领导班子进行了调整。新领导上任之始，每每都要推出新的发展规划。这些办学理念"对于每个新闻传播教育者，每个新闻学院院长、新闻系主任，在其决定本院（系）的办学方针、发展战略、路径选择时，提供了重要的参照系，是一种不可替代的学习、借鉴资源"[13]。无论是栏目标题还是内容选择，与《院长自述或口述史研究》相比，《院长论衡》栏目的设置不仅与年鉴的编办宗旨更吻合，而且学理性更浓，导向性更明确，专业年鉴的个性也更为凸显。

作为大型的资料性工具书，专业年鉴的编制是一个系统性工程，在多个环节上受到各种复杂因素的制约。宏观上的社会政治制度、经济、技术条件和历史、文化传统，微观上的编办人员队伍的修养和素质等等，都会或多或少、或隐或显地影响着专业年鉴的质量。至于编办宗旨和方针、选题计划、框架结构、稿件来源和方式、编辑加工、校对、版式乃至印刷与装订等各个环节，更是内在规范着专业年鉴质量限度上的具体可能性。需要说明的是，与一般官办的专业年鉴不同，《中国新闻传播教育年鉴》还是一个纯粹的由学术研究机构发起并组织的文化出版行为，主编张昆教授不仅个人学术成果丰硕，而且从1995年起就担任武汉大学新闻学院院长，直到2018年始卸任华中科技大学新闻与信息传播学院院长之职，新闻传播教育管理经验非常丰富，在国内新闻传播学界具有较高的学术号召力。他的个人学术威望和倾向在该年鉴个性化的建构过程中，无疑也是一个不可忽视的主体性因素。

注释：

[1] 孙关龙：《铸造具有中国特色的年鉴及其年鉴学》[J]，《年鉴信息与研究》，2009年第5、6期合刊
[2] 郑贯公：《拒约须急设机关日报议》[A]，载张之华：《中国新闻事业史文选》[C]，中国人民大学出版社，1999年版，第51页
[3] 梁启超：《本馆第一百册祝辞并论报馆之责任及本馆之责任》[A]，载张之华：《中国新闻事业史文选》[C]，中国人民大学出版社，1999年版，第38-39页
[4] 《国民日日报》发刊词[A]，载张之华：《中国新闻事业史文选》[C]，中国人民大学出版社，1999年版，第109页
[5] 张昆：《中国新闻传播教育年鉴（2018）·序言》[C]，武汉大学出版社，2018年版，第1页
[6] 转引自：陈东枢：《对"以读者为中心"编辑观的再思考》[J]，《编辑之友》，2006年第3期
[7] 邹韬奋：《本刊与民众》[C]，《韬奋全集（1）》，上海人民出版社，1995年版，第648页
[8] 《生活周刊究竟是谁的》[J]，《生活》周刊第4卷第1期，1928年11月18日
[9] 本数据系中华人民共和国教育部新闻传播学类教学指导委员会2015年年底的统计数据
[10] 普广荣等：《系统论控制论信息论与哲学》[M]，中南工业大学出版社，1988年版，第48页
[11] 人民文学出版社编：《论写作》[C]，人民文学出版社，1957年版，第171页
[12] 柳青：《回答〈文艺学习〉编辑部的问题》[J]，《文艺学习》，1954年第5期
[13] 张昆：《记录历史，引领未来》[A]，《中国新闻传播教育年鉴（2016）》[C]，武汉大学出版社，2016年版，第5页

（作者为南京师范大学新闻与传播学院教授）

谱写当代中国新闻教育的"春秋"：《中国新闻传播教育年鉴（2018）》的存史价值与编纂意蕴

齐 辉 赵 冉

【摘 要】 年鉴因其逐年编写的特点，能够有效呈现事物发展的变化，它是记录时代脉动的重要资料。《中国新闻传播教育年鉴》是当代中国唯一一部由全国新闻专业院校新闻教育从业者参与撰写的专业性年鉴。该年鉴在密切关注新闻教育现实的同时，重视其对历史的回顾功能，通过年鉴编纂聚集了一批热心于新闻教育专家学者，他们将新闻教育的感悟，融入到年鉴编纂工作中，通过资料与数据的呈现、分析，展现当年中国新闻教育发展的趋势，为学界研究新闻教育政策，制定教育方针，为后人续写当代中国新闻教育史保存和积累了大量可信、翔实的一手史料。

【关 键 词】 新闻教育；《中国新闻传播教育年鉴》；年鉴；史料

【作者简介】 齐辉（1978.3—），重庆大学新闻学院研究员，主要研究中国现代新闻传播史（重庆，401331）；赵冉（1995.1—），重庆大学新闻学院研究生，qihui78@163.com。

【基金项目】 本研究为国家社会科学基金重大项目"百年中国新闻史史料整理与研究"（15ZDB140）的阶段性成果，得到重庆大学科研培育专项（2019CDJSK07PY15）资助.

【中图分类号】 G210 　　**【文献标识码】** A

许慎在《说文解字》中将"史"字解释为"记事者也"，即记载和再现发生过的事情，实事求是地书写过往，以供流传，教育世人。史料是新闻史研究的资料和基础。史料不具备、不完整或者不真实，都无法进行新闻史的研究。由于史料在新闻史研究的重要作用，故中国新闻史研究一个核心的基础工作是搜集、整理与利用与新闻传播专业相关的一切史料，从而厘清新闻事业发生、发展的历史脉络，为这项事业不断前行，提供历史的经验与借鉴。

从1978年改革开放至今中国新闻传播事业发展已近40年，但当代中国新闻传播史的书写，由于其尚处在一个不断变化和演进的动态过程之中，故其原始资料的搜集和整理，变得异常纷繁复杂。加之身处于数据爆炸的时代，时间间隔较近，新闻传播业巨变等诸多原因的困扰，使得当代中国新闻史研究尚未能引起学者的足够重视。在当代为数不多的有关中国新闻传播业的史料文献中，"年鉴"堪称最为重要的一种史料类别。当代中国新闻传播专业年鉴如何记录当下行业发展的最新动态？年鉴的编纂及其发行对中国新闻传播领域有怎样的影响与作用？对于这些问题，笔者尝试以《中国新闻传播教育年鉴2018》为例，通过其编纂历程的回顾及分析，系统梳理年鉴对于当代中国新闻传播行业及学术教育存在的史料价值与参考意义。

一、当代中国新闻学专业年鉴的创办历程

自近代以来年鉴即因其逐年出版能够动态记

谱写当代中国新闻教育的"春秋"：《中国新闻传播教育年鉴（2018）》的存史价值与编纂意蕴

录事物发展过程的特点，被人们视为重要的工具书和大型文献史料。近代中国文化教育领域极为重视年鉴资料的编纂、整理与利用。1913年，上海神州编译社编纂《世界年鉴》，"凡一年内政治之陈迹，法制之变更，社会之进化，经济之现象，靡不包举无遗"[1]，这是中国人自编的第一部具有现代性质的年鉴。1916年江苏教育学会编纂《江苏教育学会年鉴》，成为中国最早的教育类专业年鉴。民国时期尤其是上世纪30年代中国一度出现过年鉴编纂的热潮，据统计截至1949年中国出版各类年鉴竟多达近300种。[2]纵观这些年鉴，尽管有些存续时间不长，内容篇幅繁简不一，编纂质量参差不齐，但都保留和记录了时代与行业的百态，收录了大量有价值的珍贵史料。当时的各种年鉴，除详细载录有关时事资讯外，还通过实地调查采访，收录了大量采访、调查报告和统计资料，具有极强的针对性和专业性。特别是部分年鉴如《申报年鉴》等连续出版时间较长、篇幅相对较大，为后来的经济、文化等专题研究提供了弥足珍贵、逐年可比的历史资料。遗憾的是，尽管中国近代重视年鉴的整理和编撰，中国近代新闻传播事业也十分繁荣，但与之相关的年鉴却几乎无任何编纂记载，近代报业、报人、新闻教育等相关年鉴的出版更是尚付阙如，这种局面直至建国之后的相当长时间内没有改进。

改革开放后，中国新闻专业年鉴的编纂开始受到业界和学界的重视。1982年由中国社会科学院新闻与传播研究所主持编纂的《中国新闻年鉴》正式出版。至此，中国新闻事业发展近百年后，才有了第一部真正意义的年鉴。该年鉴以建国后新闻事业发展为重点，记录其发生、发展的基本情况，成为中国新闻事业第一部大型资料性工具书。该年鉴逐年编纂，每册近一百万字，它以"全面、精确、系统、及时"为编纂原则，十分重视资料的准确性、连续性和权威性。为弥补此前新闻年鉴不足遗留的记录空白，该年鉴"注意弥补新闻历史资料的空白"[3]。《中国新闻年鉴》的编纂原则、方法及体例，为其他新闻学相关专业年鉴的书写树立了良好典范，此后中国新闻传播类年鉴逐渐迎来了繁荣时期。

上世纪80年代初，电视作为新兴媒体逐步在中国兴起，由此催生了1986年《中国广播电视年鉴》编纂出版，该年鉴至今已出版30余卷，累计字数超过5000万字，准确、系统、及时地记录了改革开放之后中国广播电视事业的全貌，反映广播电视宣传改革、事业建设和技术管理的新成就、新情况、新趋势。它的出版为各级党和政府、广播电视系统各级领导机构的决策和管理提供新的信息和可靠依据，"为广播电视系统的编播、创作和技术人员、教育及研究工作者提供准确、系统的基本资料，为广大广播电视爱好者提供专业实用知识，向世界各国全面介绍中国的广播电视事业"[4]。

80年代中期随着"文化热"的兴起，中国社会年鉴编纂的热潮即民国之后再次兴起，除以出版的《中国新闻年鉴》和《中国广播电视年鉴》之外，全国各大新闻机构，广播电视台，也相继出版了大量部门年鉴和单位年鉴，诸如《中国报业年鉴》《新中国晚报年鉴1949－1999》等，其数量之多至今难有确切的统计。2000年后，中国新闻传播类年鉴编纂热潮退却，除上述年鉴仍在发行发外，2016年中国社科院又编纂发行专门针对中国新闻传播学术研究的《中国新闻传播学年鉴》，也具有极高的学术质量。通过年鉴的历史回顾我们发现，年鉴的编纂往往与一个行业、一个学科，乃至整个国家的经济文化发展程度紧密相关，它即是行业和学术步入成熟阶段的产物，也应社会与专业的需求而生。目前业已发行的新闻传播类年鉴有，《中国新闻年鉴》《中国广播电视年鉴》《中国新闻传播学年鉴》和《中国新闻传播教育年鉴》四种，它们尽管侧重点有所不同，但其如实记载当下中国新闻传播行业发展进程，资料数据准确、详实等特点却是年鉴编纂者追求的共识。

二、《中国新闻传播教育年鉴》创办的缘起及其"存史"价值

值得注意的是，尽管新闻传播类年鉴发行至今已近五十年，但有关中国新闻教育的年鉴却至今仍尚付阙如，早期《中国新闻年鉴》中对中国新闻教育的记载资料少之又少，而诸如报业、广播电视等专业年鉴对于新闻教育的内容更是几乎为空白。长期以来，中国新闻传播教育的发展，一直缺乏一部能够全面记录当代学科进程的专业年鉴。教育记录的缺失，使得我们即使身处时代

— 71 —

发展的潮头，对于新闻教育发生的重大事件的演变脉络，重要人物的言行事迹，多已语焉不详，莫衷一是。新闻教育规律的总结，新闻教育与教学经验的传承更是无从谈起，这些珍贵的记忆随着时间的流逝，渐渐被世人忘却，最终淹没于历史的长河之中，这无疑是当代新闻传播教育发展中的一种遗憾。

而另一方面截至2017年，中国已有近700所高校开设新闻传播专业，本科招生规模达23万人，在校专业教师近7000余人，中国新闻传播教育业已成为中国高等教育和职业教育的重要组成部分，其未来发展仍方兴未艾。[5]新闻教育的高速发展与相关资料的记录缺失，形成了巨大的反差，无形中催生了中国新闻传播教育专业年鉴的编纂和需求。2014年华中科技大学张昆教授出任中国新闻史学会新闻传播教育史分会会长，"在思考学会未来的工作时，委实费了一番脑筋"，"如何为学会精准定位，为学会同人量身订制最合适的学术活动，充分发挥他们的积极性、创造性，是考验我们智慧的现实问题。"在调查论证和集体讨论的基础上学会凝成共识，"那就是新闻教育史研究委员会必须围绕新闻传播教育史做文章，尤其是当代的新闻传播教育史。"[6]这成为《中国新闻教育年鉴》创办的动因及背景。

2015年在中国新闻传播教育史学会的推动之下，《中国新闻传播教育年鉴》的编纂工作全面启动，在全国新闻传播教育界的支持和合作下，2016年"年鉴"如期出版。2018年适逢中国改革开放40周年，同时也是中国新闻教育兴起100周年。100年来中国新闻传播教育从无到有艰难前行，在改革开放40年历程中获得了迅猛发展全国数十家新闻院校通力配合，共同编纂完成了《中国新闻传播教育年鉴（2018）》（以下简称《年鉴》），为这个特殊的年份献上一份厚礼。2016－2018年，中国新闻传播教育年鉴编纂已历时三载，其每次编纂和发行，业已成为中国新闻传播教育学会乃至整个学界的一件盛事，为学界研究中国当代新闻教育走向，为后人续写中国新闻教育史保存和积累大量一手史料。

《中国新闻传播教育年鉴》在其编纂之初，就明确以记录当代历史、反映新闻传播教育实态为宗旨，故其在新闻教育的史料搜集与整理上，坚持全面、准确与客观的原则。近代金石学家周传儒所说："近代治学，注重材料与方法，而前者较后者尤为重要。徒有方法，无材料以供凭借，似令巧妇为无米之炊也。"[7]年鉴在编纂之初，即追求资料丰富，其体例包括新闻教育的人才培养、教育改革、学科设置、学术研究与学术交流、社会服务、地方新闻教育、新闻院系巡礼、新闻教育家及新闻教育史钩沉等诸多方面，几乎涵盖了当代中国新闻传播教育的所有方向。编纂之初，年鉴还注重把握从严选材的标准。在文献解读和数据采集的准确把握上，年鉴对象选择和材料甄别方面，坚持了学界认同的基本准则，坚持记史与存史并存，事实求是。在材料的客观性上，年鉴编纂尽量排除人的因素的干扰。对于当代中国新闻传播教育的研究者与参与者来说，这套年鉴为我们提供了明确的资料方向，从而为我们分析新闻教育政策、制定教育决策提供了可信依据。截至2019年，中国新闻传播教育年鉴已经出版三载，形成有300万字内容的庞大资料库，它是迄今为止唯一一部由全国新闻专业院校新闻教育从业者参与撰写，专门针对中国新闻传播教育面编写的专业性年鉴，堪称一部动态的编年体"当代中国新闻教育史"。

三、《中国新闻传播教育年鉴的（2018）》的编撰意蕴

今日《中国新闻传播教育年鉴（2018）》如期而至，这是该年鉴出版的第三年。老子曰："一生二，二生三，三生万物"，如果说2016和2017两本年鉴的编纂和出版尚处于摸索和实验的阶段，那么《中国新闻传播教育年鉴（2018版）》无论从编纂体例到内容设置再到装帧设计以日臻完善和成熟，年鉴质量逐年稳步提升，其具体现在以下几点：

（一）年鉴编纂更加关注内容的"平衡"

年鉴是现实性极强的工具书，亦是名副其实的编年体史书，正是因为年鉴的连续性和积累性决定了当下的"今"即为明日的"昨"，未来的"史"。年鉴所记载下来的各种数据、资料、事件与人物都是未来人们回顾当下历史的珍贵资料。连续出版的年鉴能够完整地反映事物发展的变化和传承，其年度性和完整性的特征是其他任何志书或史书所不能替代的。《中国新闻传播教育年

谱写当代中国新闻教育的"春秋"：《中国新闻传播教育年鉴（2018）》的存史价值与编纂意蕴

鉴》在其编纂之初即确立了"为当代中国新闻教育书写历史，为新闻教育工作者树碑立传"的方向。但如何"书写历史"？又怎样"树碑立传"？如何使"年鉴"成为记录当代中国新闻教育的"信史"？全国数百所新闻院系如何选取和使用数量庞大的教育资料？这对于毫无前人经验可循的编纂者而言确实有着不小的难度和挑战。

经过两年年鉴编纂摸索和经验积累，2018年版"年鉴"对此问题已经能够驾轻就熟地给予解决，其栏目设置不断优化，编纂逻辑日臻合理。具体而言就是以"今"带"古"，以"人"行"事"方式，将中国新闻教育从"点"到"面"进行"串联"。尤为难得的是，2018版年鉴后在编纂意蕴上，注重"古"与"今"、"人"与"事"、"点"和"面"的平衡。2018版《年鉴》一方面关注当下新闻教育的热点问题和重大事件，延续了以往年鉴"新闻传播教育综述"栏目，但对2017版《年鉴》"中国新闻传播类专业教育发展的历史回顾"一栏则给予删除。2018版《年鉴》将往年"新闻传播地图"栏目进一步扩充为"各省、自治区、直辖市新闻传播教育发展综述"。增减之间，编者意在突出"年鉴"的现实性、时效性和贴近性，同时亦充分照顾到中国新闻传播教育发展的区域性和不平衡性。

在密切关注现实的同时，《年鉴》并未忽视其对历史的回顾功能，在"教育家研究系列"及"新闻传播教育史钩沉"等栏目，年鉴借助口述史和研究论文的形式，对中国新闻教育史上的重大事件和重要人物仍给予一定篇幅的记录研究，突出"今日年鉴，明日信史"的史料价值，也进一步显示出编者力求在"古""今"内容的选择取舍上已游刃有余。2018版《年鉴》栏目借助年鉴内容的编纂和栏目的转换，最终实现了"人事一体，点面结合"的编纂意图。在书写方式上，2018版《年鉴》在注重研究性语言的同时，力求书写的多样化和个性化，其中姚福申教授"口述实录"、赵玉明教授"二进中南海"等内容均为历史当事人的直接回忆，很多描述具有极强的现场感。通俗且生动的叙述，使得历史的书写与阅读并不仅仅是冰冷的数据，通过个性化书写的方式，年鉴展示了在新闻教育中"人"的活动与价值，这使得2018版年鉴成为一部"活"的带着"温度"的历史记录。

（二）年鉴的编纂队伍与组织工作日臻成熟稳定

年鉴的水准和质量，很大程度上取决于其编撰者的素质及其组织工作的高效。随着三年来的摸索，《中国新闻传播教育年鉴》已经聚集一批热心于年鉴编纂的专家学者，他们具有专业化和高学历的特点，真正做到了"让专业的人做专业事"，年鉴的编纂队伍日趋稳定。与往年一样，2018版《年鉴》的编撰者来自于全国数十所新闻传播院校，有着不同的专业背景和教育经历。经过前两年的年鉴编纂工作的磨合与历练，目前年鉴的编纂队伍日臻成熟，已能够驾轻就熟的完成年鉴地编纂工作。

该年鉴的核心编纂团队，大多由中国新闻传播教育史学会常务理事组成，多为各地区新闻院校的负责人。诸如年鉴负责人张昆教授，已在新闻教育领域工作近40年，是改革开放中国新闻教育发展的亲历者和见证人。这些编者置身于中国新闻传播教育的历史进程中，新闻教育发展、进步、趋势和问题，有着切身的见解和体会。他们以年鉴为载体，共同回望中国新闻学百年来所走过的风雨历程，总结其成败经验，展望新闻传播教育发展的未来趋势。他们因年鉴的编纂机缘而凝聚，将新闻教育的感悟，融入到编纂工作中，这不仅提升了年鉴权威性和可信性，更成为其新闻教育实践和活动的直接"投影"。除年鉴的编纂团队日趋稳定外，年鉴编纂的组织周期和工作程序也逐步固定。目前年鉴的编纂已成为"中国新闻教育史学会"一项年度性、长期性和基础性的工作。每年上半年，年鉴编纂委员会围绕年鉴编纂工作召开讨论会，确定当年年鉴的工作分配和编纂计划，下半年开展年鉴的发布和修订，一系列工作业已步入正轨，有条不紊形成惯例和定制。

（三）年鉴编纂内容更趋本体性与精品化

《中国新闻传播教育年鉴（2018）》在内容的编排和栏目设置上更加精当。在内容的选取上，较往年年鉴更为注重反映"新闻传播教育"的本体色彩。2018版《年鉴》在内容上侧重对中国新闻教育的新现象，新问题和新规律开展业务钻研和规律探索，紧密围绕"新闻传播教育"这个核心主旨做足文章。2018版《年鉴》所记载的是上一年（2017年）中国新闻传播教育的历史进程，它充分发挥其"存史"功能，对17年中国新闻传

— 73 —

播教育的诸多重大事件进行了全面和系统的回顾。例如在年鉴"上篇"总论部分"2017年中国新闻传播教育综述"分别截取了"方汉奇基金"设立、"学科评估"与中国新闻传播教育格局和变化、中国新闻传播教育改革及其趋势、"院部共建"、"马克思主义新闻观教育深入课堂"、"新闻传播教育的新理解与新论述"等问题开展言说,这些内容均为当年新闻教育领域的"热点",关乎新闻教育发展的前途和未来,2018版《年鉴》将其逐一展开,通过资料与数据的呈现、分析,揭示当年中国新闻教育发展的趋势,这使得年鉴的编纂紧贴新闻教育面临的实际问题。

在注重"存史"的功能之外,2018版《年鉴》亦注重对发挥"资政"功能。尤其是注重新闻教育规律的总结和经验的推广。例如2018版《年鉴》开设的"院系巡礼"栏目,着重介绍近年来在中国新闻传播教育与科学研究中表现突出的新闻院系,对其教育教学和科研成果给予了集中的展示,其意在以此为示范,推动中国新闻教育向高水平院系看齐。2018版《年鉴》还引入大量口述史内容,开设"名师风采"和"院长论衡"等栏目,对当代中国新闻教育名家,围绕其教育生涯与办学心得进行了专访。在新闻专业共性特质之外,针对中国新闻传播教育发展区域性特征,在2018版年鉴第二章部分,将往年以以区域方式呈现的地方新闻教育改为按照中国29个省市自治区方式逐一展示和介绍。该板块以省市为单位,内容按照新闻教育的历史、现状和发展态势几个方面分别陈述。这种体例的改变,既能体现各地新闻传播教育发展的特性,又能兼顾各地区发展的不平衡性,从而使得年鉴在内容上更加注重区域均衡和全面,更接"地气"。

(四)2018版《年鉴》编纂数据更精准,更加注重对资料的分析研判

与16、17版年鉴相比,2018版《年鉴》在编撰中更为注重和强调各项统计数据与资料的准确可靠,其内容尽量依靠权威机构的统计数据,实现了数据的"可追溯"。年鉴自行组织的统计工作,多委托第三方专业统计机构收集和整理数据,从而确保了数据收集精确与可靠,年鉴的权威性和可信性进一步提高。在此翔实数据的保证下,2018《年鉴》对各项数据进行了分析和研判,这成为2018版年鉴颇具特色的亮点。例如2018版《年鉴》所记录的2017年是中国新闻教育的具有里程碑式的一年,正是在这一年,教育部实施"双一流"建设名单,开展了第四轮"学科评估"工作和新增学位点的审核工作,这一系列动作对中国新闻传播教育影响极为深远。尤其是学科评估的结果,"相当程度内影响学科资源的分配和学科未来的发展方向"。着眼于此,2018版《年鉴》全面回顾新闻传播学2016－2017年"学科评估"的发展历程及其结果,引用权威部门1-3轮学科评估的基本数据,并对新闻传播学参与的2-4轮学科评估的各项数据进行分析与比较,从而对比次学科评估的影响力与社会舆论,学科评估与新闻传播学学科竞争态势做出了中肯且到位的评价。此外,年鉴对各新闻院系科数据的整理与分析也是其又一亮点。2018版年鉴对1991－2017年以来国家社科基金项目涉及新闻传播学科的立项情况进行了统计,对2016－2017国内新闻传播"四大名刊"学术论文进行了详细统计,这些也体现出2018版《年鉴》对新闻传播学术研究的重视。

四、结语

2018年是中国新闻教育特别值得纪念的年份,而2018版《中国新闻传播教育年鉴》的出版无疑为其增添了几许别样的意义。《中国新闻传播教育年鉴(2018)》从编纂到出版是一项艰巨和系统的工程。在其编纂的过程中,全国近五十所新闻院校的上百位专家、学者参与了这项工作。他们克服头绪多、资金少、周期短等诸多难题,不计报酬,不辞辛劳,用一年时间完成这部1100余页,135万字的巨著,客观如实地书写了一部当代新闻教育的"春秋"。如果没有一种对新闻传播教育发自内心的热爱,如果没有对新闻事业的专注和执着,他们无论如何也难以完成如此艰巨的工作。正如其编者所言,作为"小人物","不管他的地位多么的卑微","只要他顺应了时代的潮流,只要他敢于承担历史的使命,那么就可以得到社会的肯定"[8]。毫无疑问,《中国新闻传播教育年鉴(2018)》全面展现了新时代中国新闻教育的脉动,反映和凝聚了新闻教育界的期待与共识,如实记录了中国新闻传播教育的变化趋势。经过3年的坚持和努力,2018版《年鉴》不断精益求精,推陈出新,真正做到了"体例更加完备,体系更加

周全，考订更加系统，内容更加权威"的编纂设想，堪称一部由全国新闻教育界凝心聚力献给当下这个奋进时代的用心之作。

（责任编辑：徐 帅）

参考文献：
[1] 熊希龄：《世界年鉴序言》，载神州编译社《世界年鉴》第二卷，上海：神州编译社，1914版。
[2] 扬军仕，王守亚等：《地方综合年鉴编纂教程》，北京：方志出版社，2016版，第5页。
[3] 中国大百科全书总编辑委员会：《中国大百科全书新闻出版》，北京：中国大百科全书出版社编辑部，1990版，第26页。
[4] 赵玉明，艾红红，庞亮主编：《广播电视学学科体系建设研究》，北京：中国广播电视出版社，2015版，第145页。
[5] 中国新闻史学会新闻传播教育史研究委员会编：《中国新闻传播教育年鉴(2017)》，武汉：武汉大学出版社，2017版，第1页。
[6] 中国新闻史学会新闻传播教育史研究委员会编：《中国新闻传播教育年鉴(2018)》，武汉：武汉大学出版社，2018版，第1页。
[7] 周传儒：《甲骨文字与殷商制度》，上海：开明书店，1934版，第1页。
[8] 中国新闻史学会新闻传播教育史研究委员会编：《中国新闻传播教育年鉴(2018)》，武汉：武汉大学出版社，2018版，第3页。

Write the "Spring and Autumn" of Contemporary Chinese Journalism Education: The Historical Value and Compilation Implication of China News Communication Education Yearbook (2018)

Qi Hui, Zhao Ran

【Abstract】The China News Communication Education Yearbook is the only professional yearbook written by journalism education practitioners from national journalism colleges. It is specially written for China's news communication education. While paying close attention to the reality, the Yearbook pays attention to its retrospective function of history. It has gathered a group of experts and scholars who are enthusiastic about the compilation of the Yearbook, and integrates the sentiment of journalism education into the compilation work. Through the presentation and analysis of data, it reveals the trend of China's journalism education development in the past year, studies the trend of China's contemporary journalism education for the academic circles, and accumulates a large amount of historical materials for future generations to write about the history of Chinese journalism education.

【Keywords】China Journalism Education, China News Communication Education Yearbook, China Journalism History Society

栏目编辑 • 刘宇阳

书 评

仪式、话语与认同：
论新闻传播教育集体记忆的建构
——兼评《中国新闻传播教育年鉴（2018）》

摘 要：记忆一般是指对过往的追溯与回顾。《中国新闻传播教育年鉴（2018）》作为一种建立在历史资料基础上的"严肃记忆"，也是国内第一本以新闻传播教育为主题的年鉴，它记录历史，传承文化，并运用仪式这一存储媒介与话语这一叙述策略，召唤起人们对于新闻传播教育行业集体身份的认同，从而建构起对新闻传播教育行业的集体记忆。

关键词：文化记忆 新闻传播教育 身份认同　　　　文／李菲 吴果中

文化记忆是国家、民族的宝贵财富，不同文化在不同时代具有不同的印记。中国的新闻传播教育已走过了百年历史，但关于它的记忆却是零散的、碎片的、不成体系的。2016年，由中国新闻史学会新闻传播教育史研究委员会编、张昆教授主编、武汉大学出版社出版的《中国新闻传播教育年鉴》开始将散落四处的零散记忆片段加以搜集、整理，经过三年的出版发行，已出版至第三卷《中国新闻传播教育年鉴（2018）》[以下简称《年鉴（2018）》]，这三卷共同构建了中国新闻传播教育的整体记忆框架，书写了中国新闻传播教育及其文化记忆的历史新篇章。

一、记录与传承：文化记忆构建的内在驱动力

罗素说，人的精神的实质是记忆，没有记忆就没有精神。[1]通俗地说，记忆是"对过往的追溯与回顾"[2]，是"一种集体行为，人们通过日常交往从集体中获得对某一类事物的经验"[3]。从远古到现代，记忆毫无疑问地被认为是非常重要的。在传统社会，记忆一直是人们生存的重要信息来源。人们依靠对过往的记忆与积累的实践经验安排生产与生活，"日出而作、日落而息"，年复一年地践行"秋收冬藏"。在这种相对静止和原始简单的社会形态中，记忆可以被反复调取和使用。随着纸质媒介与印刷媒介的出现和普及，记忆从暂时性的、不稳定的口头与经验逐渐变成永久性的存储。数字媒介的出现，更是极大地拓展了记忆的形式与内容，所有的信息甚至痕迹都可以被记录和存储下来，从而拓展成信息的海洋。

在这样一个信息超载时代，看似万事万物都能成为记忆的对象，然而，实际上人们也因此在记忆宫殿里迷失了记忆的焦点——或存储了过时的材料，或难以打捞自己所需的记忆。而在新消费主义时代，整个社会陷入了消费的狂欢，文化也被裹挟其中，打上了泛娱乐化的烙印。记忆与历史以娱乐化的方式被言说。如此，记忆存在着失忆与失真的风险，因而定期搜集和整理记忆便显得尤为重要。专业年鉴则可以规避以上风险。作为一种信息密集型的资料性工具书，它有明确的宗旨，清晰的结构，特定的受众群体，它不是以娱乐消遣为目的的"通俗记忆"，而是一种建立在历史资料文献基础上的"严肃记忆"[4]，担负着形成社会记忆、集体记忆的重大责任[5]。由张昆教授领衔的中国新闻史学会新闻传播教育史研究委员会编撰的《中国新闻传播教育年鉴》，调动了各大高校相关学者的通力合作，在编纂过程中，每位参与者都以"中国新闻传播教育"这一框架为宗旨，以"总论篇""平台与人物篇""成果与政策篇"等三个板块为总框架，按照框架结构从各自地区、学校的实际出发提供资料，这些资料是集体记忆的碎片，但融合起来便是整个传播教育的整体记忆，对新闻传播教育界产生深远的影响。

从整体意义上来说，《中国新闻传播教育年鉴》是国内第一本以新闻传播教育为主体的年鉴。中国新闻传播教育自1918年10月14日在北京大学开设新闻学讲座算起，

135

记录历史 开拓未来
《中国新闻传播教育年鉴》五周年纪实

书 评

已走过了波澜壮阔的百余年历史,这百余年来,中国新闻传播教育从无到有、由弱到强、从水土不服到本土化发展……可以说,它一直在曲折中顽强发展。但令人遗憾的是,百余年来却没有一套相对完整的资料来梳理其历史脉络。尤其是近年来,随着互联网技术的不断发展和新媒体的广泛普及,全球媒介生态和中国传播环境都发生了巨大变化:不少以往被奉为圭臬的传播学理论被颠覆,新闻传播理论与实践成了难以黏合的"两张皮",新闻传播教育工作面临新形势、新挑战。怎样与时俱进地开展传媒教育,是当前学界需要探索的问题,亦是国家推进世界一流大学和一流学科建设方案对教育界提出的具体要求。要回答好这一问题,就必须对全国的新闻传播教育状况有清晰的、完整的认识。《中国新闻传播教育年鉴》不仅收集整理了近百年来新闻传播教育界的发展历程,更是记录了当下中国新闻传播教育各学院、各流派、各学科的新发展、新变化、新成就、新问题[6],使我们能在历史中、从同行的成功经验中得到解决问题的灵感与启示。

从社会功能上来说,《中国新闻传播教育年鉴》能记录历史,传承文化。记录历史是现世的人们对过往的人们所负有的义务[7],也是人们对过往相似性认同的精神体验,是对共同文化的传承,也是对过往共通情感的依附。《中国新闻传播教育年鉴》自2016年出版至今,全面记录了中国新闻传播教育百余年来的发展状况,摸清各省市区高校的学科与专业建设、招生及师资情况,勾勒了一幅各大行政区的传播教育地图,展现了一代新闻传播教育大师风采及教学理念,记录了国外名校新的探索,同时在比较分析的基础上,归纳出各传媒院校学科发展状况、科研水平、办学方针、发展战略,为我国新闻教育发展提供了夯实的史料基础,形成了一代新闻传媒人的集体记忆,为未来者认识今天的历史提供莫大的帮助,有利于新闻传播教育文化的传承。正是在记录历史与传承文化的目的驱动下,《中国新闻传播教育年鉴》得以面世;由于严谨设计与全面规划,它的面世又能更好地记录中国新闻传播教育的历史,并传承一个时代集体的文化记忆。

二、记忆建构与身份认同的仪式化

记忆是对过去的一种铭记,而过去又由记忆所书写、记录。不过,记忆这一过程具有高度复杂性,与过去总存有偏差,如何更真实地再现过去,就需要我们找到更好的存储记忆的媒介。仪式就是这样一种存储媒介。仪式起初是人类学的一个重要概念,按照一般的外文词典,它有两层含义:一种是宗教意义上的仪式、礼俗;另一种是日常生活中的仪规、礼俗、程序。两者均用以描述那些界定和表现特殊的时刻或事件。[8]人类学家涂尔干认为,仪式在个人社会化过程中担负着不可取代的作用,它无时不有、无所不在,是建立一个群体所必需的最基本的社会组织方式。[9]德国学者阿斯曼更是将仪式视为文化记忆的首要载体,认为要想实现仪式的文化记忆功能,必须有两个不可或缺的环节:一是集团成员的全部到场和亲自参与;二是对集团历史的上演和重新收录。[10]

《年鉴(2018)》就是用仪式化的方式来建构新闻传播教育的集体记忆,从而实现身份认同。首先,《年鉴(2018)》的编写就是一种仪式。书本的策划、资料搜集、创作过程实际上是各新闻传播教育界的学者及其实践者对传播教育理念、教育精神、教育问题的共同思考与探索过程,而统稿、审校、编辑、印刷、出版,这种看似例行公事的过程,作为一种"仪式",是各教育工作者对传媒教育界教育理念、教育精神、教育方法等思考与探索的结果,以仪式化的形式加以认同与确认的过程。其次,《年鉴(2018)》本身也是一种仪式。它不仅记录、记载着新闻传播教育史上各活动仪式的精彩瞬间,而且通过举办活动等方式,以仪式化的手段营造了新闻传播教育的集体公共空间,向社会呈现出新闻传播教育的办学理念、办学方法与办学方向。再次,《年鉴(2018)》发布仪式及年度新闻教育界的重大仪式活动,邀请诸多著名学者共同见证,这些著名学者"身体的共同在场"既是对该书的一种"地位赋予",强化了对该书的正确性与权威性认同,同时也放大了现场的气氛和情绪,扩大了事件的影响力,更容易形成集体记忆。此外,《年鉴(2018)》收录了各大高校举办的学术活动影像照片,作为仪式的影像,本身就具有记忆存储功能,这些影像可以被视为正在演进的新闻传播教育经历的根据,从而为未来提供一些可能的启示与参照。同时,作为参与者的受众在翻阅这些照片时,能迅速回忆起属于他们的共同记忆。而作为观看者的受众,在注视"他们"的过程中,能够调取自己的相关记忆,找到个人与"他们"相关联的记忆过程,从而迅速将自己划入"他们"的领域。于是,"我们"转化成了"他们",形成无意识的集体身份认同。

三、文化记忆与身份认同的话语策略

话语,指"说话者或作者在某个语境中用来表达自己意思或实现自己的意图的词、短语或句子"[11]。话语分析

三、《年鉴》书评

▌书 评

是一种社会分析方法,揭示人类如何理解彼此的话语[12]。梵·迪克在《作为话语的新闻》中指出:"话语分析的主要目的是对我们称为话语的这种语言运用单位进行清晰的、系统的描写……这种描写有两个主要的视角:文本视角和语境视角。"文本视角是从微观层面对文本各个层次上的话语结构进行分析如语音、词汇、句法、语义等。语境视角则是把这种微观的分析与语境中的社会文化因素结合起来考察,对话语做宏观的描述。[13]因为年鉴类书籍本身为史料,大体上属于"严肃记忆",文本区别不大,故而此处主要采用语境视角来分析《年鉴(2018)》的话语呈现。

首先,采用符号重复出现的方式来进行话语构建。《中国新闻传播教育年鉴》已出版了三卷,形成了成熟的体系结构和叙事风格,《年鉴(2018)》也依然按照年度综述、中国新闻传播教育地图、院系巡礼、教育家研究、口述史研究、院长论衡、行业组织和相关学会介绍、学科专业建设、本科人才培养、研究生与博士后流动站、各类获奖、学生竞赛、新闻教育研究、大事记及各种附录等框架结构。这些结构经过年复一年的稳定出版,已形成一种固定的符号重复呈现,从而内化成中国新闻传播教育的稳固记忆。

其次,《年鉴(2018)》构建了一幅客观、真实、向上的、成就式的话语体系。"2017年中国新闻传播教育综述"、新增栏目"各省、自治区、直辖市新闻传播教育发展综述"回眸了各省市新闻传播教育的发展历程,回顾了各省市传播教育的奋斗史,既不避讳在发展过程中面临的问题,也不拔高所取得的成绩;"华中四省新闻传播教育地图"客观、真实地再现了华中四省的专业设置、本科及研究生教育、部校共建、社会队伍、师资情况,这里采用的是客观话语。而标题框架中"硕果""成果""进取""阶段性成果""展望"等词汇,则构建的是一幅向上的、和谐的、成就式的话语体系。这些话语的使用加强了受众对新闻传播教育发展的信心,也在情感上增添了对所在地区新闻传播教育发展的认同。

另外,《年鉴(2018)》也使用了质朴自然的语言风格。"教育家研究系列"方晓红、张国良教授的口述史、"名师风采"部分"方汉奇:师道尊严的个体呈现"与"刘海贵:为新闻教育激情澎湃"等,放弃了宏大的叙事话语,使用质朴自然的语言风格,通过教授们的学生、如今的著名学者回忆个人与老师的联系,将学者的职业生涯展现在读者面前,因贴近大部分教师读者的日常生活,因此教师读者很容易将自己代入其中,将前辈的职业成就视为自己奋斗的方向,拉近了著名学者与普通教师、学生的距离,构建起了新闻

传播教育这一行业的共同的语言、共同的认知、共同的情感和共同的经验,从而找到了集体归属感与认同感,而对学生读者来说,前辈的职业成就代表着整个行业的水平,从而容易在心中塑造起对整个行业权威性的认同。

四、结语

《年鉴(2018)》运用仪式这一存储媒介与话语这一叙述策略,召唤起人们对于新闻传播教育行业集体身份的认同,从而建构起对新闻传播教育行业的集体记忆,也为我们研究中国新闻传播教育的过去提供了新视角。当然,记忆也并非仅仅指涉过去,它还可以通过对过去的指向来引领当下,勾勒未来。虽然《年鉴(2018)》只是《中国新闻传播教育年鉴》的第三卷,编者工作仍任重道远,但前三卷对行业过去与现状的描述,为期许未来新闻传播教育繁荣昌盛提供了合法性与合理性,也即意味着新闻传播教育必将迎来万花盛开的春天。

参考文献:

[1] 罗素.西方哲学史(下册)[M].北京:商务印书馆,1996:121.

[2] 闫宏秀.记忆何以创构未来——数据与记忆的未来指向[J].探索与争鸣,2018(11):67.

[3] 莫里斯·哈布瓦赫.论集体记忆[M].毕然,郭金华,译.上海:上海人民出版社,2002:303-304.

[4] 邓金明."文革"小说:集体记忆与集体书写的反思[M]//周宪.文化研究(第11辑).北京:社会科学文献出版社,2014:169.

[5] 刘书峰.年鉴社会记忆功能中的仪式与话语[J].中国年鉴研究,2018(3):33.

[6] 张昆.中国新闻传播教育年鉴编撰的必要性论析[J].现代传播,2016(11):143.

[7] 彭刚.历史的记忆与历史的书写[J].史学史研究,2014(6):12.

[8] 王英.媒介仪式:国庆60周年庆典及其媒介呈现探析[J].新闻记者,2009(12):15.

[9][10] 王霄冰.文字、仪式与文化记忆[J].江西社会科学,2007(2):242.

[11][12] 李悦娥,范鸿雅.话语分析[M].上海:上海外语教育出版社,2002:4-5.

[13] 凡·迪克.作为话语的新闻[M].曾庆香,译.北京:华夏出版社,2003:27-32.

(作者单位系湖南师范大学新闻与传播学院)

记录历史 开拓未来
《中国新闻传播教育年鉴》五周年纪实

PINSHULU | 品书录

新闻传播学脉延续与创新*

□文 | 李兴博

张昆教授主编的《中国新闻传播教育年鉴（2018）》（以下简称《年鉴（2018）》，2018年10月武汉大学出版社出版）题材广泛，内容丰富，是对2017年中国新闻传播教育事业的综合呈现。作为系列年鉴的第三部，该书学理性突出，没有浮光掠影之弊，而且在继承优良传统的基础上，呈现学脉的延续与创新。

继承编纂经验，完备内容体例。年鉴需要广泛收集、系统编排，及时反映某一领域新的成果、经验和动态，并持之以恒，聚沙成塔，形成对某一领域长时间的记录观察。依据这一基本原则，共130万多字的《年鉴（2018）》整体上延续之前的结构布局，分为"上篇总论""中篇平台与人物""下篇成果与政策"三部分。此外，该系列年鉴从第一本开始便已形成的早计划、广发动、重统稿的编纂经验也延续至今。在张昆教授的协调谋划下，全国众多地区、高校的新闻传播教育力量，得以齐心协力，按部就班，实现全方位合作，保证了《年鉴（2018）》顺利出版。继承之外不断发展完善是年鉴编撰的重要取向。该年鉴秉行高标准和严要求，重视质量建设，不断挖掘进步空间，新增"卸任院长感言""名师风采""新闻传播教育改革前沿""新闻教育研究与研讨"等栏目，内容体例逐渐完备。

传承史学传统，奠定研究基础。史料是史学研究的基础，新闻史亦不例外。编纂"新闻传播教育年鉴"既是传承新闻传播教育史的研究传统，也是记录当代中国新闻传播教育的发展历程。纵观新闻传播教育研究历史，从新闻教育诞生至今，史料收集和整理一直是极端重要的工作。《年鉴（2018）》是对2017年中国新闻传播教育事业全方位、多层次的观察记录，既提供了时事动态信息、综述及回溯性资料，也提供了逐年可比的数据统计资料、实用的指南和便览性资料。"史料的价值决定研究的价值"，《年鉴（2018）》收集的鲜活资料，能自然延伸出相应的学术研究，将推动研究工作细化和深入。例如，年鉴收集的区域性史料，为地方新闻史研究提供了大量可资利用的文献材料；新闻传播教育行业组织是新闻传播教育活动重要的参与者，关于它的研究是新闻传播教育史研究的一块待垦地。而且，"史料是思想利器"，丰富的资料可为新闻传播学转换学术范式、实现理论创新奠定基础。

注重方式方法，创新呈现手段。在内容呈现的方式上，《年鉴（2018）》注重点面结合、条块结合，融资料收集和学术研究功能于一体。年鉴除了有概括性的、全面的、系统的记述部分来说明事物的整体状况，还必须有典型的、代表性的事例来加以补充，使它对整体的分析更具说服力，给读者以更深刻的印象或更具体更形象的资料。在《年鉴（2018）》中，第一章"2017年新闻传播教育综述"是"面"，是对全国新闻传播教育事业整体性总结概括，之后的诸多篇章则以典型案例为"点"展开详述，与第一章呼应。该系列年鉴条块结合的"大手笔"是通过已出版的三本年鉴共同实现的：三本年鉴分别以院校类别、专业类别、行政区域为划分依据，进行条分缕析的呈现，完成新闻传播教育历史现状的深化梳理。《年鉴（2018）》并未局限于传统年鉴的基本功能，在记录当下历史的同时，还为学术共同体提供了优质的研究平台。"教育家研究系列"和"新闻传播教育史钩沉"通过专文、访谈等多种方式记述新闻传播教育历史上重要的人和事。在呈现方法上，《年鉴（2018）》将比较、数据统计、口述史等方法综合运用，使得中国新闻传播教育事业的发展成绩得到全面、科学、充分的呈现。特别是口述史的方法，目前在新闻传播史研究中系统使用的成果仍是少数。《年鉴（2018）》记录当代新闻传播教育的发展变化，恰好为口述史在新闻传播史研究中的运用提供了空间。且年鉴逐年连续出版，使得口述史方法可以持续系统地使用。

（作者单位：暨南大学新闻与传播学院）

* 本文系国家社会科学基金重大项目"中国共产党新闻宣传工作史料收集、整理与数据库建设（1949-1966）"（18ZDA314）相关成果

书 评

● 刘义昆

《中国新闻传播教育年鉴》的时代价值
——兼论中国新闻传播学的发展方向

由中国新闻史学会新闻传播教育史研究委员会主持编撰的《中国新闻传播教育年鉴》(下文简称《年鉴》)迄今已出版四部,第五部也将于今年11月出版。作为编辑部成员,笔者有幸参与了《年鉴》的撰稿与编辑工作。《年鉴》的出版引发学界广泛关注,被称为开先河之作。[1]梳理文献可知,对《年鉴》之于新闻传播教育的史学价值,学界已有广泛讨论,但对《年鉴》之于新闻传播学研究的启示意义,未见深入的探讨。我们认为,作为中国新闻传播学界集体智慧的结晶,《中国新闻传播教育年鉴》是一次"为时代画像、为时代立传、为时代明德"[2]的学术实践。检视《中国新闻传播教育年鉴》编撰的实践,或可为中国新闻传播学的未来发展提供启示。

为时代画像:《中国新闻传播教育年鉴》的编撰思路

年鉴是一种以及时性、全面性、权威性、政策性、资料性为特征的大型工具书,具有存史、实用、资治、励志、交流和促发展等方面的价值。从历史的视角看,年鉴具有存史的价值;从现实的视角看,年鉴则具有"为时代画像"的功能。

以每部一千多页的篇幅,《年鉴》为我们展示了一幅幅中国新闻传播教育的全景图。上篇总论部分简要书写了中国新闻传播教育的百年简史,对过去一年中国新闻传播教育进行综述,对不同类别院校以及各省、自治区和直辖市的新闻传播教育也分别进行综述。在中篇平台与人物部分,除了梳理新闻传播教育行业组织动态,还选择中国大陆及台港澳地区的新闻传播院系、教育家、教学名师进行分别介绍,另有教授名录、院长论衡、他山之石、史海钩沉等栏目。下篇成果与政策部分,则为学科建设、人才培养、学生竞赛、科学研究等板块。

"为时代画像"是《年鉴》的编撰思路:既要全方位覆盖中国新闻传播教育的全部要素,又要突出重点,聚焦当下学界、业界关注的问题。[3]《年鉴》以记录当代历史、反映教育实态为使命,既有宏观扫描,勾画了全国、地区、省市的新闻传播教育发展图景,也有微观深掘,剖析了新闻传播教育面临的问题和需求。《年鉴》具有很强的问题意识,在记录全国、省(市、区)及学校新闻传播教育发展状况的同时,直面各个方面、各个层次的问题;在推介一些著名院校改革探索时,为全国新闻传播教育改革提供了全方位、多层次的启示和参照。编辑的编撰思路,在一部部的《年鉴》编撰实践中逐步完善。

作为记录中国新闻传播教育的当代史,《年鉴》秉持史家精神尝试打造教育信史。[4]它不吝展示中国新闻传播教育的丰功伟绩,亦不讳言中国新闻传播教育面临的现实问题。从《年鉴》中我们可以看到,新闻传播教育在中国教育体系中虽然已占据重要位置,但在一流学科建设、人才培养等方面仍然面临着一系列待解难题。这启示我们,"为时代画像"是为了"反映现实,观照现实",最终"有利于解决现实问题、回答现实课题"。因而,学术研究不能变成歌功颂德、无病呻吟,也不能避重就轻、蜻蜓点水,而应直面社会现实问题,在"反映现实,观照现实"的同时秉持"存史"的史家精神。

为时代立传:《中国新闻传播教育年鉴》的隐性线索

如果说"为时代立传"是《年鉴》的编撰思路,那么"为时代立传"则是《年鉴》的隐性线索。《年鉴》对中国人民大学、中国传媒大学、复旦大学、武汉大学、清华大学、华中科技大学等全国包括港澳台地区的新闻传播学院进行专题介绍。每部《年鉴》展示10多所新闻传播学院,对美国哥伦比亚大学、威斯康星大学、麻省理工学院、伊利诺伊大学、南加州大学等美欧国家的新闻传播教育也有专题分析。《年鉴》还设有教育家研究栏目,对陈望道、谢六逸、王中、安岗、顾执中、罗列、马星野、徐宝璜等教育家的思想进行了剖析。从宏观到微观、从群像到个体、从设想到成就,从中国到世界。在这样立体的叙事中,中国新闻传播教育的形象也就鲜活了起来。

口述历史方法的应用是《年鉴》的一大亮点。《年鉴》设置"口述史"栏目,选取教育家和教学名师作为口述人,记录他们的教育理念与实践探索。仅《年鉴》(2016)中就收录有11篇口述史,口述人包括何梓华、刘树田、赵玉明、曹璐、吴文虎、吴高福、邱沛篁、童兵、罗以澄、李良荣、程世寿等。另有"新闻传播教育史钩沉"栏目,邀请中国新闻传播教育史的见证人和亲历者撰写回忆文章,再现历史真相。从这些学者的口述或自述中,既可以感受到教育家们成长的历史,也会对中国新闻传播教育的开创、发展与壮大有更为丰满的认知。

"画像"与"立传"是我们记录事物的两种方式。两者有同有异、互为补充。"画像"更为静态,多属"浅描";"立传"

记录历史 开拓未来
《中国新闻传播教育年鉴》五周年纪实

书评

更为动态,多属"深描"。"深描"与"浅描"都可以成为好的学术研究,关键于能否做到"虽深亦浅,虽浅亦深"⑤。《年鉴》虽属"浅描"性质,但也在一些局部成功尝试了"深描"。这源于编撰者自身就是一线的教师或一流的学者,有饱满的编撰热情与丰富的实践经验,有着鲜活的第一手资料与规范的研究方法。《年鉴》的这些尝试启示我们,学术研究"为时代画像""为时代立传",不仅要"讲好时代故事""讲好中国故事",在"画像"与"立传"的同时也应掌握科学的研究方法。

为时代明德:《中国新闻传播教育年鉴》的理想追求

习近平总书记所倡之明德,语出《大学》首句:"大学之道,在明明德,在亲民,在止于至善。"要实现这一使命,新闻传播学界不仅要有信仰、有情怀、有担当,还要坚守高尚职业道德,多下苦功、多练真功,做到勤业精业。

《年鉴》本身是苦功与真功所结出的硕果,背后则是新闻传播学界的信仰、情怀和担当。每年参与《年鉴》编写的作者和编辑有一百多人,全部都是高校教师。全国新闻传播学院有钱的出钱,有人的出人。这些作者、组稿人在编辑部周围形成了一个绵密的、有机的组织网络,运作高效。《年鉴》编撰的价值虽然从未遭到质疑,但因为一般不与学术成果挂钩,学界对这类大型工具书往往"敬而远之"。正因如此,这部由全国新闻传播学院和一百多位教师勠力打造的《年鉴》,才会尤显可贵。翻开一部部厚厚的《年鉴》,我们能从中感受到新闻传播学界的信仰、情怀和担当,以及"为时代明德"的理想追求。

《年鉴》以新闻传播教育的时代进程为经,以教育改革、学科建设与人才培养为纬,来践行"为时代明德"的使命。在梳理中国新闻传播教育的百年历史进程之后,《年鉴》开始"与时代同步伐"记录新闻传播教育的发展现状,尝试回答:新时代中国需要怎样的新闻传播教育、如何进行学科建设和人才培养。《年鉴》通过新闻传播院系巡礼、教育家研究、名师风采、院长论衡和他山之石等栏目,在更为具体的层面上尝试回答:新时代中国需要怎样的新闻传播学院、需要怎样的教育家、名师和院长。在《年鉴》中,著名新闻教育家陈望道的"好学力行"、中国现代新闻教育家谢六逸的"新闻为人生"、新闻史学家方汉奇的"要当先生,先做学生"等诸多观点,体现了新闻教育家们高远的理想追求,描绘了新闻传播教育的精神图谱。《年鉴》以为教育家、名师和院长"画像"和"立传"的方式来彰明德行,从而践行为新闻传播"明大德"的学术使命。

坚持与时代同步伐:中国新闻传播学的发展方向

作为中国新闻传播学界集体智慧的结晶,《年鉴》是一次"为时代画像、为时代立传、为时代明德"的学术实践,体现出中国新闻传播学界"用明德引领风尚"的学术追求。《年鉴》直面中国新闻传播教育向何处去的时代命题,将这种紧迫重大的问题意识,贯穿于《年鉴》的内容设计、材料搜寻与梳理点评之中,力求将对这一问题的探讨推向深入。

事实上,梳理习近平总书记关于哲学社会科学的系列重要讲话,"时代"二字在其中频频亮相。紧扣"时代"这一关键词,我们或许可以从这些讲话中,窥见中国新闻传播学未来发展的"密码"。

在治学理念上,新闻传播学应该"坚持与时代同步伐、坚持以人民为中心、坚持以精品奉献人民、坚持用明德引领风尚"⑥。文章合为时而著,歌诗合为事而作。一切有价值、有意义的学术研究,都应该反映现实、观照现实,都应该有利于解决现实问题、回答现实课题。《年鉴》的编撰者,正是这一治学理念的践行者。不过,在"学术评价体系不够科学,学风方面问题还比较突出"的背景下,"板凳要坐十年冷,文章不写一句空"如何不致沦为口号,尚需新闻传播学界同仁的共同努力。

在研究视域上,新闻传播学"要坚持用马克思主义观察时代、解读时代、引领时代"。坚持马克思主义,就是要坚持马克思主义基本原理和贯穿其中的立场、观点、方法,为解决问题提供新理念、新思路、新办法。与此同时,"要以科学的态度对待科学,以真理的精神追求真理,不断赋予马克思主义以新的时代内涵"⑦。质言之,能否"提出具有自主性、独创性的理论观点",能否"更好用中国理论解读中国实践",决定着中国新闻传播学的兴衰成败。

新中国成立70多年来,中国新闻传播学一直坚持以马克思主义为指导,深入解析中国新闻传播事业的内在逻辑,形成了大量优质的新闻传播学成果,培养了大批卓越的新闻传播人才,为建设中国特色社会主义提供了强有力的智力支持。展望新时代,中国新闻传播学若能紧扣"时代"这一关键词,坚持与时代同步伐,必然会"拥有无比广阔的空间"。⑧

注释:
①欧阳敏 范军:《实用性、场域呈现与历史书写——评〈中国新闻传播教育年鉴(2016)〉价值的三个维度》,《出版发行研究》,2018年第10期
②习近平:《一个国家、一个民族不能没有灵魂》,《求是》,2019年第8期
③张昆:《新闻传播教育年鉴编纂的必要性论析》,《现代传播》,2016年第11期
④张昆:《秉史家笔法,记录中国新闻传播教育的当代史》,《出版发行研究》,2018年第10期
⑤杨国斌:《中国互联网的深度研究》,《新闻与传播评论》,2017年春夏卷
⑥⑧习近平:《一个国家、一个民族不能没有灵魂》,《求是》,2019年第8期
⑦习近平:《在主持中共中央政治局第五次集体学习时的讲话》,新华社,2018年4月23日

[作者为中国地质大学(武汉)艺术与传媒学院副教授,中国新闻史学会新闻传播教育史研究委员会副秘书长、常务理事,中国新闻传播教育年鉴编辑部成员]

三、《年鉴》书评

四、纲举目张

《中国新闻传播教育年鉴（2016）》在近200位同仁的参与下，虽然实现了从无到有的历史性跨越，但现在回头来看，其结构体系并不成熟、编写也不够规范。《年鉴》编委会在编撰之初就意识到，《年鉴》的结构体系和编写规范，必然会有一个不断完善的过程。

因此，编委会每年都会对《年鉴》的结构体系和编写规范进行或大或小的调整。在这里，我们将《年鉴》5年来各卷的目录进行简要展示，不仅是为了回顾年鉴所取得的些许成绩，更是为了反思过去，从而更好地展望未来。

《中国新闻传播教育年鉴（2016）》目录

一、总论篇

第1章　中国新闻传播教育简史
  1.1　中国新闻传播教育的初创
  1.2　初创时期新闻传播教育的代表院系——燕京大学新闻系
  1.3　国民党统治时期的新闻传播教育
  1.4　复旦大学新闻系的创办及发展
  1.5　中华人民共和国的成立与新闻传播教育的调整、发展
  1.6　中国人民大学新闻系的创办及意义
  1.7　新闻传播教育的灾难时期
  1.8　改革开放与新闻传播教育的复苏与初步繁荣
  1.9　世纪跨越与新闻传播教育的万紫千红

第2章　不同类别院校新闻传播教育发展综述
  2.1　我国外语外贸院校新闻传播教育发展综述
  2.2　民族院校新闻传播教育发展综述
  2.3　工科院校新闻传播教育发展巡礼
  2.4　体育院校新闻传播教育发展综述
  2.5　师范院校新闻传播教育发展综述
  2.6　农林院校新闻传播教育发展综述
  2.7　独立学院和民办学院的新闻传播教育
  2.8　军事院校新闻传播教育发展综述
  2.9　新疆生产建设兵团院校新闻传播教育发展综述

二、平台与人物篇

第 3 章　新闻传播教育界行业组织

3.1　教育部高等学校新闻学学科教学指导委员会

3.2　全国新闻与传播专业学位研究生教育指导委员会

3.3　国务院学位委员会学科评议组

3.4　中国新闻史学会

3.5　中国高等教育学会新闻学与传播学专业委员会

3.6　中国高等教育学会广告教育专业委员会

3.7　中国高等教育学会公共关系教育专业委员会

3.8　中国新闻文化促进会传播学分会

3.9　中国新闻史学会新闻传播教育史研究委员会

第 4 章　新闻院系巡礼

4.1　中国人民大学新闻学院

4.2　中国传媒大学新闻传播学部

4.3　复旦大学新闻学院

4.4　武汉大学新闻与传播学院

4.5　清华大学新闻与传播学院

4.6　华中科技大学新闻与信息传播学院

4.7　四川大学文学与新闻学院

4.8　北京大学新闻与传播学院

4.9　暨南大学新闻与传播学院

4.10　上海交通大学媒体与设计学院

4.11　上海大学上海电影学院

4.12　浙江大学传媒与国际文化学院

4.13　华东师范大学传播学院

4.14　南京大学新闻传播学院

4.15　厦门大学新闻传播学院

第 5 章　研究生教育与博士后流动站

5.1　硕士生教育

5.2　博士生教育

5.3　博士后流动站

第6章　教育家研究系列
  6.1　新闻教育家研究
  6.2　院长自述或口述史研究

第7章　新闻传播学教授名录

三、成果与政策篇

第8章　专业、课程、教材与实验室建设
  8.1　专业建设（国家级特色专业）
  8.2　课程建设
  8.3　教材建设
  8.4　国家级实验教学示范中心
  8.5　国家级教学成果奖（2005—2014）
  8.6　国家教学名师奖
  8.7　清华大学范敬宜奖

第9章　学生竞赛
  9.1　全国大学生广告艺术大赛（2011—2015）
  9.2　中国大学生计算机大赛（2010—2015）
  9.3　中国大学生公共关系策划大赛（2011—2015）

第10章　专业与学科评估
  10.1　新闻传播教育本科专业评估报告
  10.2　专业硕士评估
  10.3　博士点建设评估
  10.4　一级学科评估

第11章　科学研究与交流
  11.1　概述
  11.2　国家社会科学基金项目
  11.3　教育部人文社会科学基金项目
  11.4　国家新闻出版广播电视总局科研项目
  11.5　国家哲学社会科学成果文库
  11.6　教育部人文社会科学奖

11.7 新闻传播教育著述

11.8 新闻传播教育会议综述

附录1　新闻传播学类专业本科教学质量国家标准

附录2　新闻传播学一级学科简介及"硕、博士学位要求"

附录3　全国新闻传播学类本科专业点分布情况

附录4　新闻传播学院基本数据统计表

附录5　中国新闻传播教育大事记（2015）

《中国新闻传播教育年鉴（2017）》目录

上篇　总论

第 1 章　2016 年中国新闻传播教育综述
  1.1　人才培养
  1.2　教育改革
  1.3　学科与专业建设
  1.4　科学研究
  1.5　学术交流
  1.6　社会服务
  1.7　国际化办学
  1.8　结语

第 2 章　中国新闻传播类专业教育发展的历史回眸
  2.1　新闻专业教育的历史回眸
  2.2　广播电视学教育的历史回眸
  2.3　广告专业教育的历史回眸
  2.4　传播学教育的历史回眸
  2.5　编辑出版教育的历史回眸
  2.6　网络与新媒体教育的历史回眸
  2.7　公共关系教育的历史回眸
  2.8　播音与主持艺术教育的历史回眸
  2.9　广播电视编导教育的历史回眸
  2.10　中国摄影高等教育发展历程与现状

四、纲举目张

第 3 章　中国华北地区新闻传播教育地图
　　3.1　专业设置
　　3.2　本科教育
　　3.3　研究生培养
　　3.4　部校共建成为新闻传播学类人才培养的重要举措
　　3.5　学术研究
　　3.6　社会服务
　　3.7　师资队伍
　　3.8　国际化

中篇　平台与人物

第 4 章　新闻院系巡礼
　　4.1　中国大陆新闻传播院系
　　4.2　港澳台地区新闻传播院系——香港城市大学媒体与传播系

第 5 章　新闻传播教育界行业组织动态
　　5.1　新闻传播教育界主要管理组织 2016 年活动综述
　　5.2　中国新闻史学会及所属二级学会 2016 年活动综述
　　5.3　其他新闻传播教育类学会 2016 年活动综述

第 6 章　教育家研究系列
　　6.1　教育家研究
　　6.2　口述史研究

第 7 章　教授名录

第 8 章　新院长施政方略
　　8.1　陈昌凤：可有"三心"，绝不"二意"
　　8.2　喻国明：互联网，新闻传播学教育的基本逻辑
　　8.3　强月新：围绕质量与特色促进学科建设上台阶
　　8.4　韩立新：凝聚学术特色建设区域智库培养新型人才
　　8.5　张晓峰：聚人心、夯内涵、谋发展

第 9 章　中国新闻传播教育史钩沉

记录历史 开拓未来
《中国新闻传播教育年鉴》五周年纪实

    9.1 关于新闻传播学学科评议组成立前后的回忆

    9.2 我与传播学大师面对面——纪念威尔伯·施拉姆访华35周年

    9.3 余也鲁与传播学的引入

    9.4 激情澎湃的岁月——忆1983年"人大"新闻系教师进修班

    9.5 "世界华文媒体与华夏文明传播国际学术研讨会"琐忆

    9.6 中国广告协会与日本吉田秀雄纪念事业财团广告教育与研究合作项目（2002—2008）回顾

下篇 成果与政策

第10章 学科与专业建设
    10.1 教育部对口支援西部新闻传播学科概览（2001—2016）
    10.2 电通中国广告教育合作项目20年

第11章 本科人才培养
    11.1 课程建设
    11.2 教学改革成果

第12章 研究生教育
    12.1 2016年新闻传播学硕士研究生教育
    12.2 2016年新闻传播学博士研究生教育
    12.3 2016年博士后流动站

第13章 获奖情况
    13.1 中国新闻史学会"新闻传播学学会奖"
    13.2 宝钢教育基金会优秀教师奖
    13.3 第四届范敬宜新闻教育奖

第14章 学生竞赛
    14.1 全国大学生广告艺术大赛
    14.2 中国大学生计算机大赛
    14.3 中国大学生广告艺术节学院奖

第15章 科学研究
    15.1 国家级科学基金课题

15.2 中国高校新闻传播学学科国内外权威及重要期刊发表论文数排名
15.3 2016年新闻传播教育研究的回顾与展望
15.4 新闻传播教育论文目录（2016）
15.5 新闻传播教育专著介绍（2016）
15.6 新闻传播教育会议综述（2016）

第16章 他山之石：国外新闻传播教育最新动态扫描
16.1 美国新闻传播教育最新动态——以哥大新闻教育为例
16.2 英国新闻传播教育最新动态
16.3 日本新闻传播教育最新动态

第17章 中国新闻传播教育大事记（2016）

附录 2016年度国家领导人相关讲话

《中国新闻传播教育年鉴（2018）》目录

上篇　总论

第1章　2017年中国新闻传播教育综述
1.1　"方汉奇基金"的设立为新闻传播学和新闻史研究助力
1.2　"学科评估"体现新闻传播教育新的格局和变化
1.3　中国新闻史学会2017年学术年会创学会成立25年来的"历史之最"
1.4　人才培养崇尚"全媒化""复合型"
1.5　新闻传播教育改革在两个方面取得进展
1.6　学术交流：合纵连横，内外互通
1.7　"媒体融合实验室"建设和功效初显
1.8　学界业界互聘，关注青年教师
1.9　国际化办学
1.10　对新闻传播教育的新理解、新论述

第2章　各省、自治区、直辖市新闻传播教育发展综述
2.1　北京市新闻传播教育发展综述
2.2　天津市新闻传播教育发展综述
2.3　河北省新闻传播教育发展综述
2.4　山西省新闻传播教育发展综述
2.5　内蒙古新闻传播教育发展综述
2.6　辽宁省新闻传播教育发展综述
2.7　吉林省新闻传播教育发展综述
2.8　黑龙江省新闻传播教育发展综述
2.9　上海市新闻传播教育发展综述

2.10 江苏省新闻传播教育发展综述
2.11 浙江省新闻传播教育发展综述
2.12 安徽省新闻传播教育发展综述
2.13 福建省新闻传播教育发展综述
2.14 江西省新闻传播教育发展综述
2.15 山东省新闻传播教育发展综述
2.16 河南省新闻传播教育发展综述
2.17 湖北省新闻传播教育发展综述
2.18 湖南省新闻传播教育发展综述
2.19 广东省新闻传播教育发展综述
2.20 广西壮族自治区新闻传播教育发展综述
2.21 海南省新闻传播教育发展综述
2.22 重庆市新闻传播教育发展综述
2.23 四川省新闻传播教育发展综述
2.24 贵州省新闻传播教育发展综述
2.25 云南省新闻传播教育发展综述
2.26 西藏自治区新闻传播教育发展综述
2.27 陕西省新闻传播教育发展综述
2.28 甘肃省新闻传播教育发展综述
2.29 青海省新闻传播教育发展综述
2.30 宁夏回族自治区新闻传播教育发展综述
2.31 新疆维吾尔自治区新闻传播教育发展综述

第3章 华中四省新闻传播教育地图

 3.1 专业设置
 3.2 本科教育
 3.3 研究生教育
 3.4 部校共建情况
 3.5 学术研究
 3.6 社会服务
 3.7 师资队伍
 3.8 国际化

中篇 平台与人物

第4章 新闻传播院系巡礼

记录历史 开拓未来
《中国新闻传播教育年鉴》五周年纪实

  4.1 中国大陆新闻传播院系
  4.2 港澳台地区新闻传播院系

第5章 新闻传播教育行业组织动态
  5.1 新闻传播教育界主要管理组织2017年活动综述
  5.2 中国新闻史学会及所属二级学会2017年活动综述
  5.3 其他新闻传播教育类学会2017年活动综述
  5.4 各省新闻传播教育学会或教学指导委员会等组织

第6章 教育家研究系列
  6.1 教育家研究
  6.2 口述史

第7章 名师风采
  7.1 方汉奇：师道尊严的个体呈现
  7.2 刘海贵：为新闻教育激情澎湃

第8章 教授名录

第9章 院长论衡
  9.1 新院长施政方略
  9.2 卸任院长感言——吴飞：厚德博识、自由容忍

第10章 新闻传播教育史钩沉
  10.1 二进中南海——忆两次永远难忘的新闻教育工作会议
  10.2 《马克思恩格斯报刊活动年表》编写出版始末
  10.3 白纸描图平地高楼——中国广告博物馆创办记
  10.4 跨越时空的"大篷车课堂"
  10.5 跌宕一生的回顾——姚福申教授口述实录
  10.6 学生是教师的最大财富——纪念因公殉职的天津师范大学许椿老师

第11章 他山之石：海外新闻传播教育扫描
  11.1 美国密苏里新闻学院媒介融合教育的做法与经验
  11.2 日本上智大学新闻传播教育概况

11.3 法国格勒诺布尔——阿尔卑斯大学的信息与传播学研究和教育

11.4 威斯敏斯特大学的新闻传播教育

下篇　成果与政策

第 12 章　学科与专业建设

12.1 教育部第四轮学科评估与新闻传播学的未来发展

12.2 "双一流"建设与新闻传播学科领域的一流学科建设

12.3 本科专业认证：首批三所学校的尝试

12.4 本科专业调整

12.5 部校共建新闻学院与新闻人才培养

第 13 章　本科人才培养

13.1 新闻传播类网络公开课建设

13.2 2017 年传媒类国家级实验教学示范中心建设

13.3 新闻传播学院创新创业团队建设

13.4 "电通·创新人才训练营"开展情况

13.5 "方大曾校园行"公益计划纪实（2015—2017）

第 14 章　新闻传播教育改革前沿

14.1 中国人民大学新闻学院的改革探索

14.2 复旦大学新型新闻传播人才培养经验

14.3 深圳大学传播学院的改革与探索

14.4 北京师范大学专业硕士人才培养的创新与实践

第 15 章　研究生教育

15.1 研究生教育概述

15.2 2017 年新设博士点、硕士点统计

15.3 新闻传播学学术硕士布点列表

15.4 新闻与传播专业硕士布点列表

15.5 新闻传播学一级学科博士点列表

15.6 2017 年毕业博士及博士论文题目

第 16 章　博士后流动站

第17章 获奖情况
17.1 吴玉章人文社会科学奖
17.2 中国新闻史学会"新闻传播学学会奖"
17.3 宝钢优秀教师奖
17.4 第五届范敬宜新闻教育奖

第18章 学生竞赛
18.1 大学生广告艺术大赛
18.2 中国大学生计算机大赛
18.3 中国大学生公共关系策划大赛
18.4 大学生广告艺术节学院奖

第19章 科学研究
19.1 新闻传播学类国家社科基金项目立项课题的统计分析（1991—2017）
19.2 国内新闻传播学四大名刊学术论文统计分析

第20章 新闻教育研究与研讨
20.1 新闻传播教育论文（2017）
20.2 新闻传播教育专著介绍（2017）
20.3 新闻传播教育学术会议综述（2017）

第21章 中国新闻传播教育大事记（2017）

《中国新闻传播教育年鉴（2019）》目录

上篇　总论

第 1 章　2018 年中国新闻传播教育综述：中国新闻传播教育的第 100 年

    1.1　纪念中国新闻教育暨北京大学新闻学研究会成立 100 周年

    1.2　回顾与总结改革开放 40 年来的新闻传播教育

    1.3　新闻传播教育因应国家"一带一路"建设

    1.4　"双一流"建设成效初显

    1.5　"家族"扩大，新闻传播教育有了新发展

    1.6　深化"部校共建"

    1.7　强化师资队伍建设，提升教师综合能力和执教水平

    1.8　人才培养更加务实与理性

    1.9　硕士教育国际化中有新尝试

    1.10　未雨绸缪，迎接万物互联与泛媒介时代的新闻传播教育

    1.11　媒体融合的关注与教育挺进纵深

    1.12　追思楷法前辈、接力面向未来

第 2 章　2018 年各省、自治区、直辖市新闻传播教育发展综述

    2.1　北京市新闻传播教育发展综述

    2.2　天津市新闻传播教育发展综述

    2.3　河北省新闻传播教育发展综述

    2.4　山西省新闻传播教育发展综述

    2.5　内蒙古新闻传播教育发展综述

    2.6　辽宁省新闻传播教育发展综述

    2.7　吉林省新闻传播教育发展综述

- 2.8 黑龙江省新闻传播教育发展综述
- 2.9 上海市新闻传播教育发展综述
- 2.10 江苏省新闻传播教育发展综述
- 2.11 浙江省新闻传播教育发展综述
- 2.12 安徽省新闻传播教育发展综述
- 2.13 福建省新闻传播教育发展综述
- 2.14 江西省新闻传播教育发展综述
- 2.15 山东省新闻传播教育发展综述
- 2.16 河南省新闻传播教育发展综述
- 2.17 湖北省新闻传播教育发展综述
- 2.18 湖南省新闻传播教育发展综述
- 2.19 广东省新闻传播教育发展综述
- 2.20 广西壮族自治区新闻传播教育发展综述
- 2.21 海南省新闻传播教育发展综述
- 2.22 重庆市新闻传播教育发展综述
- 2.23 四川省新闻传播教育发展综述
- 2.24 贵州省新闻传播教育发展综述
- 2.25 云南省新闻传播教育发展综述
- 2.26 西藏自治区新闻传播教育发展综述
- 2.27 陕西省新闻传播教育发展综述
- 2.28 甘肃省新闻传播教育发展综述
- 2.29 青海省新闻传播教育发展综述
- 2.30 宁夏回族自治区新闻传播教育发展综述
- 2.31 新疆维吾尔自治区新闻传播教育发展综述

第3章 华东地区新闻传播教育地图

- 3.1 专业设置
- 3.2 本科教育
- 3.3 研究生学位点及研究生培养
- 3.4 师资队伍
- 3.5 学术研究
- 3.6 社会服务
- 3.7 部校共建
- 3.8 国际化

中篇　平台与人物

第 4 章　新闻传播院系巡礼
4.1　中国境内新闻传播院系
4.2　港澳台地区新闻传播院系

第 5 章　新闻传播教育行业组织动态
5.1　新闻传播教育界主要管理组织 2018 年活动综述
5.2　其他新闻传播教育类学会 2018 年活动综述
5.3　各省新闻教育学会或教学指导委员会等组织介绍

第 6 章　教育家研究系列
6.1　教育家研究
6.2　口述史

第 7 章　名师风采
7.1　郑兴东：一位有"高度"的新闻传播家
7.2　程曼丽：桃李不言而成蹊的学界实干家
7.3　李瞻：星斗其文赤子其人
7.4　李金铨：国际传播视野与文化中国情怀

第 8 章　教授名录（100 名）

第 9 章　校（院）长论衡
9.1　新任校（院）长施政方略
9.2　卸任院长为政回眸

第 10 章　新闻传播教育史钩沉
10.1　在探索中逐步转型的新闻传播学专业——我担任新闻学科教指委主任的 7 年间（2006 年 3 月—2013 年 3 月）
10.2　百年学院千年树
10.3　在中国广告教育的荒原上开拓
10.4　两岸新闻传播教育界的早期交流——1996 年大陆新闻学教授代表团访台花絮

10.5 新闻传播类国家社科基金项目早期的回忆
10.6 北平新闻专科学校的开学典礼

第11章　他山之石
11.1 美国哥伦比亚大学新闻学院课程体系现状概览
11.2 美国威斯康星新闻传播教育模式的历史、现状及其启示
11.3 美国麻省理工学院的媒介教育与研究
11.4 美国伊利诺伊大学的传媒教育
11.5 美国南加州大学安嫩伯格传播与新闻学院的教学与研究
11.6 英国林肯大学的传媒人才培养理念与实践

下篇　成果与政策

第12章　学科与专业建设
12.1 新闻传播学科领域的一流学科建设
12.2 部校共建新闻学院新进展
12.3 本科专业建设概览

第13章　本科人才培养
13.1 课程建设
13.2 实践基地与实验室建设
13.3 新闻院系学生媒体
13.4 创新创业团队建设
13.5 高等教育国家级教学成果奖获奖项目
13.6 中国新闻学与传播学教学改革创新项目
13.7 "电通 创新人才训练营"开展情况

第14章　新闻传播教育改革前沿
14.1 华中科技大学新闻与信息传播学院的改革探索
14.2 上海交通大学新闻传播教育的改革举措
14.3 中山大学传播与设计学院关于教育改革的思考和实践
14.4 武汉体育学院新闻传播学院办学特色
14.5 广东外语外贸大学新闻传播学科的创新与发展

第15章　研究生教育

15.1 新闻传播一级学科博士点、硕士点，新闻与传播、出版专业硕士点汇总表
15.2 新增新闻传播学一级学科博士点建设规划
15.3 2018年毕业博士及博士论文题目
15.4 2018年各个博士点、硕士点招生与毕业学生统计表

第16章 博士后流动站

第17章 获奖情况
17.1 中国新闻史学会"新闻传播学学会奖"
17.2 宝钢优秀教师奖
17.3 第六届范敬宜新闻教育奖

第18章 学生竞赛
18.1 第四届中国"互联网+"大学生创新创业大赛
18.2 全国大学生广告艺术大赛
18.3 中国大学生计算机设计大赛
18.4 中国大学生广告艺术节学院奖

第19章 科学研究
19.1 2018年新闻传播学类国家社科基金项目立项课题分析
19.2 2018年我国新闻传播学四大名刊学术论文统计分析

第20章 新闻传播教育研究与探讨
20.1 新闻传播教育论文及目录（2018）
20.2 新闻传播教育专著介绍（2018）
20.3 新闻传播教育会议综述（2018）

第21章 2018年中国新闻传播教育大事记（2018）

第22章 新闻传播教育重要文件
22.1 教育部、中共中央宣传部关于提高高校新闻传播人才培养能力实施卓越新闻传播人才教育培养计划2.0的意见
22.2 教育部办公厅关于实施一流本科专业建设"双万计划"的通知

《中国新闻传播教育年鉴（2020）》目录

上篇　总论

第1章　2019年中国新闻传播教育综述
1.1　强化全媒体时代新闻传播教育的布局
1.2　新闻传播教育加注了文化和科技元素
1.3　新闻传播教育有了新的职业道德标准
1.4　对新闻传播教育的新认知
1.5　"双万计划"建设：新闻传播学类拟建设236个
1.6　新闻传播教育"家族"增添新丁
1.7　马克思主义新闻观教育提档升级
1.8　复旦大学新闻学院建院90周年
1.9　兰州大学新闻传播教育60周年
1.10　各种助力新闻传播教育发展的"中心"成立
1.11　新闻传播教育两大联盟诞生
1.12　新闻传播教育两大文献问世
1.13　国际交流与合作纵深推进

第2章　2019年各省、自治区、直辖市新闻传播教育发展综述
2.1　北京市新闻传播教育发展综述
2.2　上海市新闻传播教育发展综述
2.3　天津市新闻传播教育发展综述
2.4　重庆市新闻传播教育发展综述
2.5　河北省新闻传播教育发展综述
2.6　河南省新闻传播教育发展综述

四、纲举目张

2.7　陕西省新闻传播教育发展综述

2.8　山西省新闻传播教育发展综述

2.9　山东省新闻传播教育发展综述

2.10　甘肃省新闻传播教育发展综述

2.11　辽宁省新闻传播教育发展综述

2.12　吉林省新闻传播教育发展综述

2.13　黑龙江省新闻传播教育发展综述

2.14　云南省新闻传播教育发展综述

2.15　贵州省新闻传播教育发展综述

2.16　福建省新闻传播教育发展综述

2.17　广东省新闻传播教育发展综述

2.18　海南省新闻传播教育发展综述

2.19　四川省新闻传播教育发展综述

2.20　湖北省新闻传播教育发展综述

2.21　湖南省新闻传播教育发展综述

2.22　安徽省新闻传播教育发展综述

2.23　江苏省新闻传播教育发展综述

2.24　浙江省新闻传播教育发展综述

2.25　青海省新闻传播教育发展综述

2.26　西藏自治区新闻传播教育发展综述

2.27　宁夏回族自治区新闻传播教育发展综述

2.28　广西壮族自治区新闻传播教育发展综述

2.29　内蒙古自治区新闻传播教育概况

2.30　新疆维吾尔自治区新闻教育发展综述

第3章　华南地区新闻传播教育地图

3.1　专业设置

3.2　本科教育

3.3　研究生学位点及研究生培养

3.4　师资队伍

3.5　学术研究

3.6　部校共建

3.7　国际化

记录历史 开拓未来
《中国新闻传播教育年鉴》五周年纪实

中篇　平台与人物

第4章　新闻院系巡礼
4.1　中国内地（大陆）新闻传播院系
4.2　港澳台地区新闻传播院系

第5章　新闻传播教育行业组织动态
5.1　新闻传播教育界主要管理组织2019年活动综述
5.2　其他新闻传播教育类学会2019年活动综述
5.3　各省新闻教育学会或教学指导委员会等组织介绍

第6章　教育家研究系列
6.1　教育家研究
6.2　口述史

第7章　名师风采
7.1　孙旭培：默默耕耘在冻土带的新闻学者
7.2　陈力丹：学界名家、师者典范
7.3　汪琪：从跨文化传播到本土传播研究
7.4　祝建华：从定量研究到计算传播学的探索者
7.5　蒋晓丽：行走在学术与育人路上的逐梦人

第8章　教授名录

第9章　院长论衡
9.1　施政方略
9.2　卸任感言
　　——王晓华：使命与担当

第10章　我与年鉴
10.1　聚沙成塔，鉴往开来
10.2　集腋成裘铸大观
10.3　新闻传播教育大厦根基中的一粒小石子
　　——我与《中国新闻传播教育年鉴》

四、纲举目张

10.4　把有意义的事情做成有感召力
10.5　今日之年鉴，明日之信史
10.6　文章千古事　笔下有春秋
　　　——《中国新闻传播教育年鉴》出版五周年纪念
10.7　年鉴，我们共同的志业

第 11 章　史海钩沉

11.1　为《马克思主义新闻思想史稿》笃行不倦
　　　——攻读博士学位的日日夜夜
11.2　夯实年鉴编撰的根基　抒发治史存史的情怀
　　　——新闻传播教育史研究委员会 2014 年华科大年会回忆
11.3　复旦大学新闻学子黄山幸遇邓小平
11.4　革命战争时期我军新闻教育的初创与发展
11.5　忆 1994 年呼和浩特新闻教育工作座谈会
11.6　一会、一报、一系、一考
　　　——改革开放之初的甘肃新闻教育

第 12 章　他乡之石

12.1　巴基斯坦高校传媒培养体系分析
12.2　美国南加州大学的影视教育
12.3　巴黎第二大学新闻传播学硕士研究生培养体系分析
12.4　韩国新闻传播学专业介绍
　　　——以首尔大学学科课程历史演变为例
12.5　马来西亚新闻传播教育概述
12.6　伦敦政治经济学院的传媒教育

下篇　成果与政策

第 13 章　学科与专业建设

13.1　新闻传播学科领域的一流学科建设
13.2　近年新闻传播学科人才流动情况及分析
13.3　2019 年全国部校共建新闻学院新进展
13.4　2019 年新闻传播学新增专业概述
13.5　我国新闻传播类专科专业设置现状的调查分析
13.6　新闻传播学类一流本科专业建设"双万计划"2019 年度分析报告

13.7　新闻传播学科 QS 排名榜分析报告

13.8　厦门大学华夏传播学教育探索

第 14 章　本科人才培养

14.1　2019 年新闻传播学实验中心与实验教学项目建设概览

14.2　高校校园媒体及各类作品大赛概览

14.3　2019 年国内高校新闻与传播学院大学生创新创业述评

14.4　长江韬奋奖获得者学缘实证分析

第 15 章　新闻传播教育改革前沿

15.1　武汉大学新闻与传播学院本科教育的改革与创新

15.2　西北政法大学新闻传播学院的改革举措

15.3　河北大学新闻传播学院的改革探索

15.4　广西大学新闻传播教育改革综述

第 16 章　研究生教育

16.1　研究生教育

16.2　我国新闻传播专业硕士人才培养分析报告

第 17 章　博士后流动站

17.1　随着中国博士后事业大发展，新闻传播学博士后数量增加

17.2　新闻传播学博士后流动站和工作站数量明显增加，规模扩大

17.3　获得中国博士后科学基金数量略有增加，展示了新闻传播学科博士后的科研潜力

17.4　中国新闻传播学博士后流动站入出站条件日趋严格，入站人数多，出站人数少

17.5　纪念新闻传播学博士后培养二十载，风华正茂，成果丰硕，倡议再出发

第 18 章　获奖情况

18.1　教育部人文社会科学研究优秀成果奖

18.2　中国新闻史学会第五届新闻传播学学会奖

18.3　2019 年宝钢优秀教师奖新闻传播学教师获奖情况

四、纲举目张

第 19 章　学生竞赛
    19.1　全国大学生广告艺术大赛
    19.2　2019 年（第 12 届）中国大学生计算机设计大赛
    19.3　中国大学生公共关系策划创业大赛
    19.4　2019 年中国大学生广告艺术节学院奖项目介绍
    19.5　时报金犊奖简介暨 2019 第 28 届金犊奖获奖情况

第 20 章　科学研究
    20.1　2019 年新闻传播学类国家社科基金项目立项课题分析
    20.2　基于国内 4 种重要期刊的 2019 年新闻传播学研究现状分析

第 21 章　新闻传播教育研究与研讨
    21.1　新闻传播教育论著及目录（2019）
    21.2　2019 年英国媒介与大众传播研究一瞥
         ——基于主要学术著作的考察
    21.3　2019 年新闻传播教育会议综述

第 22 章　国际交流
    22.1　留学生
    22.2　2019 年度新闻传播院系教师国际学术交流
         ——基于全国 24 所大学的调研报告
    22.3　2019 年度新闻传播教育界国际学术会议
    22.4　2019 年度中日广告交流项目"电通·创新人才训练营"

第 23 章　中国新闻传播教育大事记（2019）

五、难忘瞬间

每一卷《年鉴》的出版都像春耕秋收一样如常,但其中总会经历一些重要的时间节点。譬如,第一次提出编撰《年鉴》是在 2014 年 11 月 14 日晚,在中国新闻史学会新闻传播教育史研究委员会常务理事会上,张昆教授被推选为研究会第三任会长。

在论及学会未来工作时,张昆教授提出以编撰新闻传播教育年鉴作为学会转型的关键。六年弹指一挥间,《年鉴》已出版了五卷。这些年,这些人,在一个个重要的时间节点上,留下了一个个难忘的瞬间。

记录历史 开拓未来
《中国新闻传播教育年鉴》五周年纪实

2008年10月25日，中国新闻史学会新闻传播教育史研究委员会在北京大学召开成立大会

五、难忘瞬间

2010年9月25日，中国新闻史学会新闻传播教育史研究委员会在华中科技大学召开第二次学术研讨会

记录历史 开拓未来
《中国新闻传播教育年鉴》五周年纪实

2011年10月29日，中国新闻史学会新闻传播教育史研究委员会在天津师范大学召开第三次学术研讨会

五、难忘瞬间

中国新闻教育史学会2012年年会合影留念

2012.10 南宁

2012年10月20日，中国新闻史学会新闻传播教育史研究委员会在广西大学召开第四次学术研讨会

记录历史 开拓未来

《中国新闻传播教育年鉴》五周年纪实

2014年11月15日，中国新闻史学会新闻传播教育史研究委员会2014年年会在华中科技大学召开。会议决定换届，并组织编撰《中国新闻传播教育年鉴》

五、难忘瞬间

2014年11月15日，中国新闻史学会新闻传播教育史研究委员会第五次会议暨2014年年会开幕式

2014年11月15日，中国新闻史学会新闻传播教育史研究委员会2014年年会在华中科技大学举行，图为第一分会场

2014年11月15日，中国新闻史学会新闻传播教育史研究委员会2014年年会闭幕式

2014年11月15日，中国新闻史学会新闻传播教育史研究委员会2014年年会在华中科技大学举行，图为陈建云副会长接受学生记者访问

五、难忘瞬间

2014年11月15日，中国新闻史学会新闻传播教育史研究委员会2014年年会在华中科技大学举行，图为骆正林教授接受学生记者访问

2014年11月15日，中国新闻史学会新闻传播教育史研究委员会2014年年会在华中科技大学举行，图为张昆会长与西藏民族大学代表团合影

记录历史 开拓未来
《中国新闻传播教育年鉴》五周年纪实

2015年6月27日，中国新闻史学会新闻传播教育史研究委员会2015年年会在重庆工商大学召开

五、难忘瞬间

2015年6月27日,中国新闻史学会新闻传播教育史研究委员会2015年年会在重庆工商大学召开,图为分会场

2015年6月27日,在重庆工商大学召开中国新闻史学会新闻传播教育史研究委员会2015年年会,图为分会场

记录历史 开拓未来
《中国新闻传播教育年鉴》五周年纪实

2015年6月27日,中国新闻史学会新闻传播教育史研究委员会2015年年会在重庆工商大学召开,图为分会场主席台

2015年6月27日,中国新闻史学会新闻传播教育史研究委员会年会在重庆工商大学召开,图为新老院长对话会

五、难忘瞬间

周德仓
15-12-12 来自 iPhone 6 Plus

12日下午,张昆教授在中山大学传播与设计学院宣布:首部中国新闻教育年鉴(2015)编撰工作启动,计划于2016年9月在沈阳举行该年鉴发行仪式。本人承担的任务是"民族院校新闻传播教育发展综述"。

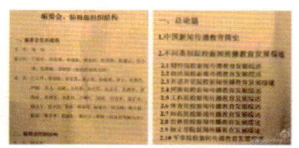

2015年12月12日,西藏民族大学新闻学院院长周德仓教授在自己的微信上发布了关于编撰《中国新闻传播教育年鉴》的第一条消息

2015年12月12日,《中国新闻传播教育年鉴》编委会第一次会议在中山大学召开,图为学校宾馆欢迎编委的电子看板

2015年12月12日,《中国新闻传播教育年鉴》编委会第一次会议暨中国新闻史学会新闻传播教育史研究委员会第二届第三次常务理事会在中山大学举行,副会长何志武解读《中国新闻传播教育年鉴》的纲目

记录历史 开拓未来
《中国新闻传播教育年鉴》五周年纪实

2015年12月12日,《中国新闻传播教育年鉴》编委会第一次会议暨中国新闻史学会新闻传播教育史研究委员会第二届第三次常务理事会在中山大学举行

五、难忘瞬间

中国新闻教育史学会第二届第四次常务理事会议暨
中国新闻传播教育年鉴编委会第二次会议合影留念
2016.6.25

2016年6月25日，中国新闻史学会新闻传播教育史研究委员会第二届第四次常务理事会暨《中国新闻传播教育年鉴》编委会第二次会议在新疆石河子大学召开，图为大会合影

记录历史 开拓未来

《中国新闻传播教育年鉴》五周年纪实

2016年6月25日,《中国新闻传播教育年鉴》编委会部分成员在石河子大学合影

2016年6月25日,《中国新闻传播教育年鉴》编委会石河子会议,图为会议现场

五、难忘瞬间

2016年6月26日,《中国新闻传播教育年鉴》编委会成员在吐鲁番进行文化考察(一)

2016年6月26日,《中国新闻传播教育年鉴》编委会成员在吐鲁番进行文化考察(二)

记录历史 开拓未来
《中国新闻传播教育年鉴》五周年纪实

2016年11月4日晚,中国新闻史学会新闻传播教育史研究委员会常务理事会在辽宁大学举行

2016年11月5日,第一部中国新闻传播教育年鉴——《中国新闻传播教育年鉴(2016)》在辽宁大学举行首发式

五、难忘瞬间

2016年11月5日,新闻传播教育界"八老"(何梓华、赵玉明、吴高福、童兵、郑保卫、刘建明、邱沛篁、罗以澄)在辽宁大学聚首,图为辽宁大学领导会见八位先生与学会领导

2016年11月5日,在《中国新闻传播教育年鉴(2016)》首发式上,何梓华、吴高福、郑保卫、刘建明等资深教授翻阅该年鉴

2016年11月5日,在《中国新闻传播教育年鉴(2016)》首发式上,新闻传播教育史研究委员会会长张昆向与会嘉宾赠送样书

2016年11月5日,在《中国新闻传播教育年鉴(2016)》首发式上,中国新闻史学会会长陈昌凤向与会嘉宾赠送样书

五、难忘瞬间

2016年11月5日,在辽宁大学举行的中国新闻史学会新闻传播教育史研究委员会学术年会上,张昆会长与武汉大学两任院长吴高福、罗以澄在一起

2016年11月5日,在中国新闻史学会新闻传播教育史研究委员会2016年学术年会召开前,张昆会长、程丽红副会长与辽宁省宣传部领导亲切会谈

2016年11月5日,在中国新闻史学会新闻传播教育史研究委员会2016年学术年会召开前,中共辽宁省省委宣传部部长徐少达会见张昆会长

《中国新闻传播教育年鉴》五周年纪实

2016年11月5日，中国新闻史学会新闻传播教育史研究委员会2016年学术年会暨马克思主义新闻理论研讨会在辽宁大学召开

2016年11月5日，中国新闻史学会新闻传播教育史研究委员会2016年学术年会暨马克思主义新闻理论研讨会在辽宁大学召开，图为新老院长对话会会场

2016年11月5日，中国新闻史学会新闻传播教育史研究委员会2016年学术年会暨马克思主义新闻理论研讨会在辽宁大学召开，图为新老院长对话会会场的合影，自左至右：韩立新、廖声武、孙瑞祥、吴建

五、难忘瞬间

2016年11月5日，中国新闻史学会新闻传播教育史研究委员会2016年学术年会暨马克思主义新闻理论研讨会在辽宁大学举行，图为大会合影

2016年11月5日，中国新闻史学会新闻传播教育史研究委员会2016年学术年会后，与会代表在沈阳考察

记录历史 开拓未来
《中国新闻传播教育年鉴》五周年纪实

2017年4月8日，中国新闻史学会新闻传播教育史研究委员会第二届第六次常务理事会合影

2017年4月8日，李建新、陈开河在中国新闻史学会新闻传播教育史研究委员会第二届第六次常务理事会上发言

五、难忘瞬间

2017年4月8日，李文、张德胜在中国新闻史学会新闻传播教育史研究委员会第二届第六次常务理事会上发言

2017年4月8日，孙瑞祥、程丽红在中国新闻史学会新闻传播教育史研究委员会第二届第六次常务理事会上发言

记录历史 开拓未来
《中国新闻传播教育年鉴》五周年纪实

2017年4月8日，中国新闻史学会新闻传播教育史研究委员会第二届第六次常务理事会召开

2017年4月8日，中国新闻史学会新闻传播教育史研究委员会第二届第六次常务理事会在浙江万里学院举行

五、难忘瞬间

2017年4月8日，中国新闻史新闻传播教育史研究委员会第二届第六次常务理事会在浙江万里学院举行，图为大会主席台

2017年4月8日，中国新闻史学会新闻传播教育史研究委员会第二届第六次常务理事会在宁波召开，图为何志武副会长主持会议

记录历史 开拓未来
《中国新闻传播教育年鉴》五周年纪实

2017年8月18日,中国新闻史学会2017年学术年会新闻传播教育史研究委员会专场论坛"中国新闻传播教育改革的历史方位"在郑州举行

五、难忘瞬间

2017年8月19日,《中国新闻传播教育年鉴(2017)》首发式在郑州举行

记录历史 开拓未来
《中国新闻传播教育年鉴》五周年纪实

2017年10月21日，新闻传播教育史研究委员会与湖南大学新闻与传播学院联合举办吴高福教授新闻教育思想研讨会

2017年10月21日，《中国新闻传播教育年鉴》编委会主任张昆教授在吴高福教授新闻教育思想研讨会上祝贺吴高福教授80华诞

五、难忘瞬间

2017年11月25日,《中国新闻传播教育年鉴》编委会第四次会议在海南师范大学举行,图为会议现场

2017年11月26日,《中国新闻传播教育年鉴》编委会成员在海口考察观澜湖华谊冯小刚电影公社

记录历史 开拓未来
《中国新闻传播教育年鉴》五周年纪实

2017年11月26日,《中国新闻传播教育年鉴》编委会第四次会议在海南师范大学举行,图为会前合影

五、难忘瞬间

2018年4月19日,《中国新闻传播教育年鉴》编辑部成员在咸阳国际机场合影

记录历史 开拓未来
《中国新闻传播教育年鉴》五周年纪实

2018年4月20日，中国新闻史学会新闻传播教育史研究委员会第二届第七次常务理事会暨《中国新闻传播教育年鉴》编委会第五次会议在西藏民族大学举行，图为周德仓院长与会议代表合影

五、难忘瞬间

2018年4月20日，中国新闻史学会新闻传播教育史研究委员会第二届第七次常务理事会暨《中国新闻传播教育年鉴》编委会第五次会议在咸阳举行，图为会议代表参观西藏文化博物馆时留影

记录历史 开拓未来
《中国新闻传播教育年鉴》五周年纪实

中国新闻史学会新闻传播教育史研究委员会第二届第七次常务理事会
暨中国新闻传播教育年鉴编委会第五次会议与会代表合影

2018年4月20日摄于西藏民族

2018年4月20日，中国新闻史学会新闻传播教育史研究委员会第二届第七次常务理事会暨《中国新闻传播教育年鉴》编委会第五次会议在咸阳举行，图为会议代表合影

五、难忘瞬间

2018年4月20日，中国新闻史学会新闻传播教育史研究委员会第二届第七次常务理事会暨《中国新闻传播教育年鉴》编委会第五次会议在咸阳举行，图为西藏民族大学新闻学院的学生志愿者们

2018年4月20日，中国新闻史学会新闻传播教育史研究委员会第二届第七次常务理事会暨《中国新闻传播教育年鉴》编委会第五次会议在咸阳举行，图为周德仓院长与张昆会长一行合影

《中国新闻传播教育年鉴》五周年纪实

2018年4月20日,中国新闻史学会新闻传播教育史研究委员会第二届第七次常务理事会暨《中国新闻传播教育年鉴》编委会第五次会议在咸阳西藏民族大学举行

2018年4月22日,中国新闻史学会常务理事会部分代表在陕西韩城拜谒汉太史公祠

五、难忘瞬间

2018年5月12日，中国新闻史学会新闻传播教育史研究委员会与郑州大学新闻与传播学院联合举办项德生教授新闻教育与学术思想研讨会暨新书发布会

记录历史 开拓未来
《中国新闻传播教育年鉴》五周年纪实

2018年6月24日,中国新闻史学会新闻传播教育史研究委员会与中央民族大学联合举办少数民族新闻传播史研究新范式、新方法研讨会暨白润生先生学术思想座谈会

五、难忘瞬间

2018年10月13日，中国新闻史学会新闻传播教育史研究委员会会长张昆、副会长孙瑞祥拜访方汉奇先生

2018年10月28日，中国新闻史学会学术年会在浙江杭州举行，图为新闻传播教育史研究委员会专题论坛现场

记录历史 开拓未来
《中国新闻传播教育年鉴》五周年纪实

2018年11月9日晚,《中国新闻传播教育年鉴》编委会暨中国新闻史学会新闻传播教育史研究委员会常务理事会在山东大学举行

2018年11月10日,《中国新闻传播教育年鉴(2018)》在山东大学举行首发式

五、难忘瞬间

2018年11月10日，中国新闻史学会新闻传播教育史研究委员会2018年学术年会暨《中国新闻传播教育年鉴（2018）》首发式在山东大学举行

记录历史 开拓未来
《中国新闻传播教育年鉴》五周年纪实

2018年11月10日，中国新闻史学会新闻传播教育史研究委员会2018年学术年会暨《中国新闻传播教育年鉴（2018）》首发式结束后，部分代表游览大明湖

五、难忘瞬间

2018年11月13日，中国新闻史学会创会会长方汉奇先生翻阅《中国新闻传播教育年鉴（2018）》，夸赞该年鉴的编撰"功德无量"

记录历史 开拓未来
《中国新闻传播教育年鉴》五周年纪实

2018年11月27日,原中国新闻史学会会长赵玉明教授翻阅《中国新闻传播教育年鉴(2018)》,盛赞该年鉴的学术价值

五、难忘瞬间

2019年4月27日，在《中国新闻传播教育年鉴》第六次编委会上，中国新闻史学会新闻传播教育史研究委员会会长张昆教授为常务理事颁发聘书

《中国新闻传播教育年鉴》五周年纪实

2019年4月27日,在中国新闻史学会新闻传播教育史研究委员会第三届第一次常务理事会暨《中国新闻传播教育年鉴》编委会第六次会议上,天津师范大学新闻与传播学院的学会志愿者为会议提供了完美的服务

2019年4月27日,张昆会长给周婷婷、刘义昆颁发副秘书长聘书

五、难忘瞬间

2019年4月27日，张昆会长在天津给中国新闻史学会新闻传播教育史研究委员会副会长颁发聘书

《中国新闻传播教育年鉴》五周年纪实

2019年4月27日,《中国新闻传播教育年鉴》编委会在天津师范大学举行,图为孙瑞祥院长主持会议开幕式

2019年4月27日,中国新闻史学会新闻传播教育史研究委员会常务理事在天津师范大学新闻与传播学院参观访问

2019年4月27日,中国新闻史学会新闻传播教育史研究委员会第三届第一次常务理事会暨《中国新闻传播教育年鉴》编委会第六次会议在天津召开,图为会场全景

五、难忘瞬间

2019年4月27日，中国新闻史学会新闻传播教育史研究委员会第三届第一次常务理事会暨《中国新闻传播教育年鉴》第六次会议全体代表合影

记录历史 开拓未来
《中国新闻传播教育年鉴》五周年纪实

2019年4月28日,新闻传播教育史研究委员会常务理事及《中国新闻传播教育年鉴》编委会委员参观梁启超纪念馆

五、难忘瞬间

2019年11月8日晚,中国新闻史学会新闻传播教育史研究委员会常务理事会在兰州大学举行

记录历史 开拓未来
《中国新闻传播教育年鉴》五周年纪实

2019年11月9日,《中国新闻传播教育年鉴（2019）》在兰州大学举行首发式

2019年11月9日,在兰州大学举办的《中国新闻传播教育年鉴（2019）》首发式上,举行了《中国新闻传播教育年鉴》编撰杰出贡献奖颁奖典礼

五、难忘瞬间

2019年11月9日,《中国新闻传播教育年鉴》编委会主任张昆教授受聘为兰州大学新闻与传播学院战略发展咨询委员会主任

记录历史 开拓未来

《中国新闻传播教育年鉴》五周年纪实

2019年11月9日,中国新闻史学会新闻传播教育史研究委员会学术年会暨兰州大学新闻传播教育60周年纪念座谈会在兰州大学举行,图为部分代表合影

五、难忘瞬间

2019年11月9日，中国新闻史学会新闻传播教育史研究委员会学术年会暨兰州大学新闻传播教育60周年纪念座谈会在兰州大学举行，图为大会代表合影

记录历史 开拓未来
《中国新闻传播教育年鉴》五周年纪实

2019年11月9日,中国新闻史学会新闻传播教育史研究委员会学术年会暨兰州大学新闻传播教育60周年纪念座谈会在兰州大学举行,图为大会会场

2019年11月9日,中国新闻史学会新闻传播教育史研究委员会学术年会暨兰州大学新闻传播教育60周年纪念座谈会在兰州大学举行,图为张昆会长致辞

五、难忘瞬间

2019年11月9日,中国新闻史学会新闻传播教育史研究委员会学术年会在兰州召开,图为部分会议代表合影

2019年11月9日,中国新闻史学会新闻传播教育史研究委员会学术年会暨兰州大学新闻传播教育60周年纪念座谈会在兰州大学举行,图为兰州大学新闻与传播学院战略发展咨询委员会委员合影

记录历史 开拓未来
《中国新闻传播教育年鉴》五周年纪实

2020年1月16日,《中国新闻传播教育年鉴》编委会编前会议在武汉体育学院举行,自左至右为张继木、廖声武、陶喜红、王创业

五、难忘瞬间

2020年1月16日,《中国新闻传播教育年鉴》编委会编前会议在武汉体育学院举行

2020年1月16日,《中国新闻传播教育年鉴》编委会编前会议在武汉体育学院举行。自左至右为胡国民、周茂君、张昆、张德胜

2020年6月2日，中国新闻史学会新闻传播教育史研究委员会在腾讯会议平台召开会长联席会

2020年6月7日，《中国新闻传播教育年鉴》编辑部在腾讯会议平台召开视频会议

五、难忘瞬间

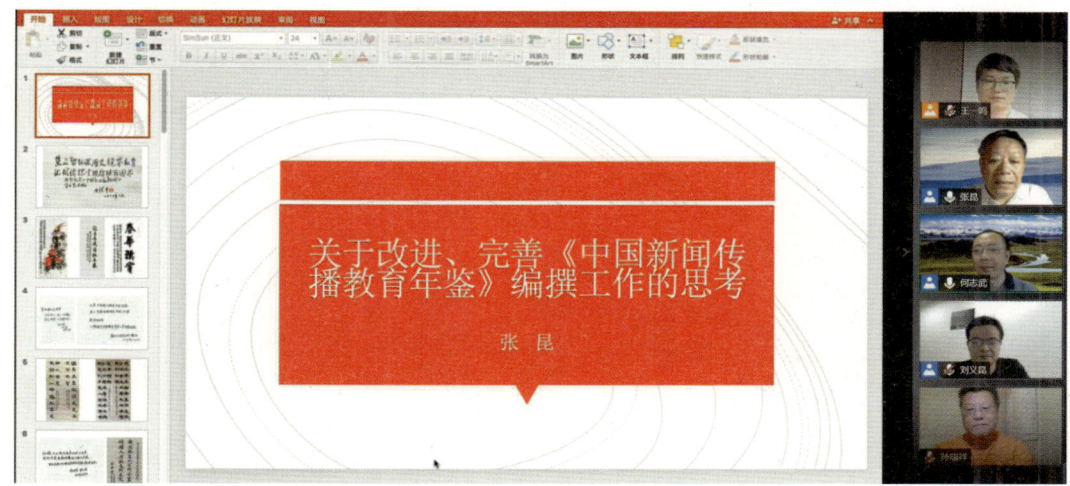

2020年6月28日,《中国新闻传播教育年鉴》编委会第七次会议在腾讯会议平台召开。编委会主任张昆作报告

2020年6月28日,《中国新闻传播教育年鉴》编委会第七次会议在腾讯会议平台召开

记录历史 开拓未来
《中国新闻传播教育年鉴》五周年纪实

2020年8月23—25日，中国新闻史学会新闻传播教育史研究委员会第三届第二次常务理事会暨《中国新闻传播教育年鉴》编委会第八次会议在山东大学威海校区召开。图为会议集体合影

2020年8月23—25日，中国新闻史学会新闻传播教育史研究委员会第三届第二次常务理事会暨《中国新闻传播教育年鉴》编委会第八次会议在山东大学威海校区召开。图为8月24日下午举行的"科学素养与新闻传播教育"院长论坛

五、难忘瞬间

2020年8月23—25日,中国新闻史学会新闻传播教育史研究委员会第三届第二次常务理事会暨《中国新闻传播教育年鉴》编委会第八次会议在山东大学威海校区召开。图为编委会主任张昆主持编撰任务认领工作会议

2020年8月23—25日,中国新闻史学会新闻传播教育史研究委员会第三届第二次常务理事会暨《中国新闻传播教育年鉴》编委会第八次会议在山东大学威海校区召开。图为8月25日与会嘉宾在威海成山头集体合影

六、殷切期待

《中国新闻传播教育年鉴（2020）》是该系列年鉴第五卷。自2020年年初以来，编辑部陆续收到了学界同仁，还有一些德高望重的前辈学者的祝福和勉励。

中国人民大学荣誉一级教授、中国新闻史学会创会会长方汉奇先生称赞《中国新闻传播教育年鉴》"集众智记录历史镜鉴教育；汇群伦探索规律功在国家"。前辈学人的赞赏、鼓励、肯定和期许，既令我们感动，也让我们欣慰。在学界、业界的鼎力支持下，有各位同仁的共同努力，《年鉴》一定会与时俱进，臻于至善。

记录历史 开拓未来
《中国新闻传播教育年鉴》五周年纪实

集众智记录历史镜鉴教育
汇群伦探索规律功在国家
敬题祝贺《中国新闻教育年鉴》
第五卷出版

方汉奇
二〇二〇年三月

方汉奇/书法题字

贺《年鉴》五周岁

不忘初心，再上一层楼；
牢记使命，办出新水平！

赵玉明
2020年
春节之际

赵玉明/书法题字

六、殷切期待

祝中国新闻传播教育年鉴创刊五周年 祈愿越办越好 锦上添花
武汉大学秉高福谨贺

吴高福/书法题字

记录历史 开拓未来
贺中国新闻传播教育年鉴第五卷出版 邵华泽

邵华泽/书法题字

记录历史 开拓未来
《中国新闻传播教育年鉴》五周年纪实

汇集中国新闻教育百家信息
展示华夏传播研究全球流势

热烈祝贺
《中国新闻传播教育年鉴》第五卷出版

复旦大学新闻学院 童兵
2020年2月10日

童兵/书法题字

行远自迩，祝颂《中国新闻传播教育年鉴》第五卷成为迈向百年树人的里程碑。

李金铨

李金铨/书法题字

六、殷切期待

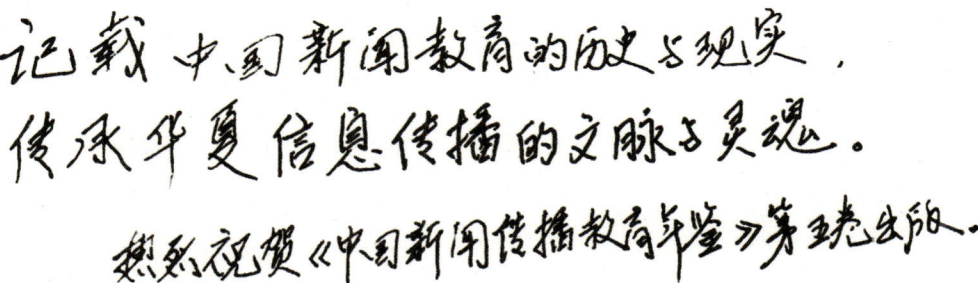

罗以澄/书法题字

赵振宇/书法题字

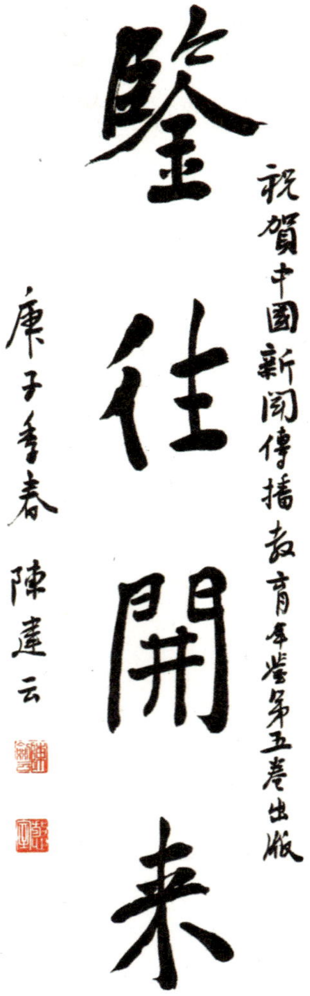

记录历史 开拓未来
《中国新闻传播教育年鉴》五周年纪实

鉴往开来

祝贺中国新闻传播教育年鉴第五卷出版

庚子季春 陈建云

陈建云/书法题字

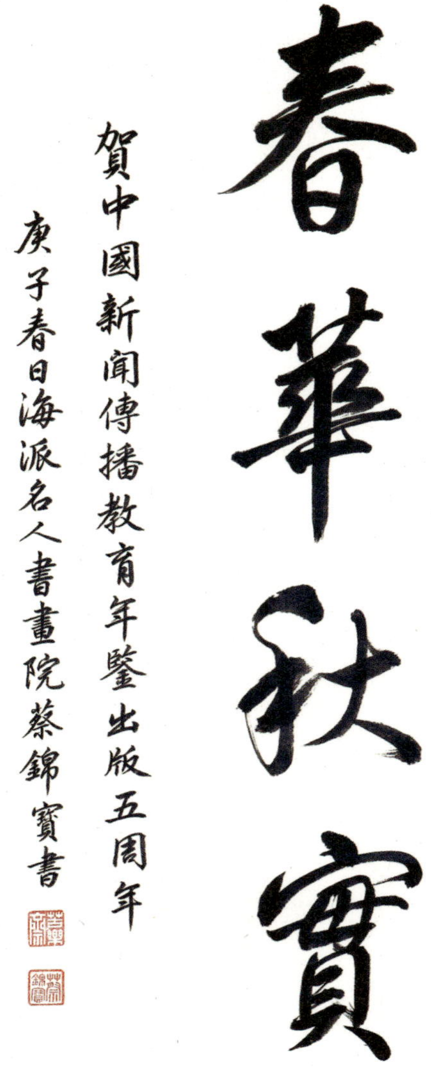

春华秋实

贺中国新闻传播教育年鉴出版五周年

庚子春日海派名人书画院蔡锦宝书

蔡锦宝/书法题字

六、殷切期待

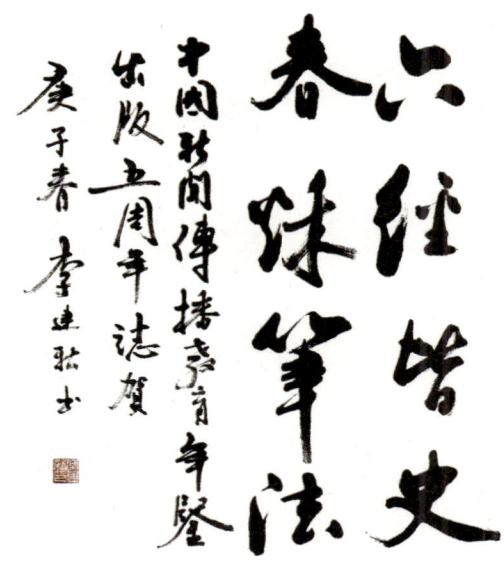

李建新/书法题字

黄福霆/书法题字

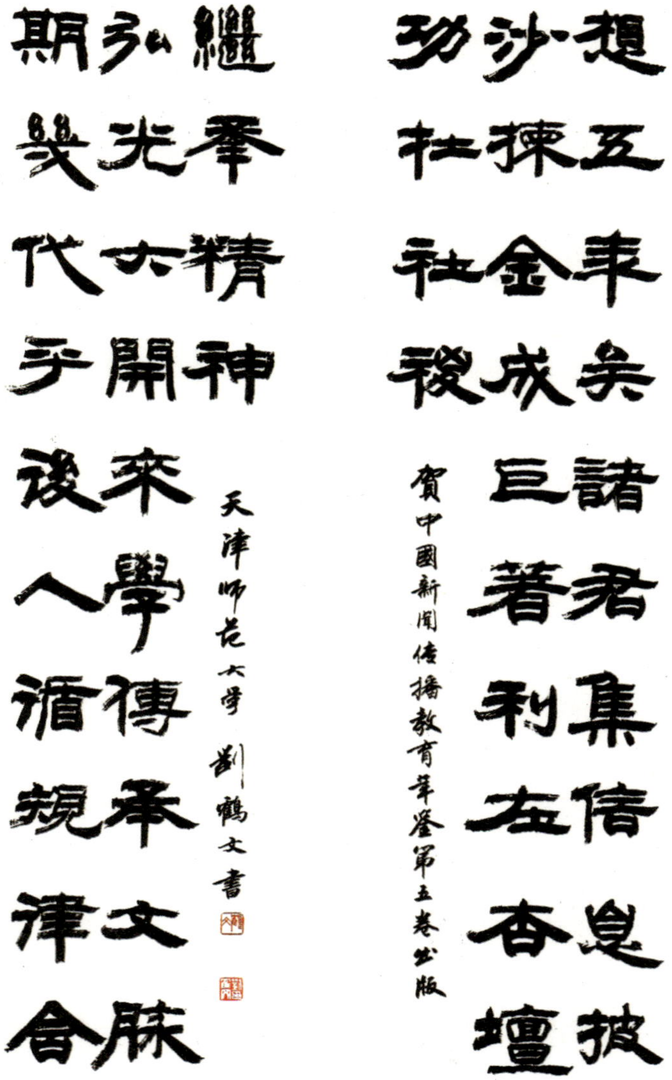

记录历史 开拓未来

《中国新闻传播教育年鉴》五周年纪实

想五年矣 诸君集信息披沙揀金成巨著 利左杏坛功垂社稷

贺中国新闻传播教育年鉴第五卷出版

繼承精神 弘揚光大 開來學傳承文脈 期冀代手後人遵规津会

天津师范大学 刘鹤文书

刘鹤文/书法题字

六、殷切期待

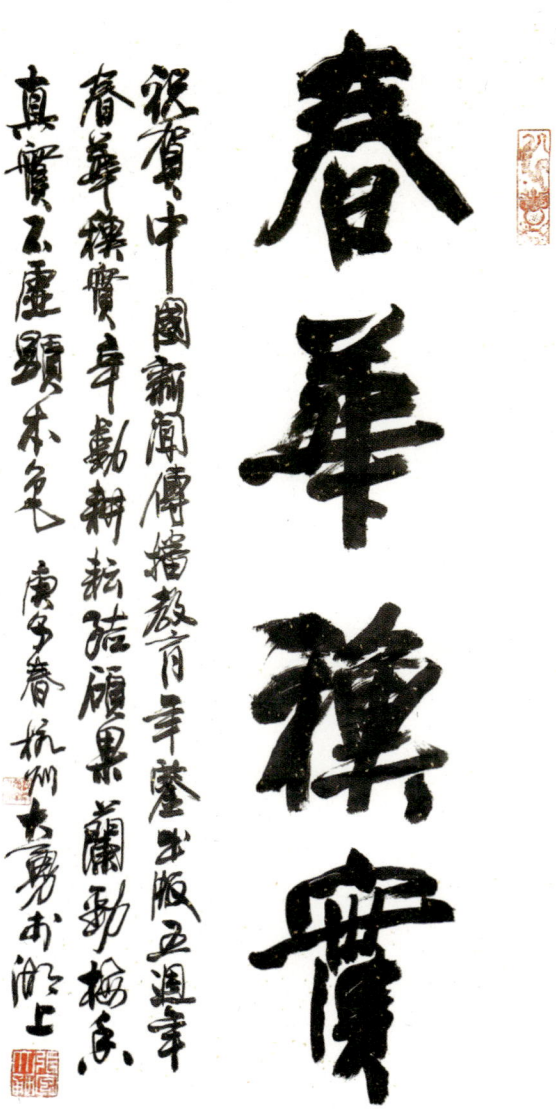

杭州大勇/书法题字

记录历史 开拓未来
《中国新闻传播教育年鉴》五周年纪实

贺"中国新闻传播教育年鉴"出版五周年

新闻教育的百科全书
传播人才的良师益友

邱沛篁 二○二○年二月十日

邱沛篁/书法题字

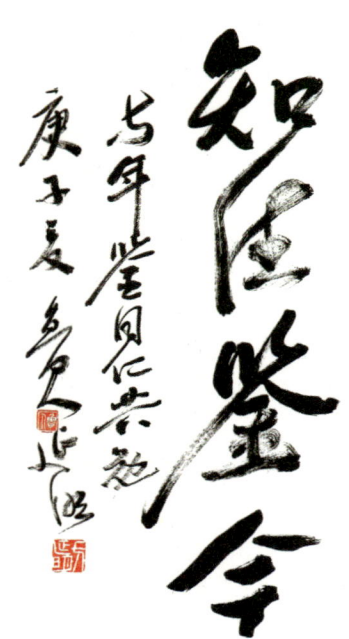

方延明/书法题字

六、殷切期待

编本为集经纬成文本末而共贯细以无遗采铜于山熔铸制鉴巨

贺中国新闻传播教育年鉴第五卷出版

学院俞禾顺撰 陆喬书
南京师范大学新闻与传播

俞禾顺／书法题字

记录历史 开拓未来

《中国新闻传播教育年鉴》五周年纪实

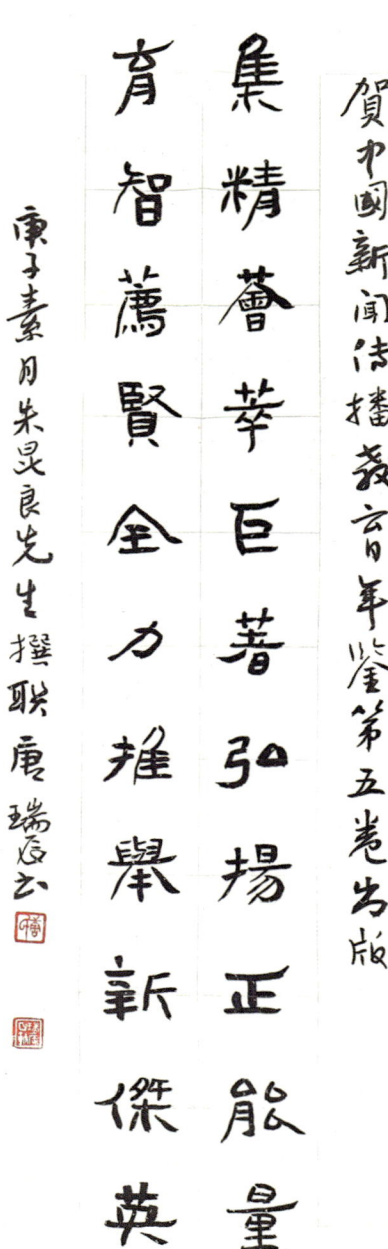

贺中国新闻传播教育年鉴第五卷出版

集精荟萃巨著弘扬正能量
育智荐贤全力推举新杰英

庚子夏月朱灵良先生撰联 唐瑞启书

西北政法大学/书法题字

六、殷切期待

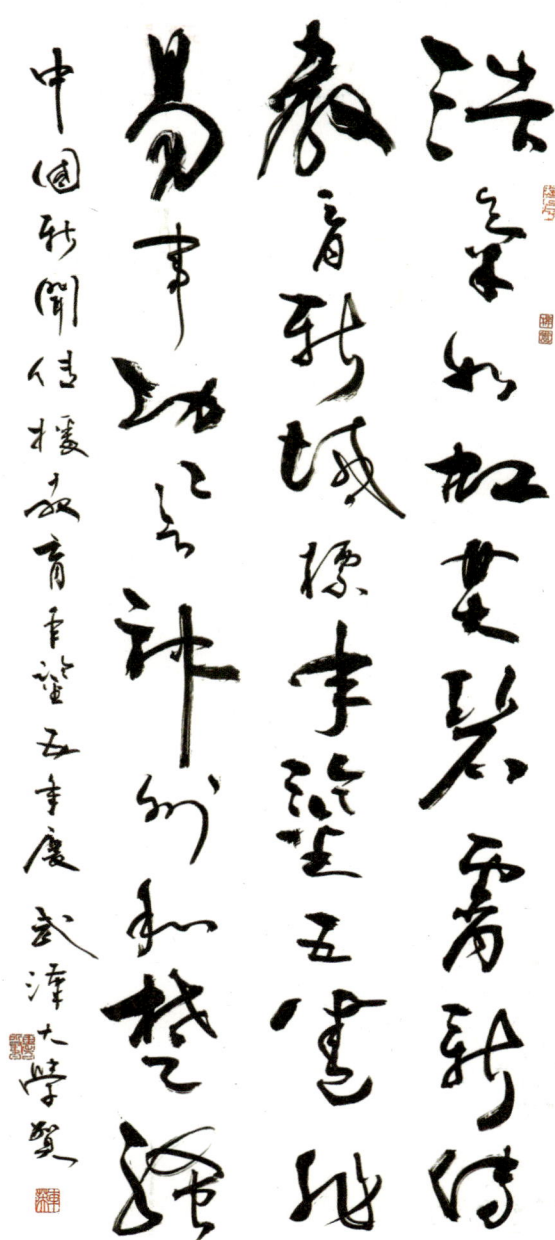

车英/书法题字

记录历史 开拓未来

《中国新闻传播教育年鉴》五周年纪实

教育传媒一线牵阳光，雨露润心田神州，万代春秋惠年鉴辉煌出楚天

贺中国新闻传播教育年鉴第五卷出版

庚子之春 蔡铭泽

蔡铭泽／书法题字

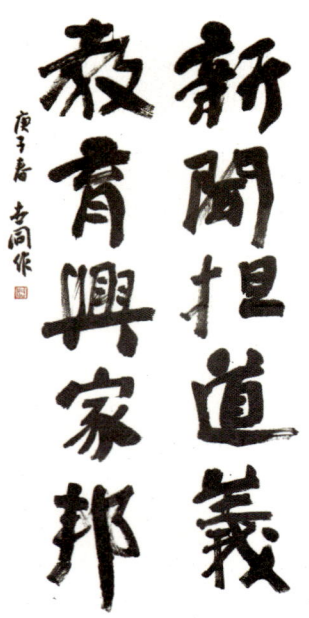

新闻担道义 教育兴家邦

庚子春 李同作

梁世同／书法题字

后 记

2020年真是特殊的一年。从新年的第一天起，人们就呼唤它的重启。现实是残酷的。2020年永远也不会重启，会重启的只有《年鉴》的编写工作。弹指一挥间，《中国新闻传播教育年鉴（2020）》又要出版了，这将是该系列的第五卷。按照中国的文化传统，逢五逢十，总是要庆祝一下的。所以我们编写了这本五周年纪实，作为这个特殊的年份里献给各位同仁的一份礼物。

《年鉴》得以正常出版，学界支持是前提，团队协作是关键。据不完全统计，每年参与《年鉴》编写的作者约200人。这些作者、组稿人在编辑部周围形成了一个绵密的、有机的组织网络，运作高效。从本书"擘画蓝图""我与《年鉴》""《年鉴》书评""纲举目张""难忘瞬间"和"殷切期待"这几个板块中，我们总会感受到这种支持与协作。

"难忘瞬间"主要收纳近五年的重要照片，从中我们可以看到《年鉴》如何筚路蓝缕地一路走来，也可以看到前辈学人和各新闻传播院系对《年鉴》的支持。"擘画蓝图"则描绘了《年鉴》从无到有的"心路历程"。"纲举目张"对五卷年鉴的目录进行简要展示，不仅是为了回顾《年鉴》所取得的些许成绩，更是为了反思过去，从而更好地展望未来。从"《年鉴》书评"收纳的八篇书评中，可以感受到学界的认可与支持，其中的宝贵意见则是我们努力的方向。从"我与《年鉴》"征文里，可以读到编写者们的"真情告白"。在《年鉴》同仁的手书签名叠印中，则可以更加直观地感受到各位同仁对《年鉴》的热爱。

本书的编写，始于《年鉴》编委会主任张昆教授的倡议。在文章、照片、签名和题字等材料的收集过程中，张昆教授常常亲自上阵，《年鉴》同仁则是积极响应。为了提升本书的品位，我们邀请华中科技大学新闻学院的甘世勇老师担任艺术设计。武汉大学出版社承担了本书的印刷工作，在此感谢胡国民编辑的成人之美。粗粗算来，这本薄薄的书，亦有近百位同仁的参与。如果本书的推出也能引来一些惊叹，将再次说明《年鉴》同仁是一支多么有战斗力的团队。

本书的推出是一个节点，也是一个新的起点。前辈学人的"殷切期待"将会是我们继续前行的动力。中国人民大学荣誉一级教授、中国新闻史学会创会会长方汉奇先生称赞《年鉴》"集众智记录历史镜鉴教育,汇群伦探索规律功在国家"。前辈学人的赞赏、鼓励、肯定和期许,既令我们感动,也让我们欣慰。在学界、业界的鼎力支持下,有各位同仁的共同努力,《年鉴》一定会与时俱进,臻于至善。

《中国新闻传播教育年鉴》编辑部